A-Z BA...

CONTENTS

Key to Map Pages	2-3
Large Scale City Centre	4-5
Map Pages	6-45

Index t...
Village...
Selected Places of Interest

REFERENCE

A Road	A36
B Road	B3111
Dual Carriageway	
One-way Street	
Traffic flow on A Roads is also indicated by a heavy line on the driver's left.	
Restricted Access	
Pedestrianized Road	
Track / Footpath	
Residential Walkway	
Railway	Station, Tunnel, Level Crossing, Heritage Station
Built-up Area	MILK ST.
Local Authority Boundary	
Posttown Boundary	
Postcode Boundary Within Posttown	
Map Continuation	16
Large Scale City Centre	4

Car Park (Selected)	P
Park & Ride	Odd Down P+🚌
Church or Chapel	†
Cycleway	
Fire Station	■
Hospital	H
House Numbers Selected roads	13 8 3
Information Centre	i
National Grid Reference	^{3}75
Police Station	▲
Post Office	★
Toilet with facilities for the Disabled	▽ ▽
Viewpoint	
Educational Establishment	
Hospital or Hospice	
Industrial Building	
Leisure or Recreational Facility	
Place of Interest	
Public Building	
Shopping Centre & Market	
Other Selected Buildings	

SCALE

Map Pages 6-45 1:15840   Map Pages 4-5 1:7920

0   ¼   ½ Mile   0   ⅛   ¼ Mile
0   250   500   750 Metres 0   100   200   300   400 Metres
4 inches (10.16 cm) to 1 mile 6.31 inches to 1 km   8 inches (20.32 cm) to 1 mile 12.63 cm to 1 km

Copyright of Geographers' A-Z Map Company Limited

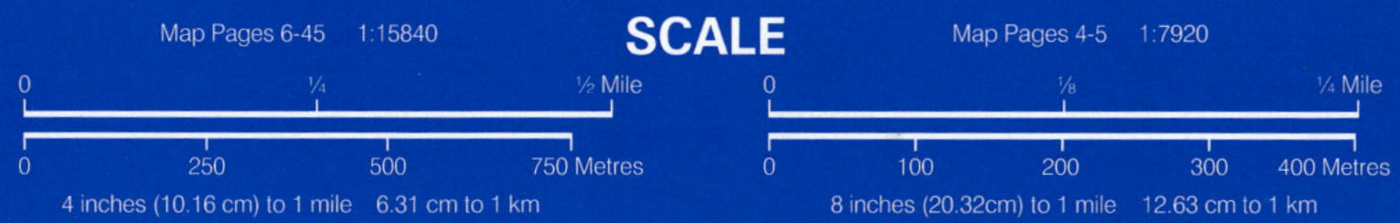

Head Office :
Fairfield Road, Borough Green, Sevenoaks, Kent TN15 8PP
Tel: 01732 781000 (General Enquiries & Trade Sales)

Showrooms :
44 Gray's Inn Road, London WC1X 8HX
Tel: 020 7440 9500 (Retail Sales)
www.a-zmaps.co.uk

Ordnance Survey® This product includes mapping data licensed from Ordnance Survey® with the permission of the Controller of Her Majesty's Stationery Office.
© Crown Copyright 2003. Licence number 100017302
EDITION 1 2003
Copyright © Geographers' A-Z Map Co. Ltd. 2003

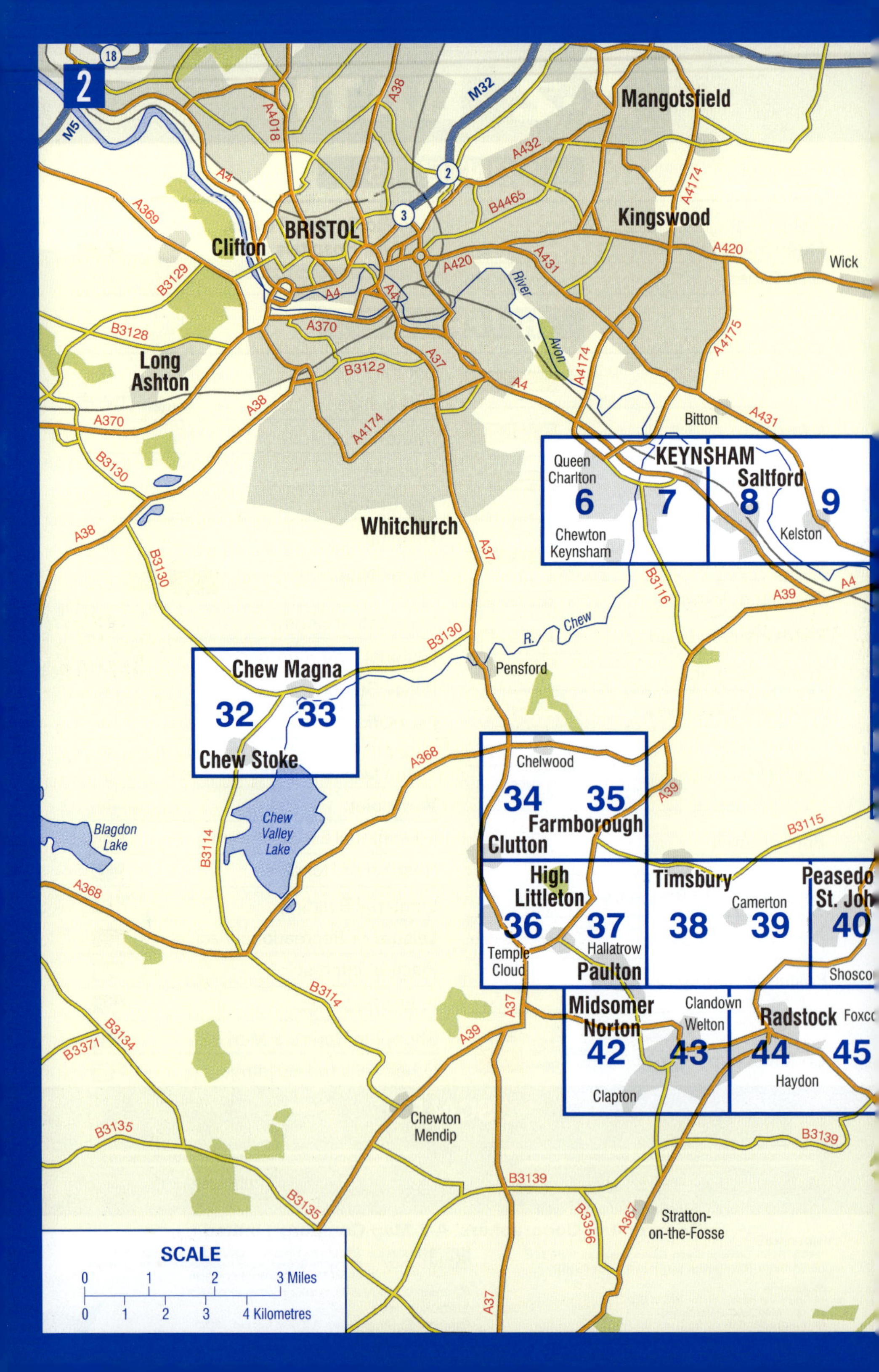

2
18
M5
M32
A4018
A38
A432
A4174
A4
A369
BRISTOL
Clifton
Mangotsfield
Kingswood
B4465
A420
Wick
A431
River Avon
A4175
B3129
B3128
A370
B3122
A37
Long Ashton
A4174
A431
Bitton
KEYNSHAM
Queen Charlton
Saltford
6
7
8
9
Chewton Keynsham
Kelston
Whitchurch
B3130
B3116
A39
R. Chew
Pensford
Chew Magna
32
33
Chew Stoke
A368
Chelwood
34
35
Farmborough
Clutton
Blagdon Lake
Chew Valley Lake
B3114
B3115
High Littleton
Timsbury
Camerton
Peasedo
St. Joh
36
37
38
39
40
Temple Cloud
Hallatrow
Paulton
Shosco
Midsomer Norton
Clandown
Welton
Radstock
42
43
44
45
Clapton
Haydon
B3134
B3371
Chewton Mendip
B3135
B3139
B3356
A367
Stratton-on-the-Fosse
SCALE
0
1
2
3 Miles
0
1
2
3
4 Kilometres

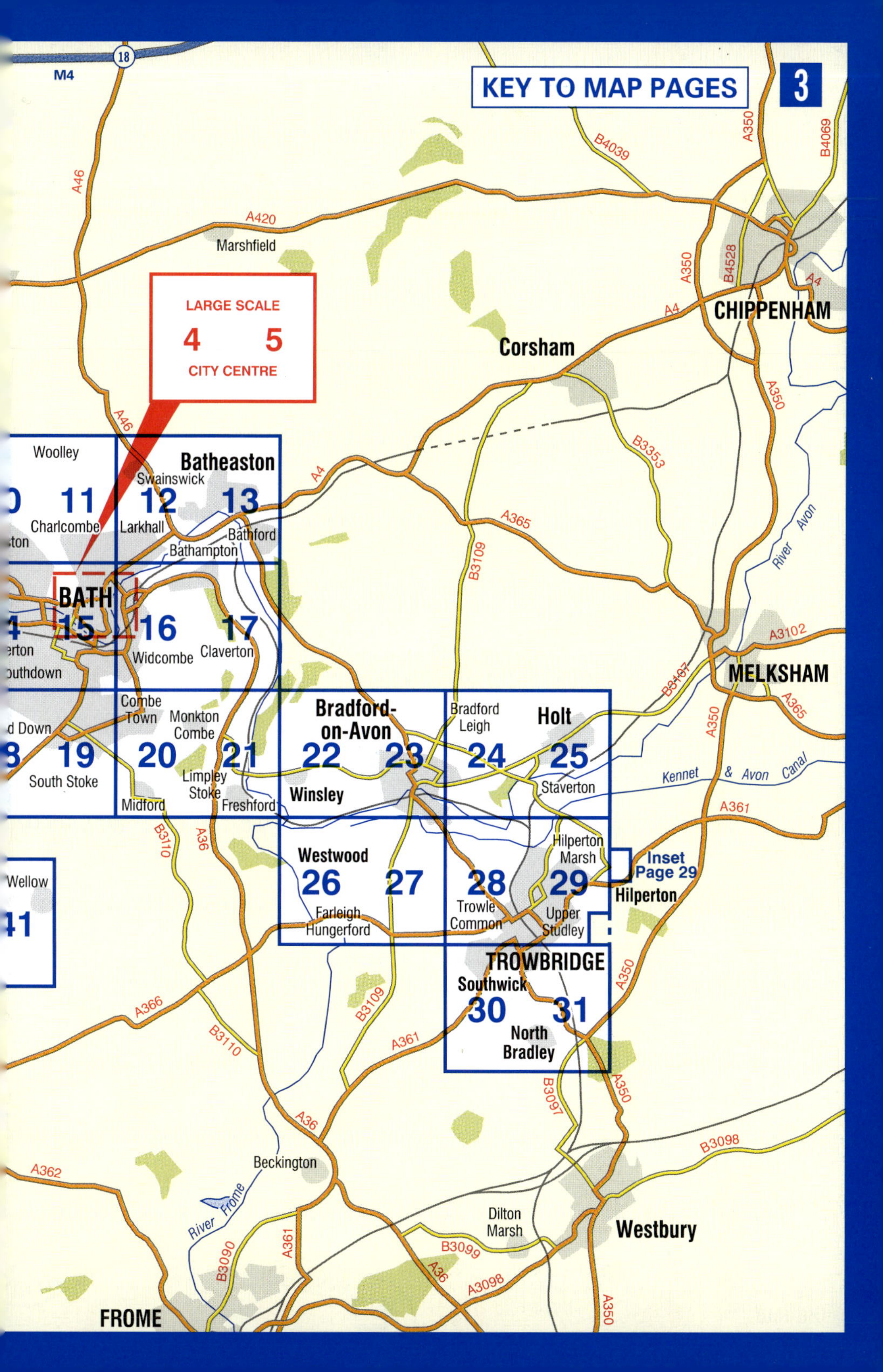
M4
18
A46
A420
Marshfield
LARGE SCALE
4 5
CITY CENTRE
B4039
A350
B4069
B4528
A4
CHIPPENHAM
Corsham
A350
B3353
A4
A365
B3109
River Avon
Woolley
Batheaston
Swainswick
11 12 13
Charlcombe
Larkhall
Bathford
Bathampton
BATH
15 16 17
Widcombe
Claverton
A3102
MELKSHAM
B3107
A365
A350
Combe Town
Monkton Combe
Bradford-on-Avon
Bradford Leigh
Holt
19 20 21 22 23 24 25
South Stoke
Limpley Stoke
Midford
Freshford
Winsley
Staverton
Kennet & Avon Canal
A361
Hilperton Marsh
Inset Page 29
Hilperton
Westwood
26 27 28 29
Farleigh Hungerford
Trowle Common
Upper Studley
TROWBRIDGE
Southwick
30 31
North Bradley
Wellow
B3110
A36
A366
B3110
B3109
A361
A350
B3097
A36
B3098
Beckington
A362
River Frome
B3090
A361
Dilton Marsh
Westbury
B3099
A36
A3098
A350
FROME

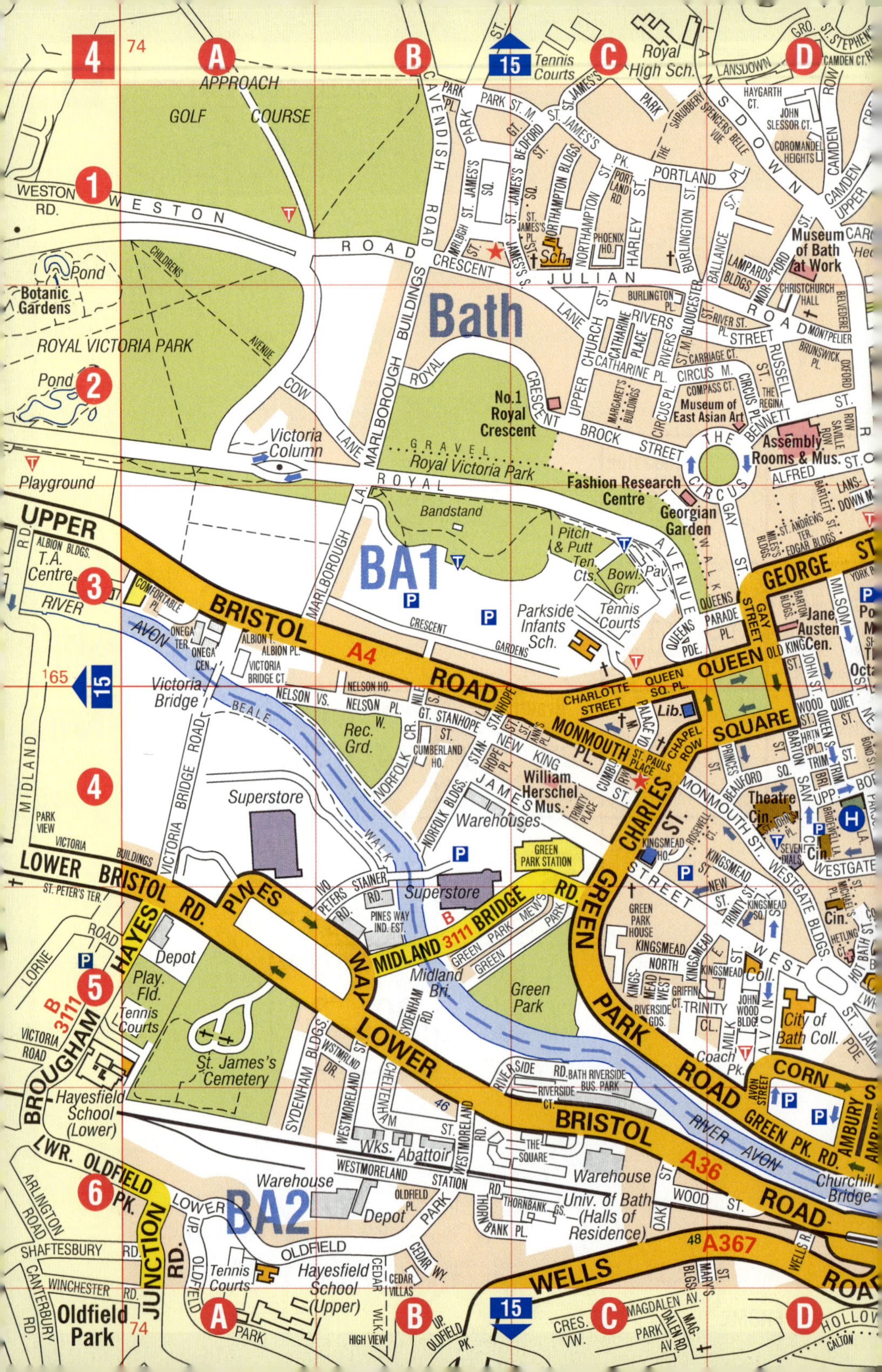

4
74
A
B
C
D
15
1
2
3
4
5
6
165
Bath
BA1
BA2
APPROACH
GOLF COURSE
Tennis Courts
Royal High Sch.
LANSDOWN
CAMDEN CT.
HAYGARTH CT.
JOHN SLESSOR CT.
COROMANDEL HEIGHTS
WESTON RD.
WESTON ROAD
CAVENDISH ROAD
PARK PL.
PARK ST. M.
ST. JAMES'S SQ.
ST. JAMES'S PARK
PORTLAND PL.
NORTHAMPTON BLDGS.
NORTHAMPTON ST.
PHOENIX HO.
HARLEY ST.
BURLINGTON ST.
BALLANCE ST.
LAMPARD BLDGS.
Museum of Bath at Work
CHRISTCHURCH HALL
JULIAN ROAD
CRESCENT
Pond
Botanic Gardens
ROYAL VICTORIA PARK
CHILDRENS AVENUE
MARLBOROUGH BUILDINGS
ROYAL CRESCENT
No.1 Royal Crescent
UPPER CHURCH ST.
CATHARINE PLACE
RIVERS ST.
BURLINGTON PL.
RIVER ST. PL.
RUSSELL STREET
MONTPELIER
BRUNSWICK PL.
CARRIAGE CT.
CIRCUS M.
COMPASS CT.
Museum of East Asian Art
BROCK STREET
THE CIRCUS
BENNETT ST.
Assembly Rooms & Mus.
ALFRED ST.
COW LANE
Victoria Column
GRAVEL
Royal Victoria Park
ROYAL AVENUE
Playground
Fashion Research Centre
Georgian Garden
GAY ST.
UPPER BRISTOL ROAD
ALBION BLDGS.
T.A. Centre
COMFORTABLE PL.
RIVER AVON
ONEGA TER.
ONEGA CEN.
ALBION T.
ALBION PL.
VICTORIA BRIDGE CT.
Bandstand
Pitch & Putt
Ten. Cts.
Bowl. Grn.
Pav.
Tennis Courts
Parkside Infants Sch.
QUEENS PARADE PL.
QUEENS PDE.
GEORGE ST
GAY STREET
MILSOM ST.
Jane Austen Cen.
QUEEN SQUARE
OLD KING ST.
CRESCENT GARDENS
A4
ROAD
MARLBOROUGH LA.
Victoria Bridge
NELSON HO.
NELSON PL.
NELSON VS.
BEALE
Rec. Grd.
NORFOLK CR.
GT. STANHOPE ST.
CUMBERLAND HO.
NEW KING ST.
CHARLOTTE STREET
QUEEN SQ. PL.
Lib.
MONMOUTH PL.
CHAPEL ROW
ST. PAULS PLACE
William Herschel Mus.
JAMES ST.
TRINITY PLACE
CHARLES ST.
PRINCES ST.
BEAUFORD SQ.
Theatre
Cin.
SAWCLOSE
WESTGATE
MIDLAND RD.
PARK VIEW
VICTORIA BUILDINGS
VICTORIA BRIDGE ROAD
Superstore
Warehouses
GREEN PARK STATION
KINGSMEAD HO.
MONMOUTH ST.
WESTGATE BLDGS.
KINGSMEAD SQ.
NORFOLK BLDGS.
LOWER BRISTOL RD.
ST. PETER'S TER.
PINES WAY
IVO PETERS RD.
STAINER RD.
PINES WAY IND. EST.
MIDLAND BRIDGE RD.
B 3111
GREEN PARK MEWS
GREEN PARK HOUSE
KINGSMEAD NORTH
KINGSMEAD WEST
TRINITY ST.
Coll.
Cin.
HOT BATH ST.
HAYES
LORNE ROAD
Depot
Play. Fld.
Tennis Courts
St. James's Cemetery
Midland Bri.
Green Park
GREEN PARK ROAD
RIVERSIDE GDS.
TRINITY CL.
JOHN WOOD BLDG.
City of Bath Coll.
Coach Pk.
BROUGHAM HAYES
VICTORIA ROAD
Hayesfield School (Lower)
SYDENHAM BLDGS.
SYDENHAM RD.
WESTMORELAND DR.
WESTMORELAND ST.
CHELTENHAM ST.
LOWER BRISTOL ROAD
RIVERSIDE RD.
BATH RIVERSIDE BUS. PARK
RIVERSIDE CT.
46
CORN ST.
AVON STREET
GREEN PK. RD.
AMBURY
A36
Churchill Bridge
Wks.
Abattoir
THE SQUARE
Warehouse
WESTMORELAND STATION RD.
Univ. of Bath (Halls of Residence)
WOOD ST.
OAK ST.
LWR. OLDFIELD PK.
ARLINGTON ROAD
LOWER OLDFIELD PARK
Depot
OLDFIELD PL.
THORNBANK PL.
JUNCTION RD.
SHAFTESBURY RD.
OLDFIELD
CEDAR WY.
48
A367
WELLS ROAD
Tennis Courts
Hayesfield School (Upper)
CEDAR VILLAS
CANTERBURY RD.
WINCHESTER RD.
Oldfield Park
UP. OLDFIELD PK.
HIGH VIEW
CRES. VW.
MAGDALEN AV.
PARK AV.
DALEN RD.
HOLLOW
CALTON

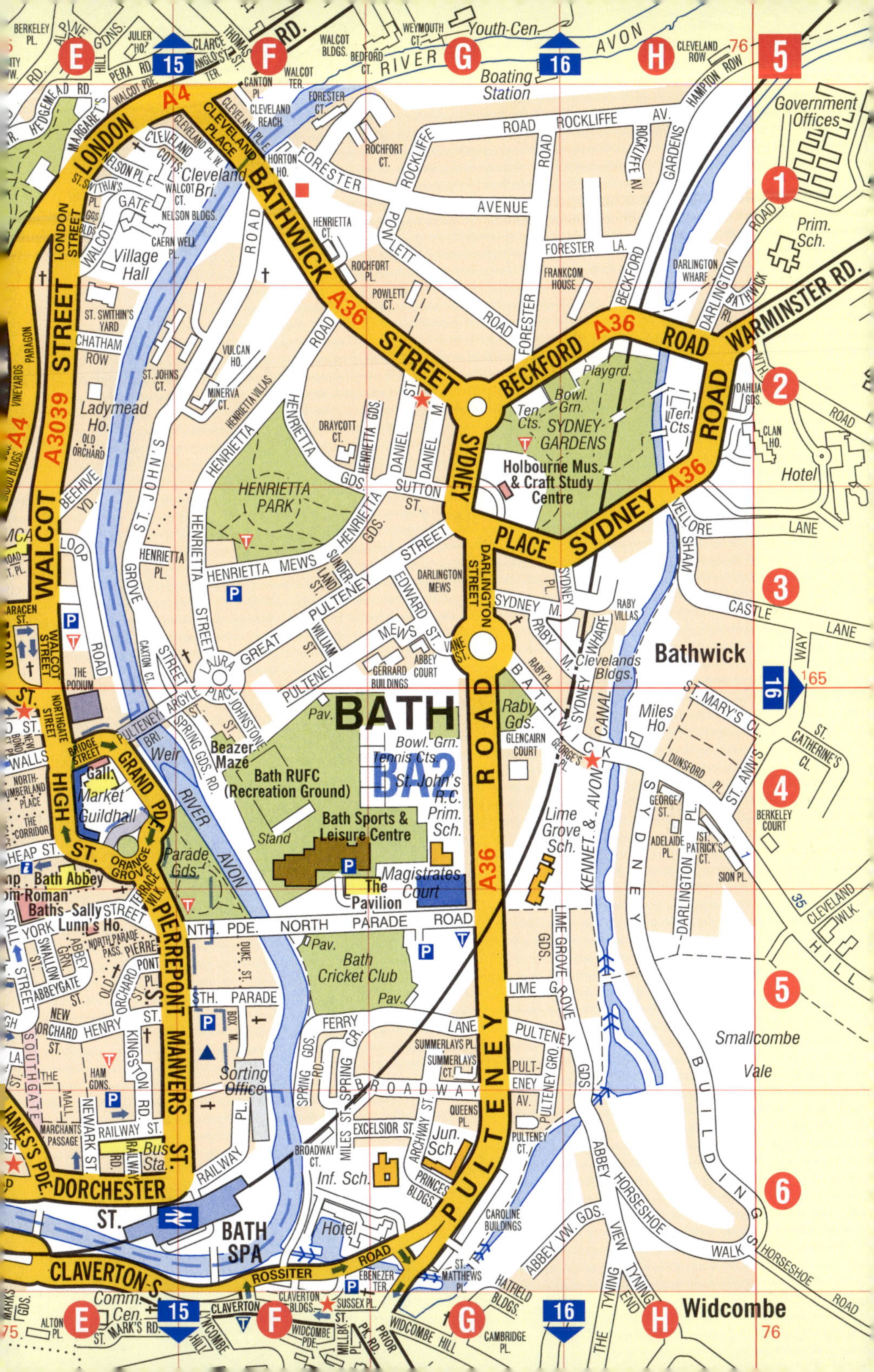

BATH
BA2
Bathwick
Widcombe
Smallcombe
Vale
RIVER AVON
KENNET & AVON CANAL
Government Offices
Prim. Sch.
Hotel
Holbourne Mus. & Craft Study Centre
SYDNEY GARDENS
Playgrd.
Bowl. Grn.
Ten. Cts.
HENRIETTA PARK
Village Hall
Ladymead Ho.
Cleveland Bri.
Boating Station
Youth Cen.
Bath RUFC (Recreation Ground)
Bath Sports & Leisure Centre
Stand
Beazer Maze
The Pavilion
Magistrates Court
Bath Cricket Club
Pav.
Raby Gds.
Miles Ho.
Lime Grove Sch.
St. John's R.C. Prim. Sch.
Bowl. Grn.
Tennis Cts.
Gall.
Market
Guildhall
Parade Gds.
Bath Abbey
Roman Baths
Sally Lunn's Ho.
Sorting Office
Bus Sta.
BATH SPA
Hotel
Inf. Sch.
Jun. Sch.
Comm. Cen.
Weir
A4
A36
A3039
WALCOT STREET
LONDON STREET
LONDON ROAD
BATHWICK STREET
CLEVELAND PLACE
BECKFORD ROAD
SYDNEY ROAD
SYDNEY PLACE
WARMINSTER RD.
DARLINGTON STREET
PULTENEY ROAD
GREAT PULTENEY STREET
HENRIETTA STREET
HENRIETTA ROAD
FORESTER ROAD
FORESTER AVENUE
ROCKLIFFE ROAD
ROCKLIFFE AV.
BATHWICK HILL
NORTH PARADE ROAD
PIERREPONT STREET
MANVERS ST.
DORCHESTER ST.
CLAVERTON ST.
ROSSITER ROAD
HORSESHOE WALK
SYDNEY BUILDINGS
GRAND PDE.
HIGH ST.
BROADWAY
PRIOR PARK RD.
WIDCOMBE HILL
E
F
G
H
1
2
3
4
5
6
15
16
75
76
165

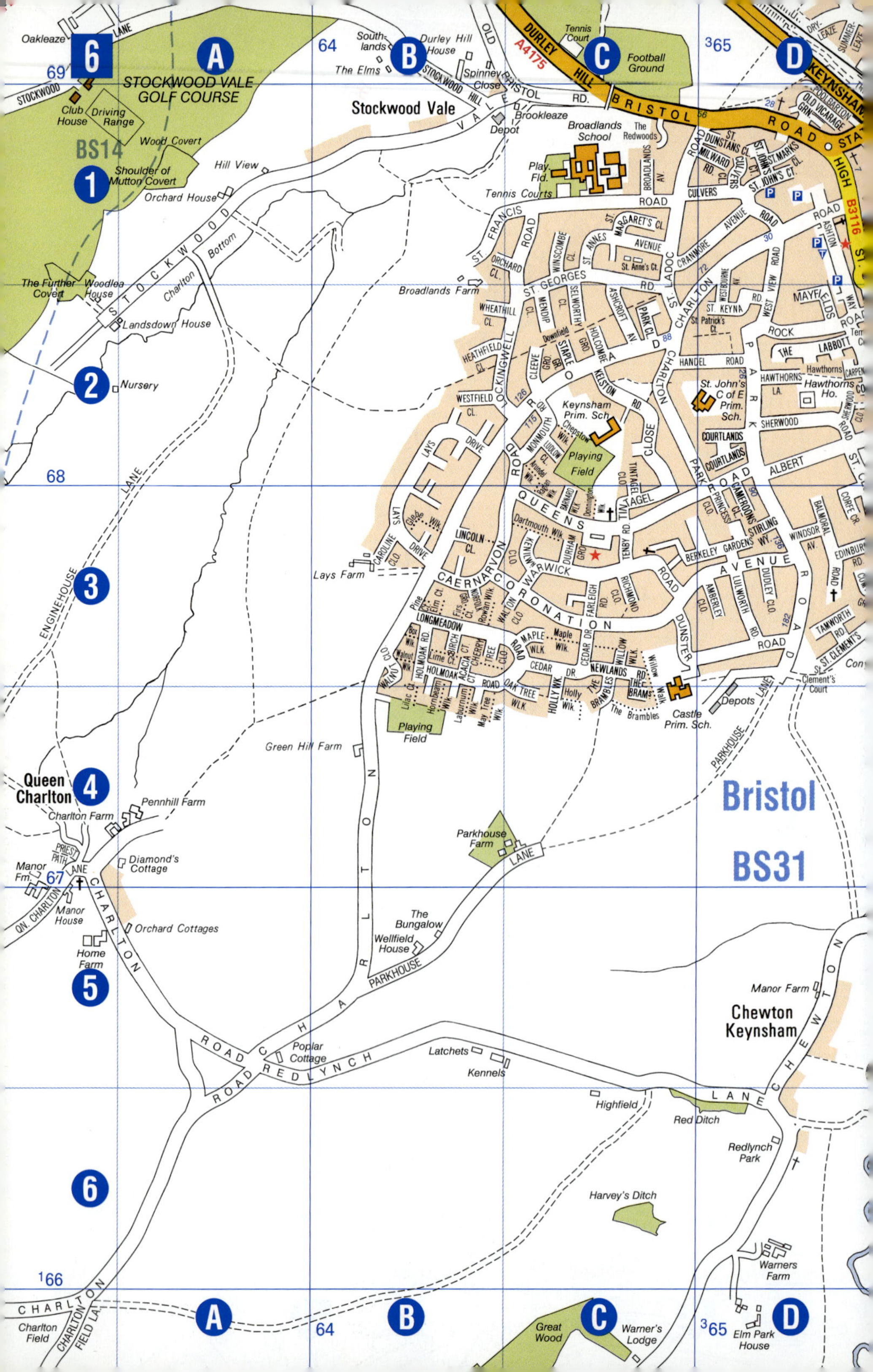

6
A
B
C
D
64
365
69
68
67
166
1
2
3
4
5
6
BS14
Bristol
BS31
STOCKWOOD VALE GOLF COURSE
Oakleaze
Club House
Driving Range
Wood Covert
Shoulder of Mutton Covert
Hill View
Orchard House
The Further Covert
Woodlea House
Landsdown House
Nursery
Southlands
The Elms
Durley Hill House
Spinney Close
Stockwood Vale
Brookleaze
Depot
Tennis Court
Football Ground
DURLEY HILL
A4175
BRISTOL ROAD
Broadlands School
The Redwoods
Play. Fld.
Tennis Courts
Broadlands Farm
B3116
HIGH ST.
KEYNSHAM
STOCKWOOD
VALE
Charlton Bottom
LANE
ENGINEHOUSE
Keynsham Prim. Sch.
Playing Field
St. John's C of E Prim. Sch.
Hawthorns Ho.
Lays Farm
Green Hill Farm
Castle Prim. Sch.
Depots
St. Clement's Court
Parkhouse Farm
Queen Charlton
Pennhill Farm
Charlton Farm
Diamond's Cottage
Manor Fm.
Manor House
Orchard Cottages
Home Farm
PRIEST PATH
QN. CHARLTON LANE
CHARLTON ROAD
PARKHOUSE LANE
The Bungalow
Wellfield House
Poplar Cottage
REDLYNCH LANE
Latchets
Kennels
Highfield
Red Ditch
Manor Farm
Chewton Keynsham
CHEWTON
Redlynch Park
Harvey's Ditch
Warners Farm
Great Wood
Warner's Lodge
Elm Park House
Charlton Field
CHARLTON FIELD LA.
ST. FRANCIS ROAD
QUEENS ROAD
CHARLTON ROAD
PARK ROAD
CORONATION AVENUE
CAERNARVON ROAD
LOCKINGWELL ROAD
ST. LADOC RD.
ST. GEORGES RD.
CULVERS ROAD
ALBERT ROAD
WINDSOR AV.
DUNSTER ROAD
LONGMEADOW
HOLMOAK ROAD
NEWLANDS RD.
The Brambles

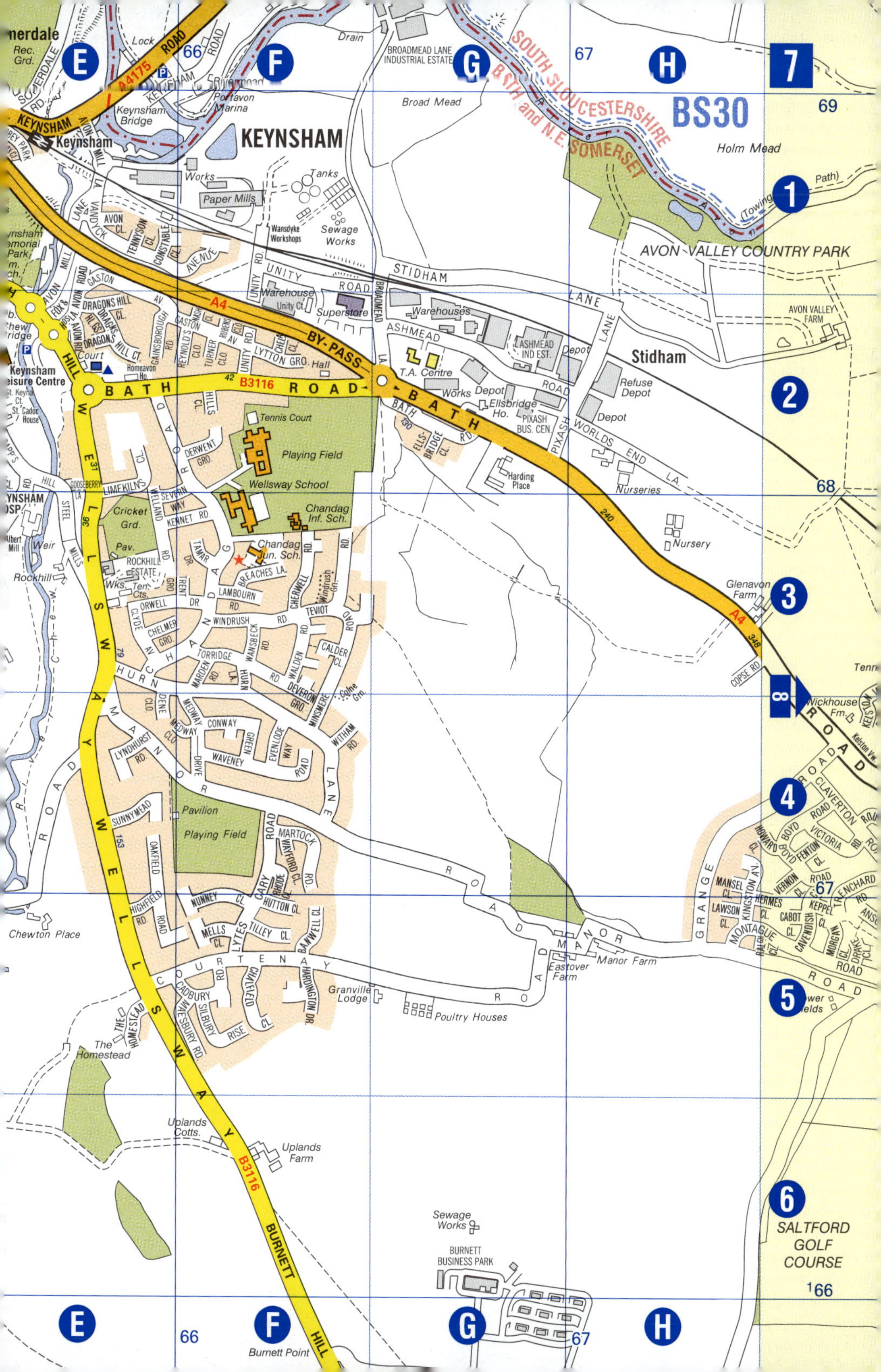

KEYNSHAM
BS30
7
8
Stidham
AVON VALLEY COUNTRY PARK
SOUTH GLOUCESTERSHIRE
BATH and N.E. SOMERSET
Holm Mead
Broad Mead
BROADMEAD LANE INDUSTRIAL ESTATE
Keynsham Bridge
Portavon Marina
Paper Mills
Sewage Works
Wansdyke Workshops
Superstore
Warehouses
ASHMEAD IND EST.
Refuse Depot
T.A. Centre
Wellsway School
Playing Field
Chandag Inf. Sch.
Chandag Jun. Sch.
Cricket Grd.
Keynsham Leisure Centre
Glenavon Farm
Wickhouse Fm.
Manor Farm
Eastover Farm
Granville Lodge
Poultry Houses
Chewton Place
The Homestead
Uplands Cotts.
Uplands Farm
Sewage Works
BURNETT BUSINESS PARK
Burnett Point
SALTFORD GOLF COURSE
BATH ROAD
WELLSWAY
BURNETT HILL
MANOR ROAD
COURTENAY ROAD
66
67
68
69
166

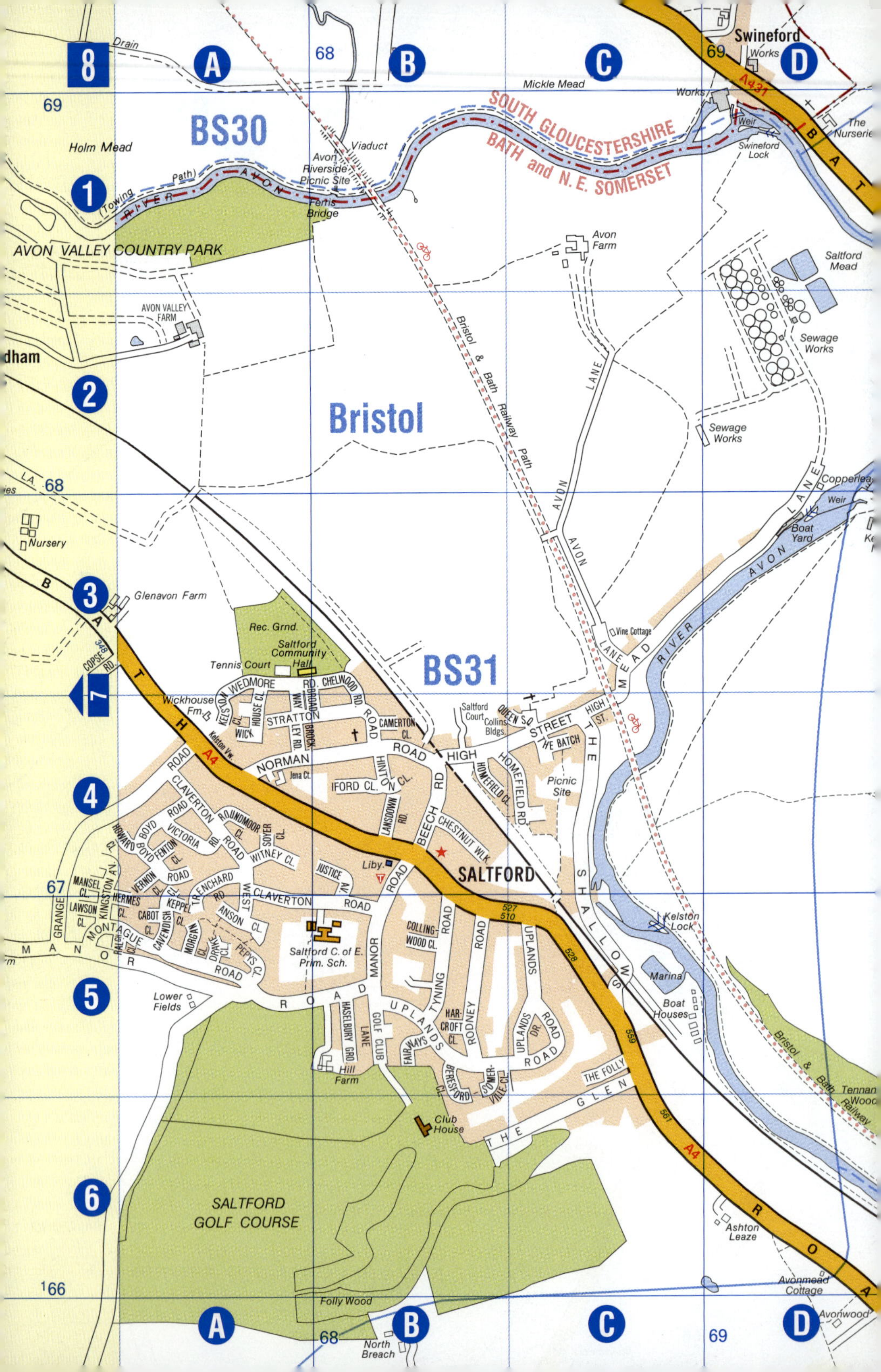
8
A
B
C
D
68
69
Swineford
Works
Mickle Mead
BS30
SOUTH GLOUCESTERSHIRE
BATH and N.E. SOMERSET
Holm Mead
Viaduct
Avon Riverside Picnic Site
Ferris Bridge
(Towing Path)
RIVER AVON
AVON VALLEY COUNTRY PARK
AVON VALLEY FARM
Weir
Swineford Lock
The Nurseries
A431
Avon Farm
Saltford Mead
Sewage Works
Bristol
Bristol & Bath Railway Path
AVON LANE
Copperleaf
Weir
Boat Yard
Nursery
Glenavon Farm
Rec. Grnd.
Saltford Community Hall
Tennis Court
BS31
Vine Cottage
MEAD LANE
RIVER AVON
7
Wickhouse Fm.
WEDMORE RD.
CHELWOOD RD.
KELSTON CL.
HOUSE CL.
WICK
STRATTON
WAY
LEY RD.
BROCK.
CAMERTON CL.
NORMAN ROAD
Jena Ct.
IFORD CL.
HINTON CL.
Saltford Court
Collins Bldgs.
QUEEN SQ.
HIGH STREET
THE BATCH
HIGH ST.
HOMEFIELD RD
HOMEFIELD CL.
Picnic Site
THE SHALLOWS
CLAVERTON ROAD
ROUNDMOOR CL.
SOYER CL.
LANSDOWN RD.
BEECH RD
CHESTNUT WLK
Liby.
SALTFORD
A4
Kelston Vw.
HOWARD CL.
BOYD
VICTORIA RD.
FENTON CL.
WITNEY CL.
JUSTICE AV.
VERNON
MANSEL CL.
KINGSTON AV.
HERMES CL.
LAWSON CL.
GRANGE
CABOT CL.
KEPPEL CL.
TRENCHARD RD.
WEST
ANSON CL.
MONTAGUE
CAVENDISH CL.
MORGAN CL.
DRAKE CL.
PEPYS CL.
MANOR ROAD
Saltford C. of E. Prim. Sch.
COLLINGWOOD CL.
TYNING ROAD
RODNEY ROAD
UPLANDS ROAD
UPLANDS DR.
HARCROFT CL.
HASELBURY GRO.
GOLF CLUB LANE
FAIRWAYS
BERESFORD CL.
SOMERVILLE CL.
Hill Farm
THE FOLLY
THE GLEN
Club House
Kelston Lock
Marina
Boat Houses
Lower Fields
Tennant Wood
SALTFORD GOLF COURSE
Ashton Leaze
Avonmead Cottage
Avonwood
Folly Wood
North Breach
166
527
510
528
559
561
348
A4 BATH ROAD
1
2
3
4
5
6
67

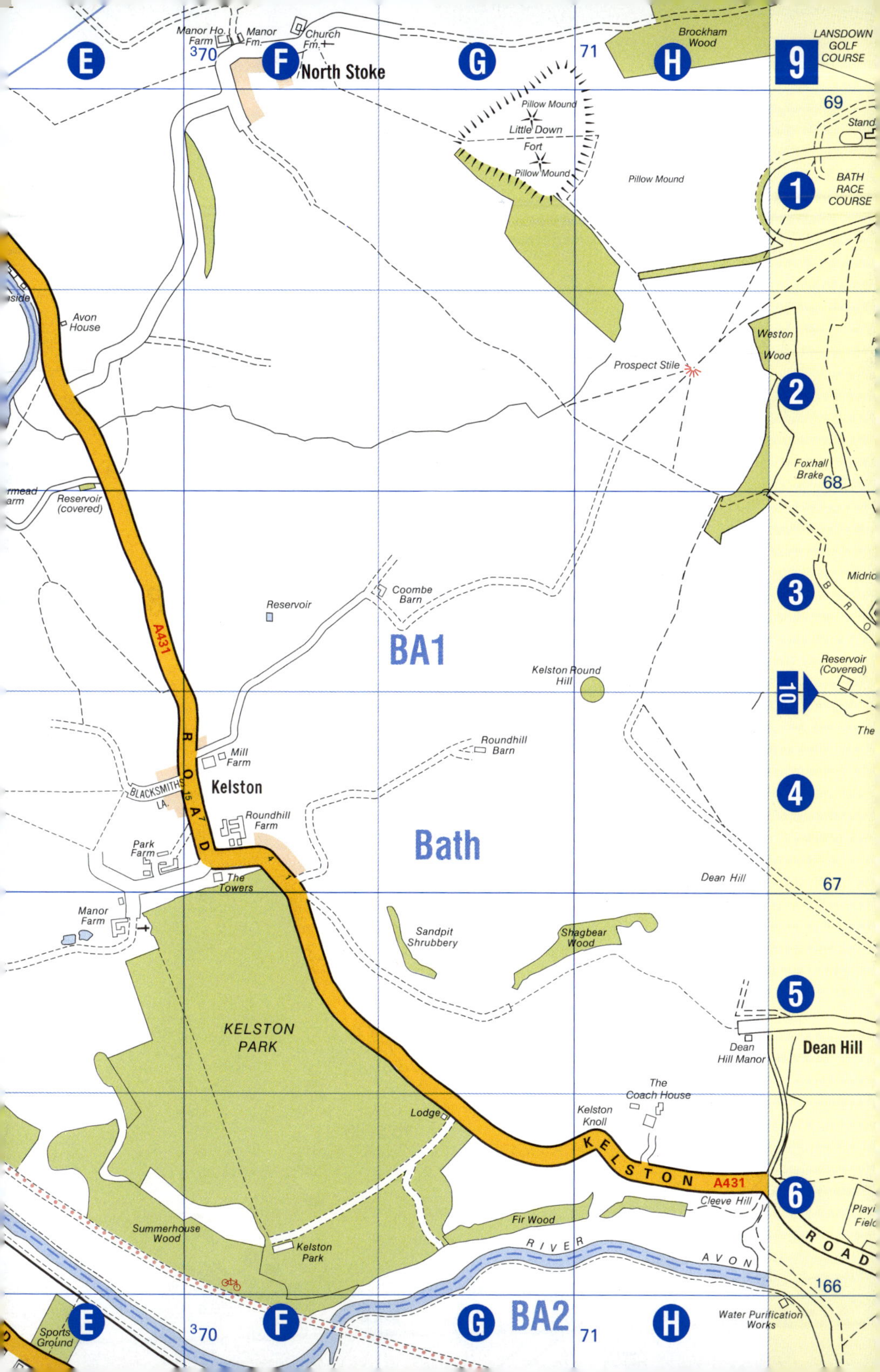

E
F
G
H
9
LANSDOWN GOLF COURSE
Manor Ho. Farm
Manor Fm.
Church Fm.
North Stoke
370
71
Brockham Wood
69
Stand
Pillow Mound
Little Down
Fort
Pillow Mound
Pillow Mound
1
BATH RACE COURSE
Avon House
Weston Wood
Prospect Stile
2
Foxhall Brake
68
Reservoir (covered)
A431
3
Coombe Barn
Reservoir
BA1
Kelston Round Hill
Reservoir (Covered)
10
ROAD
Mill Farm
Roundhill Barn
BLACKSMITHS LA.
Kelston
4
Roundhill Farm
Park Farm
Bath
The Towers
Dean Hill
67
Manor Farm
Sandpit Shrubbery
Shagbear Wood
5
KELSTON PARK
Dean Hill Manor
Dean Hill
The Coach House
Lodge
Kelston Knoll
KELSTON
A431
6
ROAD
Cleeve Hill
Summerhouse Wood
Fir Wood
RIVER
AVON
Kelston Park
166
Water Purification Works
Sports Ground
BA2

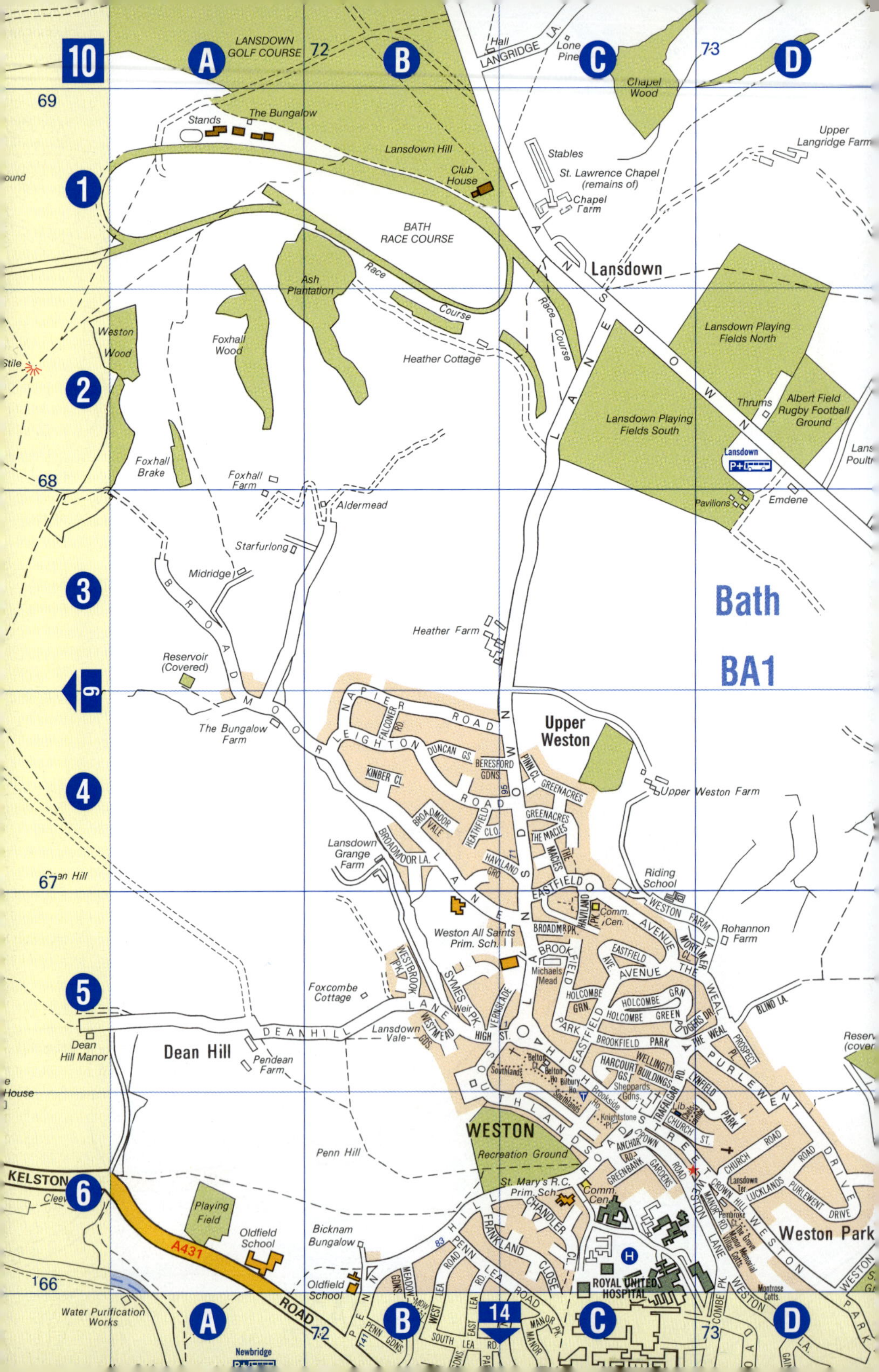
LANSDOWN GOLF COURSE
Stands
The Bungalow
Lansdown Hill
Club House
BATH RACE COURSE
Ash Plantation
Race
Course
Weston Wood
Foxhall Wood
Heather Cottage
Foxhall Brake
Foxhall Farm
Aldermead
Starfurlong
Midridge
Stile
Hall
LANGRIDGE LA.
Lone Pine
Chapel Wood
Stables
St. Lawrence Chapel (remains of)
Chapel Farm
Upper Langridge Farm
Lansdown
LANSDOWN LANE
Lansdown Playing Fields North
Lansdown Playing Fields South
Thrums
Albert Field Rugby Football Ground
Pavilions
Emdene
Bath
BA1
Heather Farm
Reservoir (Covered)
The Bungalow Farm
BROAD MOOR LANE
Upper Weston
NAPIER ROAD
LEIGHTON ROAD
FALCONER RD.
DUNCAN GS.
BERESFORD GDNS.
KINBER CL.
PINN CL.
GREENACRES
Upper Weston Farm
BROADMOOR VALE
HEATHFIELD CLO.
BROADMOOR LA.
HAVILAND GRO.
THE MACIES
Lansdown Grange Farm
Riding School
EASTFIELD
HAVILAND PK.
Comm. Cen.
WESTON FARM LA.
BROADMR PK.
Rohannon Farm
Weston All Saints Prim. Sch.
BROOKFIELD
EASTFIELD AVE.
AVENUE
MORTIMER CL.
WESTBROOK PK.
SYMES PK.
Michaels Mead
HOLCOMBE GRN.
HOLCOMBE GREEN
THE WEAL
Foxcombe Cottage
DEAN HILL LANE
Lansdown Vale
WESTMEAD GDS.
Weir
VERNSLADE
HIGH ST.
PARK
BROOKFIELD PARK
BLIND LA.
Dean Hill Manor
Dean Hill
Pendean Farm
HARCOURT GS.
WELLINGTON BUILDINGS
Southlands
Belton Ct.
Bilbury Ho.
Brookside Ho.
Sheppards Gdns.
Knightstone Pl.
TRAFALGAR RD.
LYNFIELD PARK
PURLEWENT DRIVE
PROSPECT PL.
CHURCH ST.
Lib.
SOUTHLANDS
WESTON
Recreation Ground
ANCHOR RD.
CROWN ROAD
GREENBANK GARDENS
HIGH STREET
CHURCH ROAD
Penn Hill
KELSTON
Cleeve
St. Mary's R.C. Prim. Sch.
CHANDLER CL.
Comm. Cen.
Lansdown Ter
CROWN HILL
LUCKLANDS ROAD
Playing Field
Oldfield School
A431
Bicknam Bungalow
HILL
PENN LEA ROAD
FRANKLAND CLOSE
ROYAL UNITED HOSPITAL
MANOR RD.
Pembroke Ct.
The Grove
Manor Villas
Memorial Cotts.
Weston Park
WESTON PARK
WESTON LANE
Oldfield School
MEADOW GDNS.
WEST LEA RD.
EAST LEA RD.
MANOR PK.
COMBE PK.
Montrose Cotts.
Water Purification Works
ROAD
PENN GDNS.
SOUTH LEA RD.
Newbridge
14
9
A
B
C
D
1
2
3
4
5
6
72
73
69
68
67
166

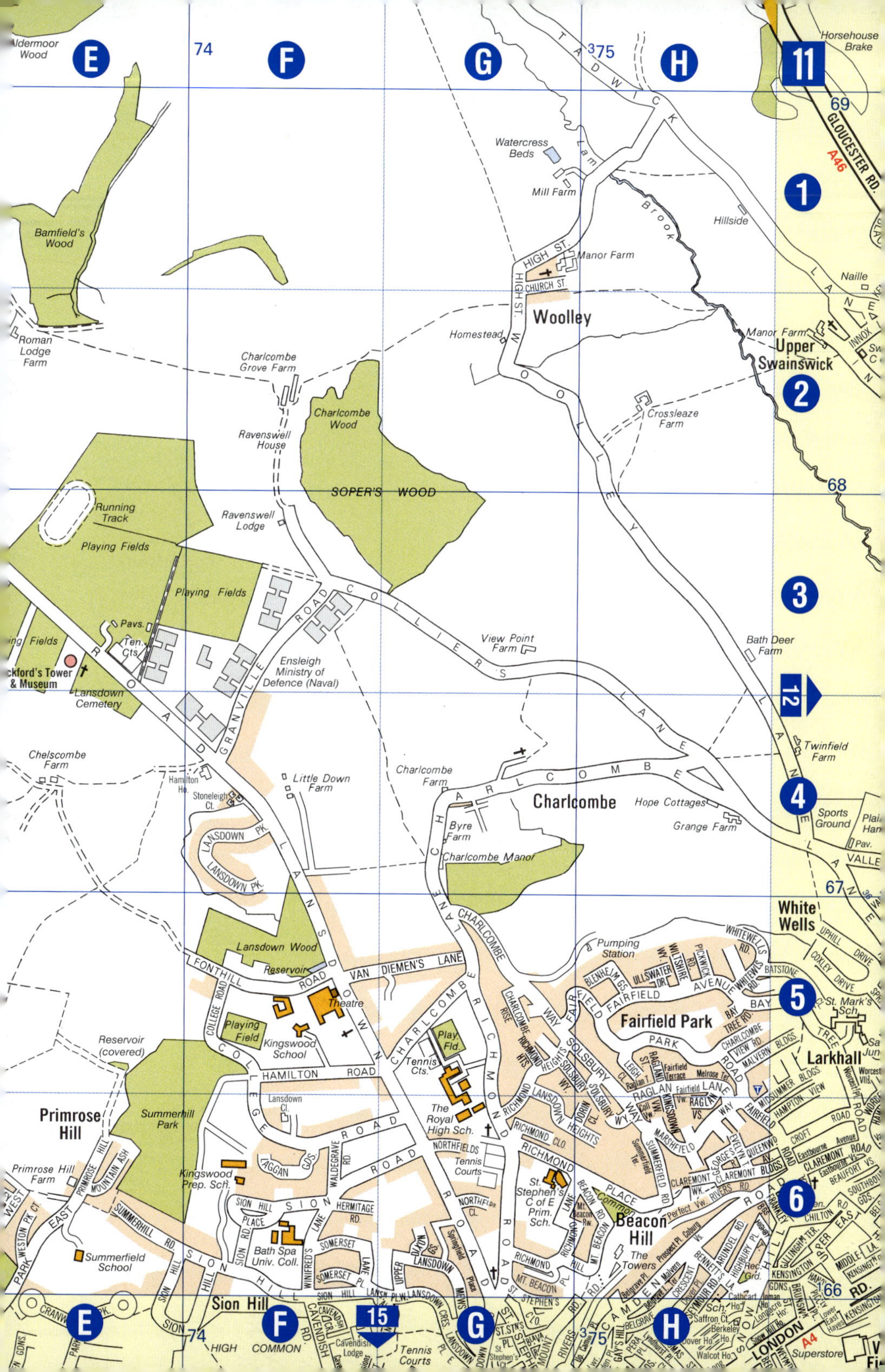

11
E
F
G
H
74
375
69
68
67
66
1
2
3
4
5
6
12
15
Aldermoor Wood
Horsehouse Brake
GLOUCESTER RD.
A46
TADWICK
Watercress Beds
Mill Farm
Lam Brook
Hillside
Bamfield's Wood
HIGH ST.
Manor Farm
CHURCH ST.
Woolley
Naille
Homestead
Manor Farm
Upper Swainswick
INNOX
Roman Lodge Farm
Charlcombe Grove Farm
Charlcombe Wood
Ravenswell House
Crossleaze Farm
WOOLLEY
SOPER'S WOOD
Running Track
Ravenswell Lodge
Playing Fields
Playing Fields
COLLIERS LANE
Pavs.
Ten. Cts.
View Point Farm
Bath Deer Farm
Fields
Beckford's Tower & Museum
Ensleigh Ministry of Defence (Naval)
Lansdown Cemetery
GRANVILLE ROAD
ROAD
Chelscombe Farm
Twinfield Farm
Little Down Farm
Charlcombe Farm
Hamilton Ho.
Stoneleigh Ct.
CHARLCOMBE
Charlcombe
Hope Cottages
Sports Ground
Byre Farm
Grange Farm
LANSDOWN PK.
Charlcombe Manor
Pav.
VALLEY
LANSDOWN PK.
White Wells
Pumping Station
WHITEWELLS RD.
UPHILL DRIVE
COXLEY DRIVE
Lansdown Wood
VAN DIEMEN'S LANE
WILTSHIRE WY.
PICKWICK RD.
BATSTONE
Reservoir
FONTHILL ROAD
ULLSWATER DR.
BLENHEIM GS.
FAIRFIELD AVENUE
St. Mark's Sch.
Theatre
Fairfield Park
BAY TREE RD.
COLLEGE ROAD
Playing Field
Kingswood School
Play Fld.
CHARLCOMBE RISE
CHARLCOMBE VIEW RD.
MALVERN BLDGS.
Larkhall
Reservoir (covered)
Tennis Cts.
RICHMOND HTS.
SOLSBURY WAY
RAGLAN LANE
Primrose Hill
Summerhill Park
HAMILTON ROAD
Lansdown Cl.
The Royal High Sch.
LANSDOWN HEIGHTS
MIDSUMMER BLDGS.
HAMPTON VIEW
WORCESTER RD.
RICHMOND CLO.
CROFT ROAD
Eastbourne Avenue
Primrose Hill Farm
Kingswood Prep. Sch.
LAGGAN GDS.
WALDEGRAVE RD.
NORTHFIELDS
Tennis Courts
St. Stephen's C of E Prim. Sch.
CLAREMONT ROAD
CLAREMONT BLDGS.
BEAUFORT VS.
SOUTHBOURNE GDS.
SION HILL
SION ROAD
HERMITAGE RD.
RICHMOND PLACE
Common
Beacon Hill
RIVERS RD.
CHILTON RD.
UPPER EAST
WESTON PK. CT.
EAST PARK
SUMMERHILL RD.
Bath Spa Univ. Coll.
SOMERSET LANE
WINIFRED'S LANE
NORTHFIELDS CL.
MT. BEACON
The Towers
ARUNDEL RD.
HIGHBURY PL.
Rec. Grd.
KENSINGTON
Summerfield School
SOMERSET PL.
UPPER LANSDOWN MEWS
Springfield Place
CAMDEN
Cathcart Ho.
LONDON RD.
Sion Hill
CRANWELLS PARK
CAVENDISH RD.
CAVENDISH CRES.
ST. STEPHEN'S CT.
BELGRAVE
Saffron Ct.
Berkeley Ho.
Dover Ho.
Walcot Ho.
Superstore
A4
HIGH
COMMON
Cavendish Lodge
Tennis Courts
LANSDOWN CRES.

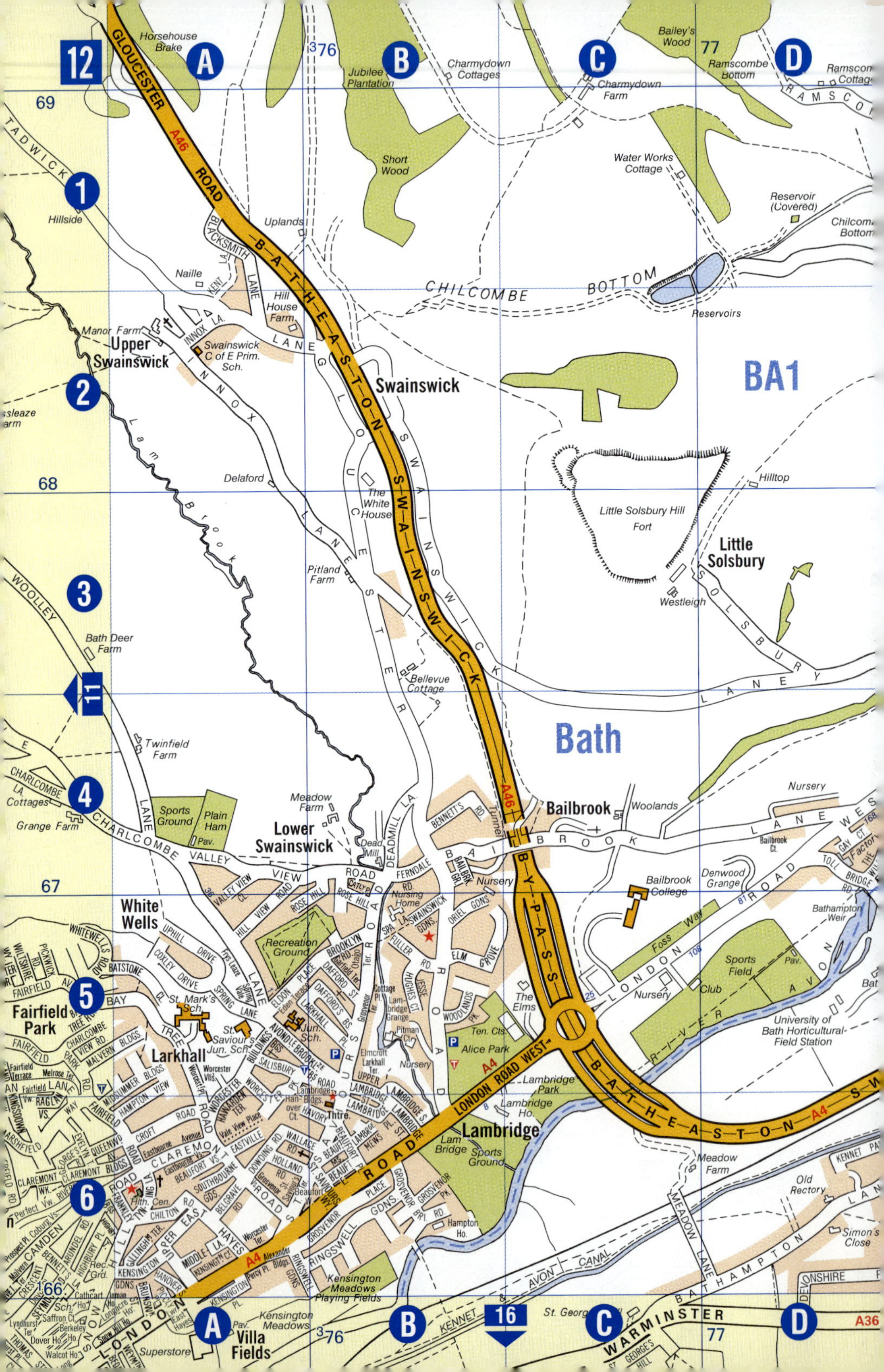
12
Horsehouse Brake
Jubilee Plantation
Charmydown Cottages
Charmydown Farm
Bailey's Wood
Ramscombe Bottom
GLOUCESTER ROAD
A46
Short Wood
Water Works Cottage
Reservoir (Covered)
Hillside
Uplands
Naille
BLACKSMITH LANE
Hill House Farm
CHILCOMBE BOTTOM
Reservoirs
Manor Farm
Upper Swainswick
Swainswick C of E Prim. Sch.
INNOX LA.
LANE
BATHEASTON SWAINSWICK
Swainswick
BA1
Lam Brook
Delaford
The White House
Little Solsbury Hill Fort
Hilltop
Little Solsbury
Pitland Farm
Westleigh
SOLSBURY LANE
WOOLLEY
Bath Deer Farm
Bellevue Cottage
11
Bath
Twinfield Farm
CHARLCOMBE LA.
Cottages
Grange Farm
Sports Ground
Plain Ham
Pav.
Meadow Farm
Lower Swainswick
Dead Mill
DEADMILL LA.
BENNETT'S RD.
Tunnel
Bailbrook
Woolands
Nursery
BAILBROOK LANE
CHARLCOMBE VALLEY ROAD
VIEW ROAD
FERNDALE RD.
Nursery Home
SWAINSWICK GDNS.
Bailbrook College
Denwood Grange
BY-PASS
LONDON ROAD
Foss Way
Bathampton Weir
White Wells
Recreation Ground
UPHILL DRIVE
COKLEY DRIVE
SPRING LANE
ELM GROVE
WOODLANDS PK
The Elms
Sports Field
Club
RIVER AVON
University of Bath Horticultural Field Station
Fairfield Park
St. Mark's Sch.
St. Saviour's Jun. Sch.
Jun. Sch.
Larkhall
Ten. Cts.
Alice Park
LONDON ROAD WEST
A4
Lambridge Park
Lambridge Ho.
BATHEASTON
Lambridge
Lam Bridge
Sports Ground
CLAREMONT
Meadow Farm
Old Rectory
KENNET PARK
Hlth. Cen.
Hampton Ho.
MEADOW LANE
Simon's Close
KENNET AND AVON CANAL
Kensington Meadows Playing Fields
BATHAMPTON LANE
DEVONSHIRE
Kensington Meadows
Villa Fields
Superstore
16
St. George's
WARMINSTER ROAD
ST. GEORGE'S HILL
A36
69
68
67
166
376
77

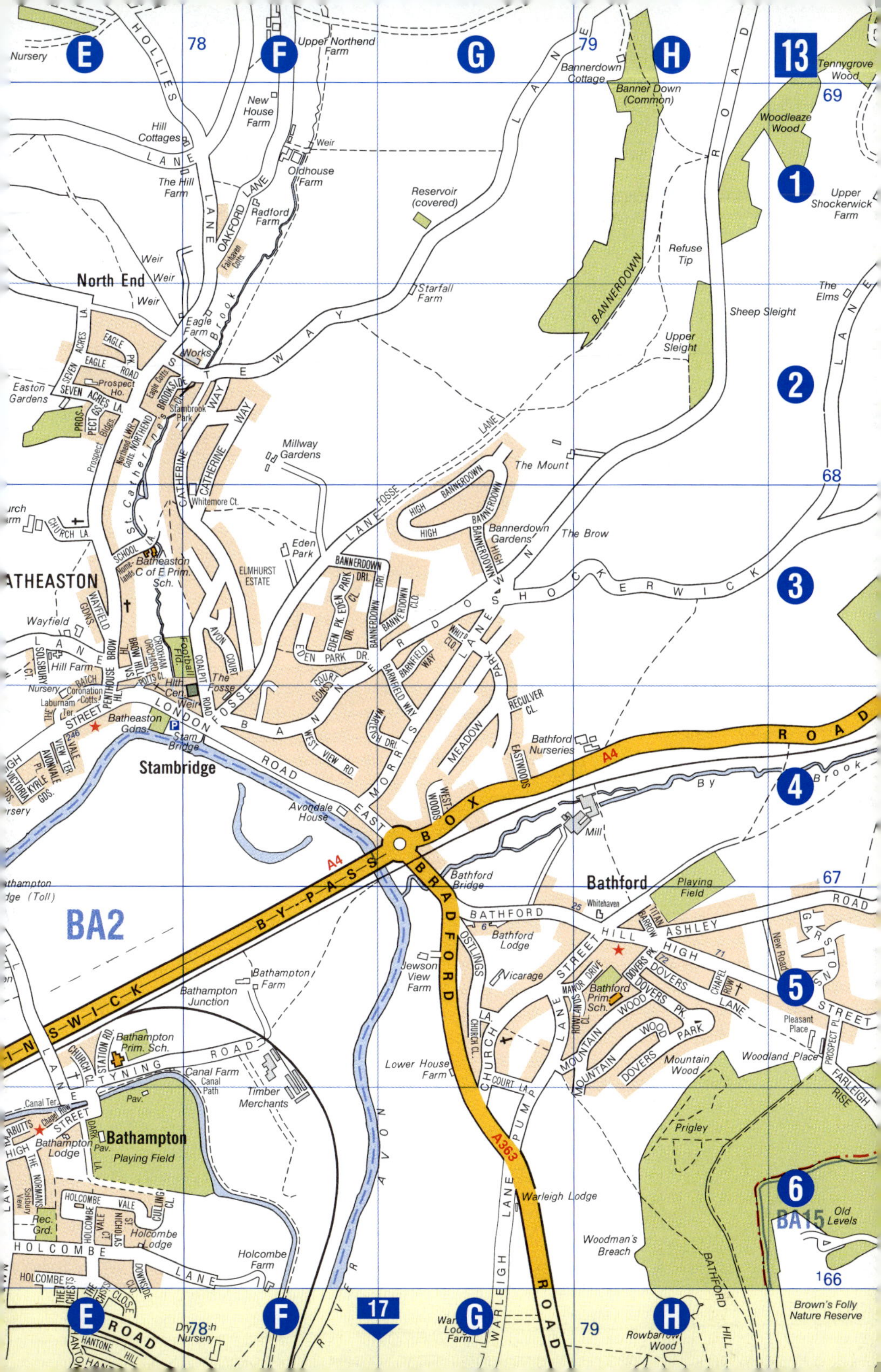
13
North End
Batheaston
Stambridge
Bathford
Bathampton
BA2
BA15
Upper Northend Farm
New House Farm
Oldhouse Farm
Radford Farm
The Hill Farm
Hill Cottages
Bannerdown Cottage
Banner Down (Common)
Tennygrove Wood
Woodleaze Wood
Upper Shockerwick Farm
Reservoir (covered)
Refuse Tip
Starfall Farm
Sheep Sleight
Upper Sleight
The Elms
Millway Gardens
The Mount
Bannerdown Gardens
The Brow
Eden Park
Elmhurst Estate
Batheaston C of E Prim. Sch.
Bathford Nurseries
Avondale House
Mill
Bathford Bridge
Playing Field
Bathford Lodge
Vicarage
Bathford Prim. Sch.
Jewson View Farm
Bathampton Farm
Bathampton Junction
Bathampton Prim. Sch.
Canal Farm
Timber Merchants
Bathampton Playing Field
Bathampton Lodge
Holcombe Lodge
Holcombe Farm
Lower House Farm
Warleigh Lodge
Woodman's Breach
Mountain Wood
Prigley
Woodland Place
Pleasant Place
Old Levels
Brown's Folly Nature Reserve
Rowbarrow Wood
Warleigh Lodge Farm
Dry Arch Nursery
Easton Gardens
Eagle Farm
Weir
Hill Farm
Nursery
Batheaston Gdns.
A4
A363
BOX ROAD
LONDON ROAD
BANNERDOWN ROAD
SHOCKERWICK LANE
FOSSE LANE
FOSSE WAY
HOLLIES LANE
OAKFORD LANE
BRADFORD ROAD
WARLEIGH LANE
BATHFORD HILL
HIGH STREET
CHURCH STREET
TYNING ROAD
HOLCOMBE LANE
River Avon
By Brook
17
78
79
69
68
67
66

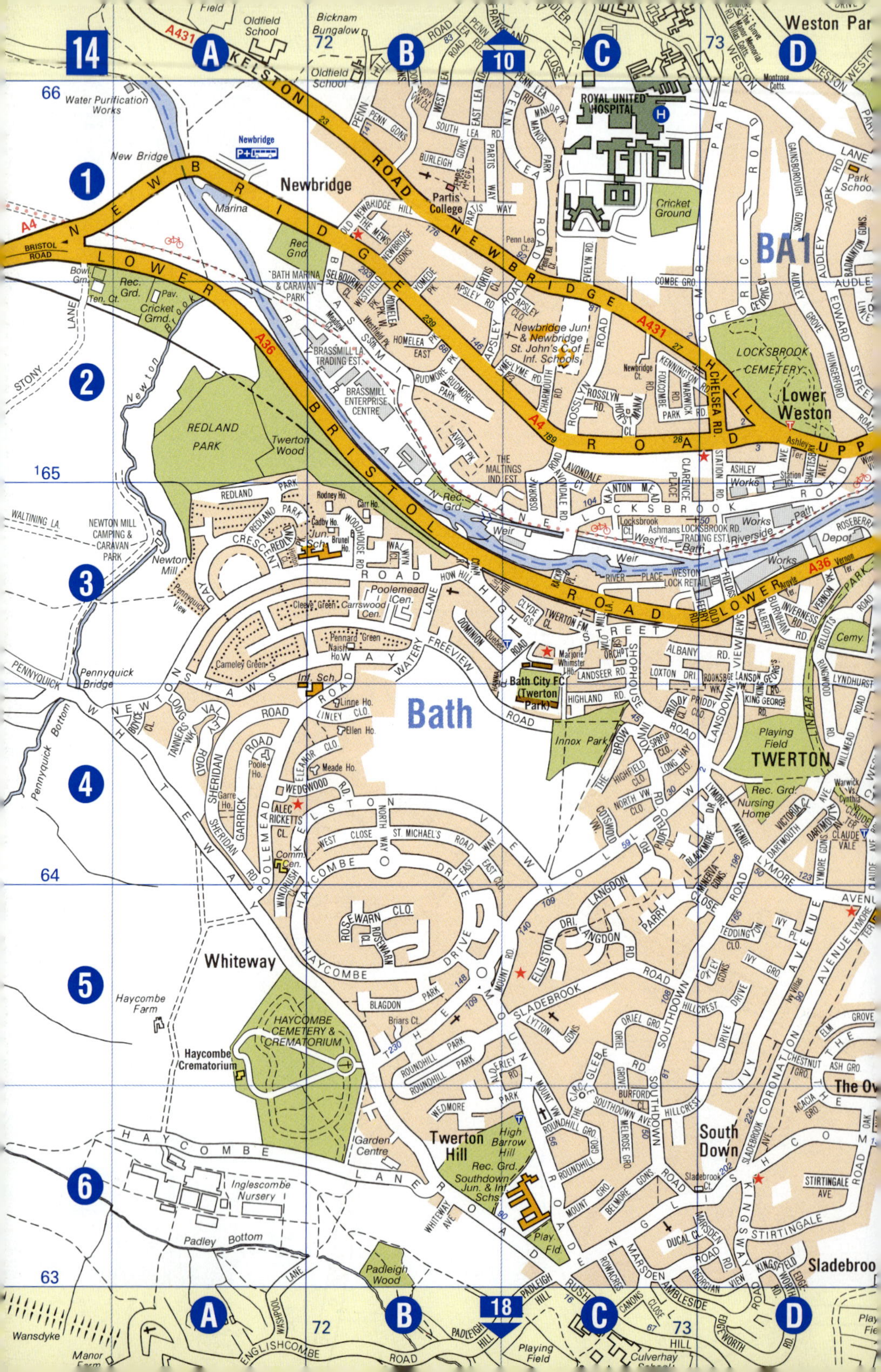

14
A
B
C
D
10
18
66
165
64
63
72
73
1
2
3
4
5
6
Field
Oldfield School
Bicknam Bungalow
Oldfield School
A431
KELSTON ROAD
Water Purification Works
Newbridge
New Bridge
Marina
NEWBRIDGE HILL
NEWBRIDGE ROAD
A4
BRISTOL ROAD
LOWER BRISTOL ROAD
A36
Bowl. Grn.
Rec. Grd.
Ten. Ct.
Pav.
Cricket Grnd.
Rec Gnd
"BATH MARINA & CARAVAN PARK"
BRASSMILL LA. TRADING EST.
BRASSMILL ENTERPRISE CENTRE
BRASSMILL LANE
Newton Brook
STONY LANE
REDLAND PARK
Twerton Wood
WALTINING LA.
NEWTON MILL CAMPING & CARAVAN PARK
Newton Mill
Pennyquick View
PENNYQUICK
Pennyquick Bridge
Pennyquick Bottom
ROYAL UNITED HOSPITAL
Cricket Ground
Partis College
PENN LEA RD.
PARTIS WAY
BURLEIGH GDNS.
Penn Lea Ct.
Newbridge Jun. & Newbridge St. John's C. of E. Inf. Schools
LOCKSBROOK CEMETERY
Lower Weston
Weston Par
BA1
Park School
GAINSBOROUGH
AUDLEY PARK
AUDLEY GROVE
EDWARD STREET
HUNGERFORD ROAD
CEDRIC ROAD
COMBE PARK
COMBE GRO.
CHELSEA RD.
UPPER BRISTOL ROAD
Ashley Ter.
STATION RD.
CLARENCE PLACE
LOCKSBROOK ROAD
Locksbrook Ct.
Ashmans Yd.
LOCKSBROOK RD. TRADING EST.
Riverside
Weir
West Path
Depot
Works
THE MALTINGS IND. EST.
AVON PK.
AVONDALE RD.
Rec. Grd.
RIVER PLACE
WESTON LOCK RETAIL
A36 LOWER BRISTOL ROAD
Poolemead Cen.
Cleeve Green
Carrswood Cen.
Pennard Green
Naish Ho.
Cameley Green
SHAWS WAY
Inf. Sch.
Linne Ho.
Ellen Ho.
Meade Ho.
Poole Ho.
Garre Ho.
ALEC RICKETTS CL.
Comm. Cen.
Bath
Bath City FC (Twerton Park)
Marjorie Whimster Ho.
TWERTON HIGH STREET
DOMINION ROAD
FREEVIEW ROAD
WATERY LANE
Innox Park
SHOPHOUSE ROAD
ALBANY RD.
LANSDOWN VIEW
KING GEORGE'S RD.
Playing Field
TWERTON
Rec. Grd.
Nursing Home
Cemy.
LINEAR PARK
LYMORE AVENUE
Warwick Vs.
Cynthia Vs.
NEWTON ROAD
WHITEWAY ROAD
KELSTON VIEW
WEST CLOSE
ST. MICHAEL'S ROAD
HAYCOMBE DRIVE
ROSEWARN CLO.
BLAGDON PARK
Briars Ct.
ROUNDHILL PARK
SLADEBROOK ROAD
LYTTON GDNS.
MOUNT ROAD
ELLISTON DRI.
LANGDON RD.
HOLCOMBE VALE
SOUTHDOWN ROAD
HILLCREST DRIVE
CORONATION AVENUE
Whiteway
Haycombe Farm
HAYCOMBE CEMETERY & CREMATORIUM
Haycombe Crematorium
HAYCOMBE LANE
Inglescombe Nursery
Padley Bottom
Garden Centre
Twerton Hill
High Barrow Hill
Rec. Grd.
Southdown Jun. & Inf. Schs.
Play Fld.
South Down
Sladebrook Ct.
KINGSWAY
STIRTINGALE AVE
STIRTINGALE ROAD
Sladebroo
The Ow
Padleigh Wood
WASHPOOL LANE
PADLEIGH HILL
RUSH HILL
CANONS CLOSE
AMBLESIDE ROAD
EDGEWORTH RD.
ENGLISHCOMBE ROAD
Wansdyke
Manor Farm
Playing Field
Culverhay School

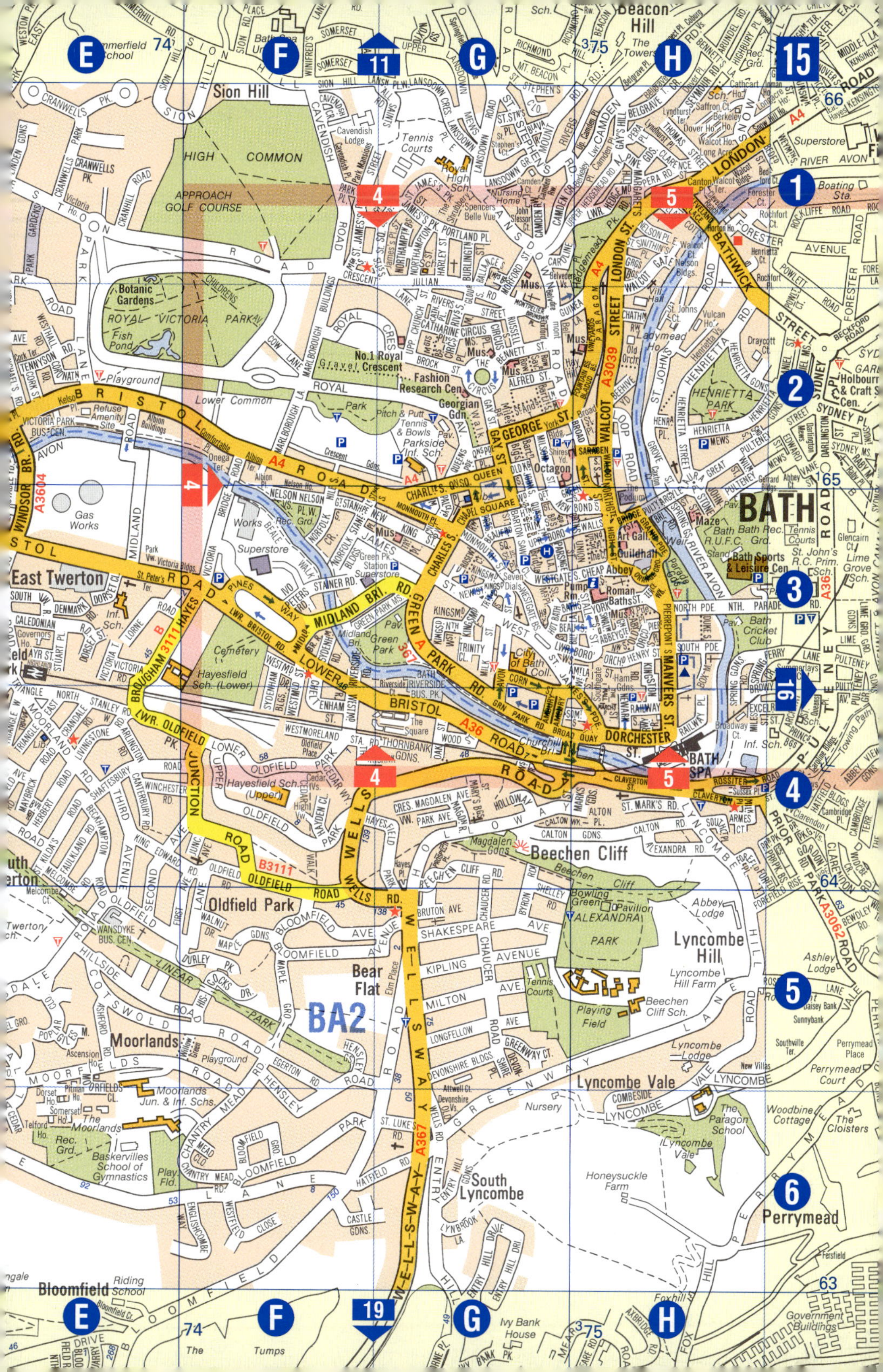
15
11
19
16
4
5
E
F
G
H
1
2
3
4
5
6
Beacon Hill
Sion Hill
HIGH COMMON
APPROACH GOLF COURSE
Botanic Gardens
ROYAL VICTORIA PARK
Fish Pond
No.1 Royal Crescent
Royal Crescent
Gravel Walk
Fashion Research Cen.
Georgian Gdn.
CIRCUS
Lower Common
Playground
BRISTOL ROAD
Refuse Amenity Site
VICTORIA PARK BUS.CEN.
Gas Works
East Twerton
Superstore
Works
Cemetery
Hayesfield Sch. (Lower)
Hayesfield Sch. (Upper)
GREEN PARK RD.
Green Park
Octagon
Art Gall.
Guildhall
Abbey
Pump Rm.
Roman Baths
BATH
Bath Rec. Grd.
Bath R.U.F.C.
Bath Sports & Leisure Cen.
Bath Cricket Club
NORTH PDE.
PIERREPONT ST.
MANVERS ST.
DORCHESTER ST.
BATH SPA
CLAVERTON ST.
LONDON RD.
WALCOT ST.
PARAGON
GEORGE ST.
QUEEN SQUARE
LOWER BRISTOL RD.
MIDLAND BRI. RD.
JAMES ST. WEST
WESTGATE ST.
CHEAP ST.
HENRIETTA PARK
HENRIETTA ST.
Boating Sta.
Superstore
RIVER AVON
BATHWICK ST.
SYDNEY PL.
PULTENEY RD.
Holburn Art & Craft Cen.
Beechen Cliff
ALEXANDRA PARK
Lyncombe Hill
Lyncombe Hill Farm
Beechen Cliff Sch.
Playing Field
Lyncombe Vale
Paragon School
Nursery
South Lyncombe
Honeysuckle Farm
Perrymead
Woodbine Cottage
The Cloisters
Oldfield Park
OLDFIELD RD.
WELLS RD.
WELLSWAY
Bear Flat
BA2
Moorlands
Moorlands Jun. & Inf. Schs.
Baskervilles School of Gymnastics
Rec. Grd.
Bloomfield
Riding School
BLOOMFIELD RD.
Ivy Bank House
Government Buildings
Foxhill
A4
A36
A367
A3039
A3604
A3062
B3111
74
75
63
64
65
66

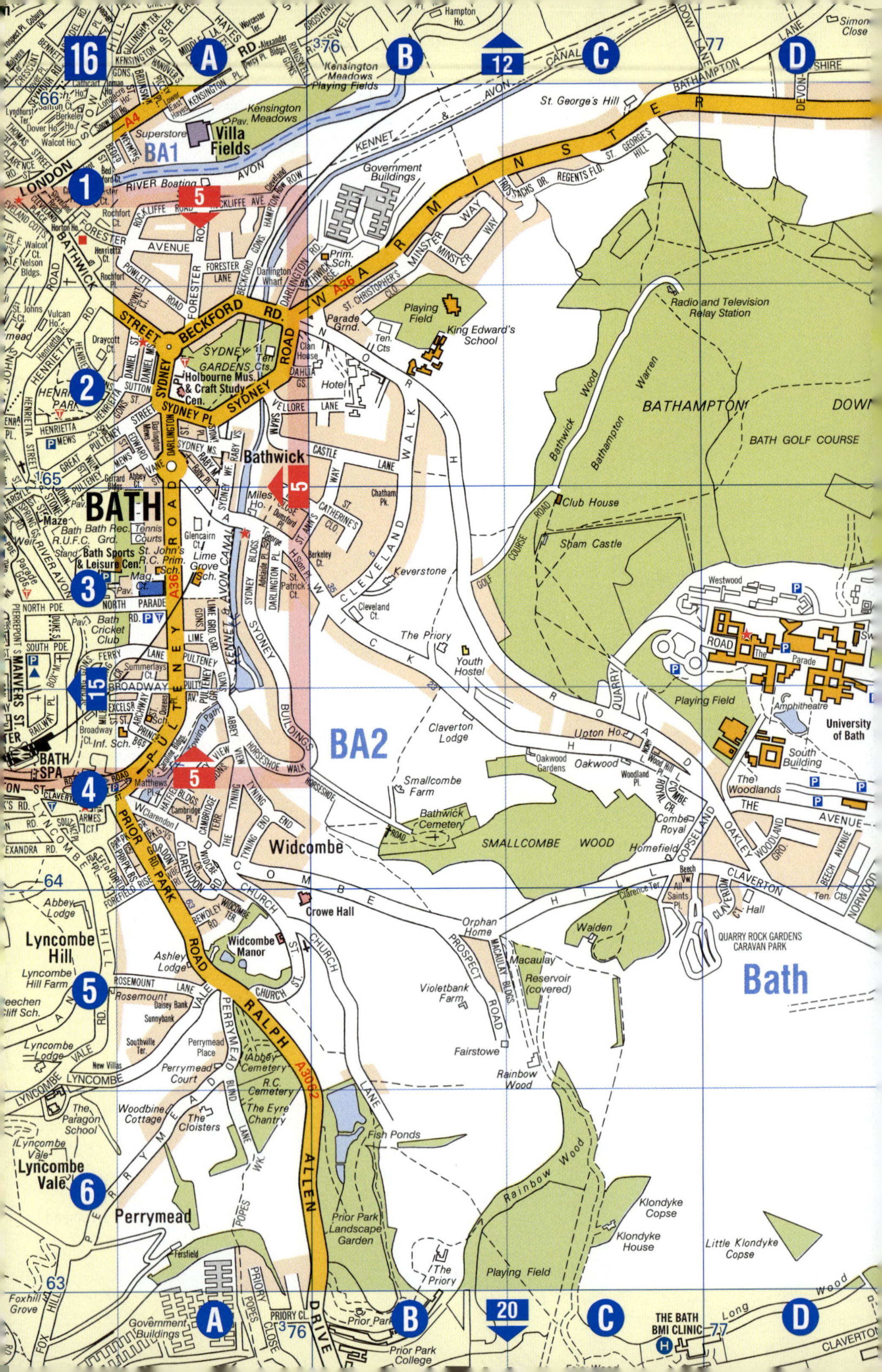
A
B
C
D
12
1
2
3
4
5
6
5
15
20
66
65
64
63
76
77
BA1
BA2
BATH
Bath
Villa Fields
Kensington Meadows
Kensington Meadows Playing Fields
Superstore
River Boating Sta.
LONDON
AVON
RIVER AVON
KENNET & AVON CANAL
Government Buildings
St. George's Hill
WARMINSTER ROAD
A36
A4
BATHAMPTON LANE
Hampton Ho.
Simon Close
DEVONSHIRE
CANAL
REGENTS FLD.
ST. GEORGE'S HILL
TROSSACHS DR.
MINSTER WAY
ROCKLIFFE AVENUE
ROCKLIFFE ROAD
FORESTER ROAD
FORESTER AVENUE
FORESTER LANE
HAMPTON ROW
BECKFORD RD.
BECKFORD GDNS.
DARLINGTON ROAD
POWLETT ROAD
STREET
SYDNEY ROAD
SYDNEY PL.
SYDNEY GARDENS
Holbourne Mus. & Craft Study Cen.
Darlington Wharf
Prim. Sch.
BATHWICK RISE
ST. CHRISTOPHER'S CLO.
Parade Grnd.
Playing Field
King Edward's School
Ten. Cts
Clan House
Hotel
VELLORE LANE
CASTLE LANE
NORTH ROAD
Bathwick
Chatham Pk.
CATHERINE'S CLO.
CLEVELAND WALK
Keverstone
Cleveland Ct.
The Priory
Youth Hostel
WIDCOMBE HILL
Claverton Lodge
Upton Ho.
Oakwood Gardens
Oakwood
Woodland Pl.
ROYAL CR.
COMBE ROYAL
Combe Royal
Homefield
COPSELAND
OAKLEY
WOODLAND GRO.
BEECH AVENUE
THE AVENUE
CLAVERTON
Ten. Cts
Hall
NORWOOD
Beech Vw.
Clarence Ter.
All Saints Pl.
QUARRY ROCK GARDENS CARAVAN PARK
Walden
Smallcombe Farm
Bathwick Cemetery
SMALLCOMBE WOOD
Radio and Television Relay Station
BATHAMPTON DOWN
Bathwick Wood
Bathampton Warren
BATH GOLF COURSE
Club House
Sham Castle
GOLF COURSE ROAD
QUARRY
Westwood
The Parade
Playing Field
Amphitheatre
University of Bath
South Building
The Woodlands
Miles Ho.
SYDNEY BLDGS.
DARLINGTON PL.
St. Patrick's Ct.
Berkeley Ct.
PULTENEY ROAD
PULTENEY GDNS.
Lime Grove Sch.
Glencairn Ct.
St. John's R.C. Prim. Sch.
Bath Rec. Grd.
Tennis Courts
Bath R.U.F.C.
Bath Sports & Leisure Cen.
Maze
NORTH PARADE
NORTH PDE.
SOUTH PDE.
Bath Cricket Club
BROADWAY
MANVERS ST.
BATH SPA
HORSESHOE WALK
BATHWICK HILL
Widcombe
CLAVERTON ST.
LYNCOMBE
PRIOR PARK ROAD
CLARENDON RD.
THE TYNING
TYNING END
CHURCH ST.
Crowe Hall
Widcombe Manor
Orphan Home
PROSPECT ROAD
MACAULAY BLDGS.
Macaulay
Reservoir (covered)
Violetbank Farm
Fairstowe
Rainbow Wood
Lyncombe Hill
Abbey Lodge
Lyncombe Hill Farm
Ashley Lodge
ROSEMOUNT LANE
Rosemount
Daisey Bank
Sunnybank
Southville Ter.
Perrymead Place
Abbey Cemetery
R.C. Cemetery
The Eyre Chantry
Perrymead Court
Woodbine Cottage
The Cloisters
RALPH ALLEN DRIVE
A3062
PERRYMEAD
Beechen Cliff Sch.
Lyncombe Lodge
New Villas
LYNCOMBE VALE
The Paragon School
Lyncombe Vale
Perrymead
Fish Ponds
Prior Park Landscape Garden
Rainbow Wood
Klondyke Copse
Klondyke House
Little Klondyke Copse
The Priory
Playing Field
Ferfield
Foxhill Grove
FOX HILL
Government Buildings
PRIORY CL.
PRIORY CLOSE
POPES WK.
Prior Park
Prior Park College
THE BATH BMI CLINIC
Long Wood
CLAVERTON

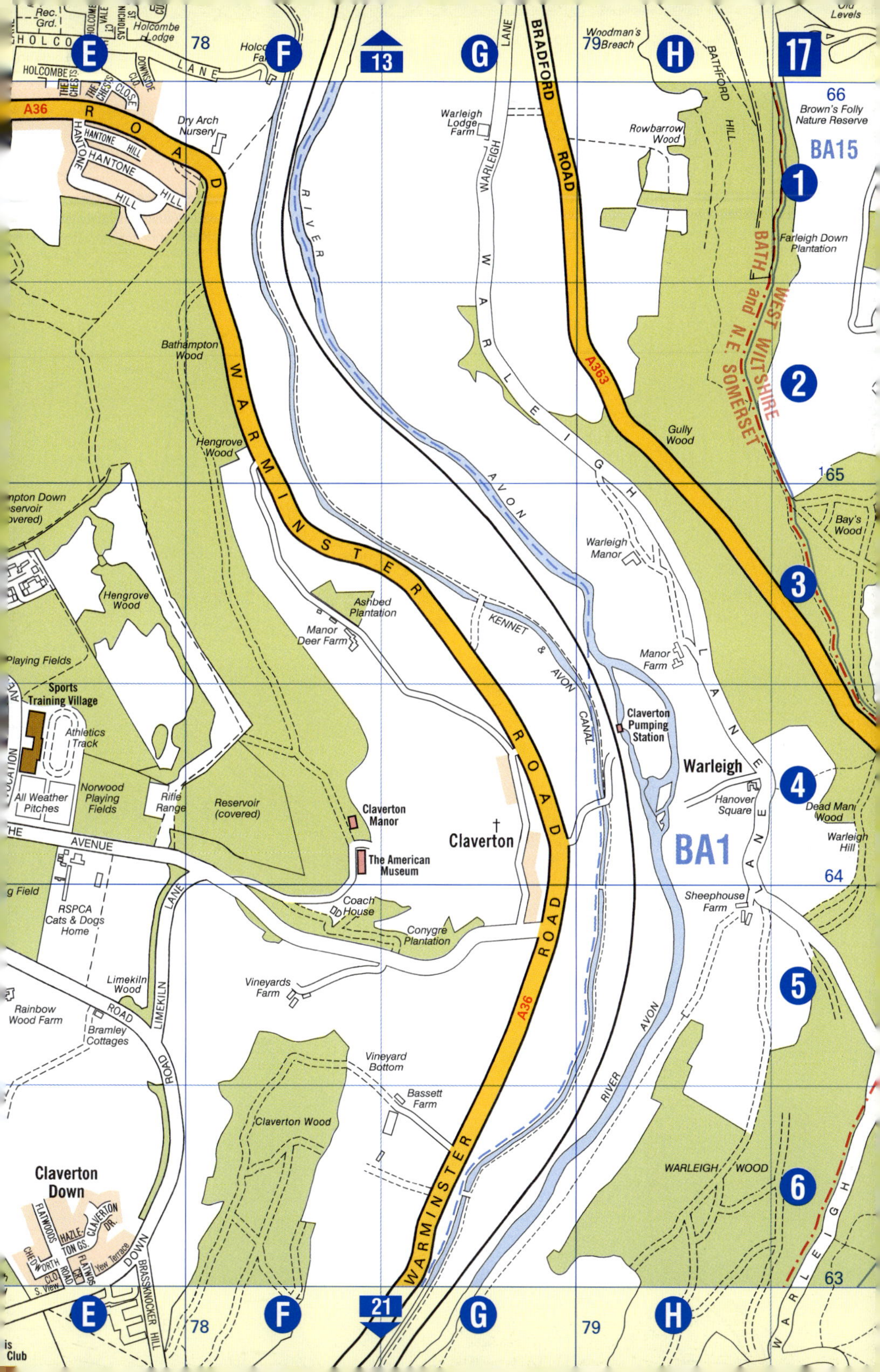
13
21
E
F
G
H
1
2
3
4
5
6
78
79
66
165
64
63
BA15
BA1
WARMINSTER ROAD
A36
BRADFORD ROAD
A363
RIVER AVON
KENNET & AVON CANAL
WARLEIGH LANE
BATHFORD HILL
BATH and N.E. SOMERSET
WEST WILTSHIRE
Woodman's Breach
Brown's Folly Nature Reserve
Farleigh Down Plantation
Rowbarrow Wood
Warleigh Lodge Farm
Gully Wood
Bay's Wood
Warleigh Manor
Manor Farm
Claverton Pumping Station
Warleigh
Hanover Square
Dead Man Wood
Warleigh Hill
Sheephouse Farm
WARLEIGH WOOD
Dry Arch Nursery
HOLCOMBE LANE
Holcombe Lodge
Rec. Grd.
HANTONE HILL
Bathampton Wood
Hengrove Wood
Ashbed Plantation
Manor Deer Farm
Claverton Manor
The American Museum
Claverton
Coach House
Conygre Plantation
Vineyards Farm
Vineyard Bottom
Bassett Farm
Claverton Wood
Sports Training Village
Athletics Track
Playing Fields
All Weather Pitches
Norwood Playing Fields
Rifle Range
Reservoir (covered)
THE AVENUE
RSPCA Cats & Dogs Home
Limekiln Wood
LIMEKILN LANE
Rainbow Wood Farm
Bramley Cottages
Claverton Down
CLAVERTON DOWN ROAD
BRASSKNOCKER HILL
Yew Terrace
FLATWOODS
HAZLETON GS.
CLAVERTON DR.
S. View

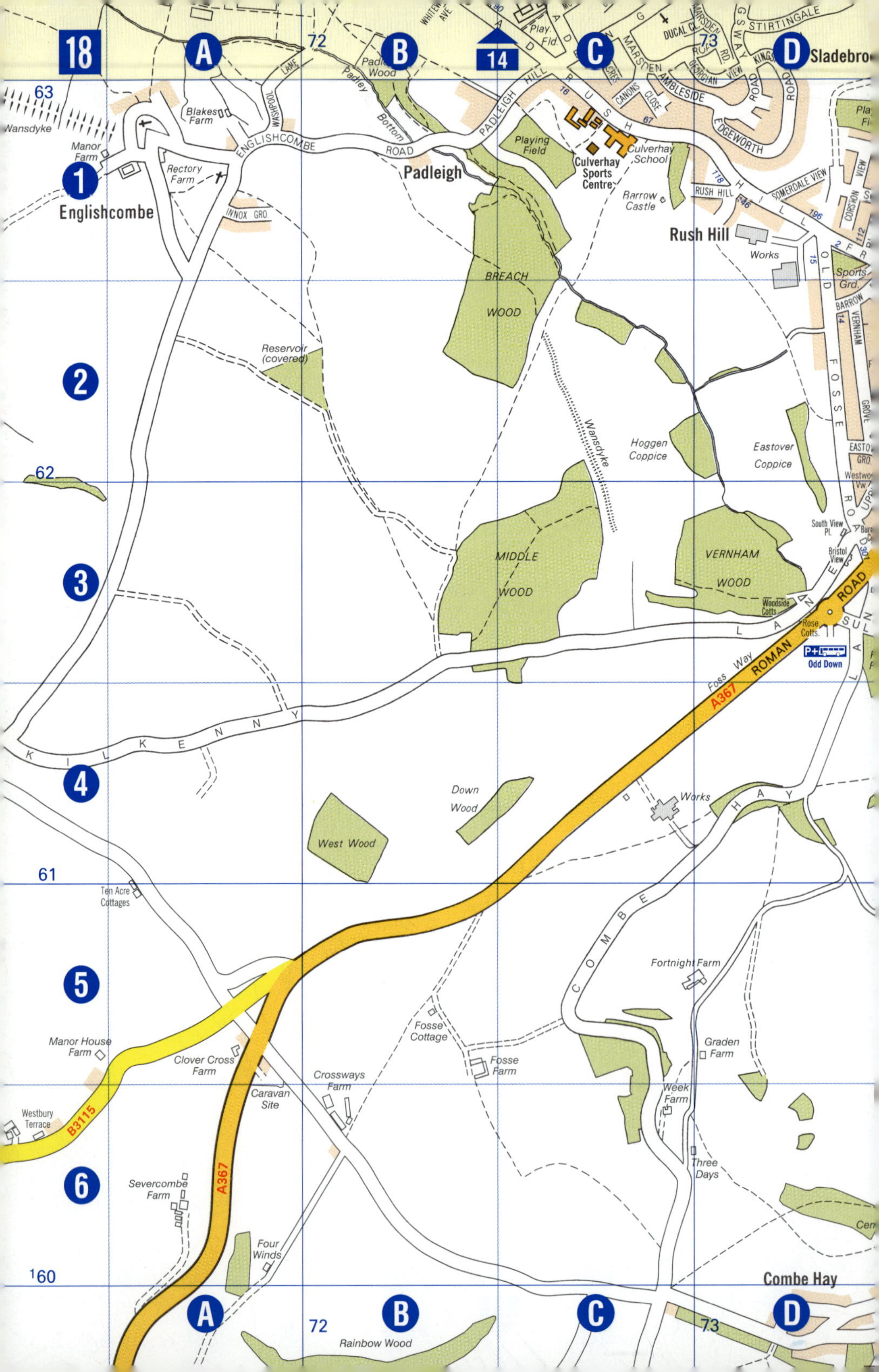

A
B
C
D
1
2
3
4
5
6
72
73
63
62
61
160
14
Sladebrook
Wansdyke
Manor Farm
Englishcombe
Rectory Farm
Blakes Farm
ENGLISHCOMBE ROAD
INNOX GRO.
WASHPOOL LANE
Padleigh Wood
Padley Bottom
Padleigh
PADLEIGH HILL
Play. Fld.
Playing Field
Culverhay Sports Centre
Culverhay School
RUSH HILL
Barrow Castle
Rush Hill
Works
STIRTINGALE
MARSDEN RD.
DUCAL CL.
AMBLESIDE
EDGEWORTH
GEORGIAN VIEW
CANONS CLOSE
SOMERDALE VIEW
OLD FOSSE ROAD
Sports Grd.
BARROW
VERNHAM GROVE
BREACH WOOD
Reservoir (covered)
Wansdyke
Hoggen Coppice
Eastover Coppice
MIDDLE WOOD
VERNHAM WOOD
South View Pl.
Bristol View
Woodside Cotts
Rose Cotts.
Odd Down
LANE
KILKENNY
Foss Way
ROMAN ROAD
A367
Down Wood
West Wood
Works
HAY
COMBE
Ten Acre Cottages
Fortnight Farm
Fosse Cottage
Fosse Farm
Graden Farm
Week Farm
Three Days
Manor House Farm
Clover Cross Farm
Caravan Site
Crossways Farm
Westbury Terrace
B3115
Severcombe Farm
Four Winds
Combe Hay
Rainbow Wood

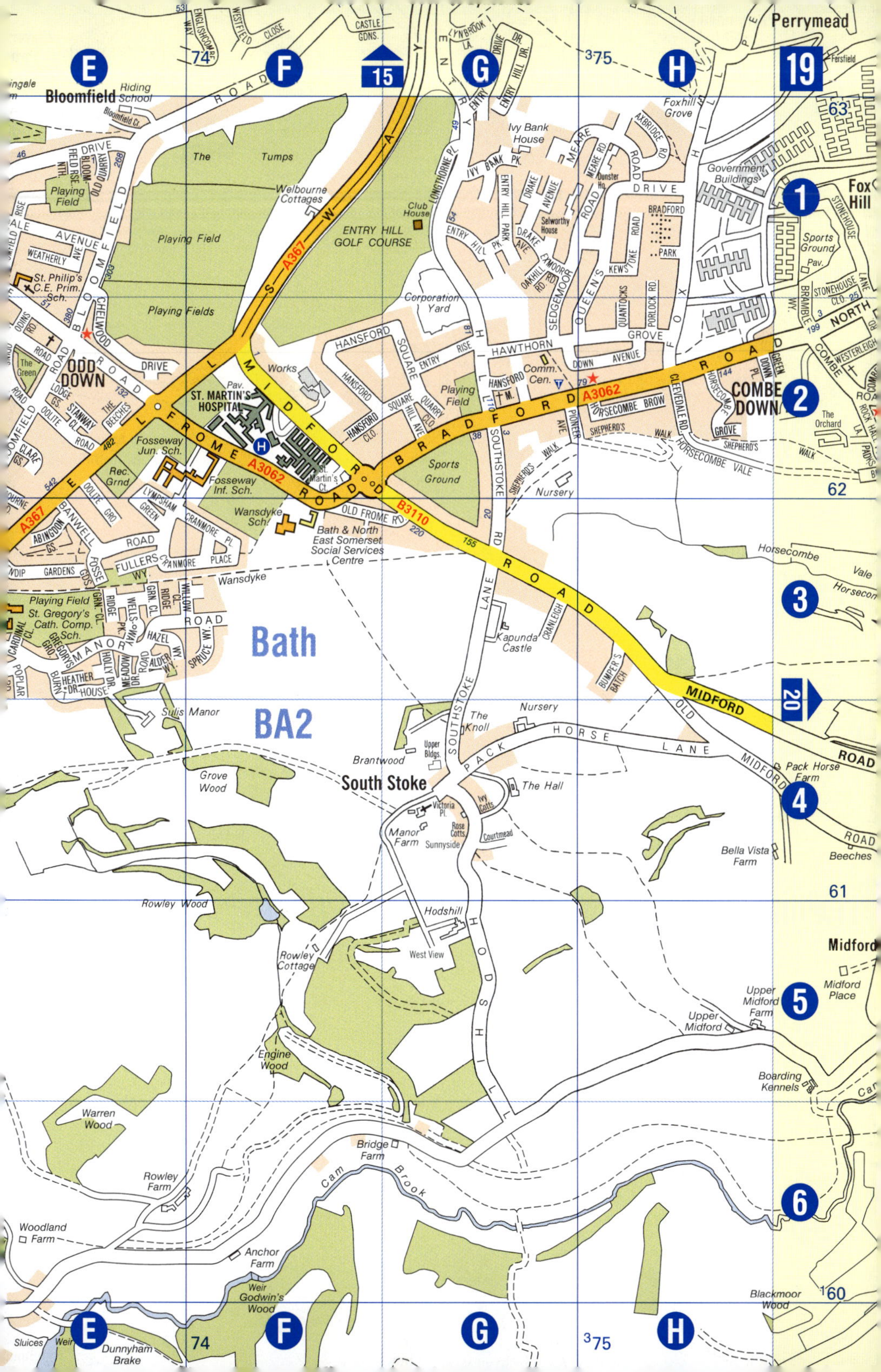

19
15
20
Perrymead
Bloomfield
Odd Down
Combe Down
Fox Hill
Bath
BA2
South Stoke
Midford
St. Martin's Hospital
Entry Hill Golf Course
The Tumps
Playing Field
Playing Fields
Sports Ground
Fosseway Jun. Sch.
Fosseway Inf. Sch.
Wansdyke Sch.
Bath & North East Somerset Social Services Centre
Corporation Yard
Government Buildings
Foxhill Grove
Ivy Bank House
Kapunda Castle
Sulis Manor
Grove Wood
Rowley Wood
Rowley Cottage
Engine Wood
Warren Wood
Rowley Farm
Woodland Farm
Anchor Farm
Godwin's Wood
Dunnyham Brake
Bridge Farm
Cam Brook
Hodshill
West View
Manor Farm
Brantwood
The Knoll
Nursery
The Hall
Pack Horse Farm
Bella Vista Farm
Upper Midford Farm
Upper Midford
Midford Place
Boarding Kennels
Blackmoor Wood
Horsecombe Vale
Wansdyke
Welbourne Cottages
Club House
A367
A3062
B3110
MIDFORD ROAD
BRADFORD ROAD
FROME ROAD
PACK HORSE LANE
OLD MIDFORD ROAD
SOUTHSTOKE LANE
HODSHILL
ENTRY HILL
QUEEN'S DRIVE
FOX HILL
NORTH ROAD
E
F
G
H
1
2
3
4
5
6
74
375
63
62
61
60

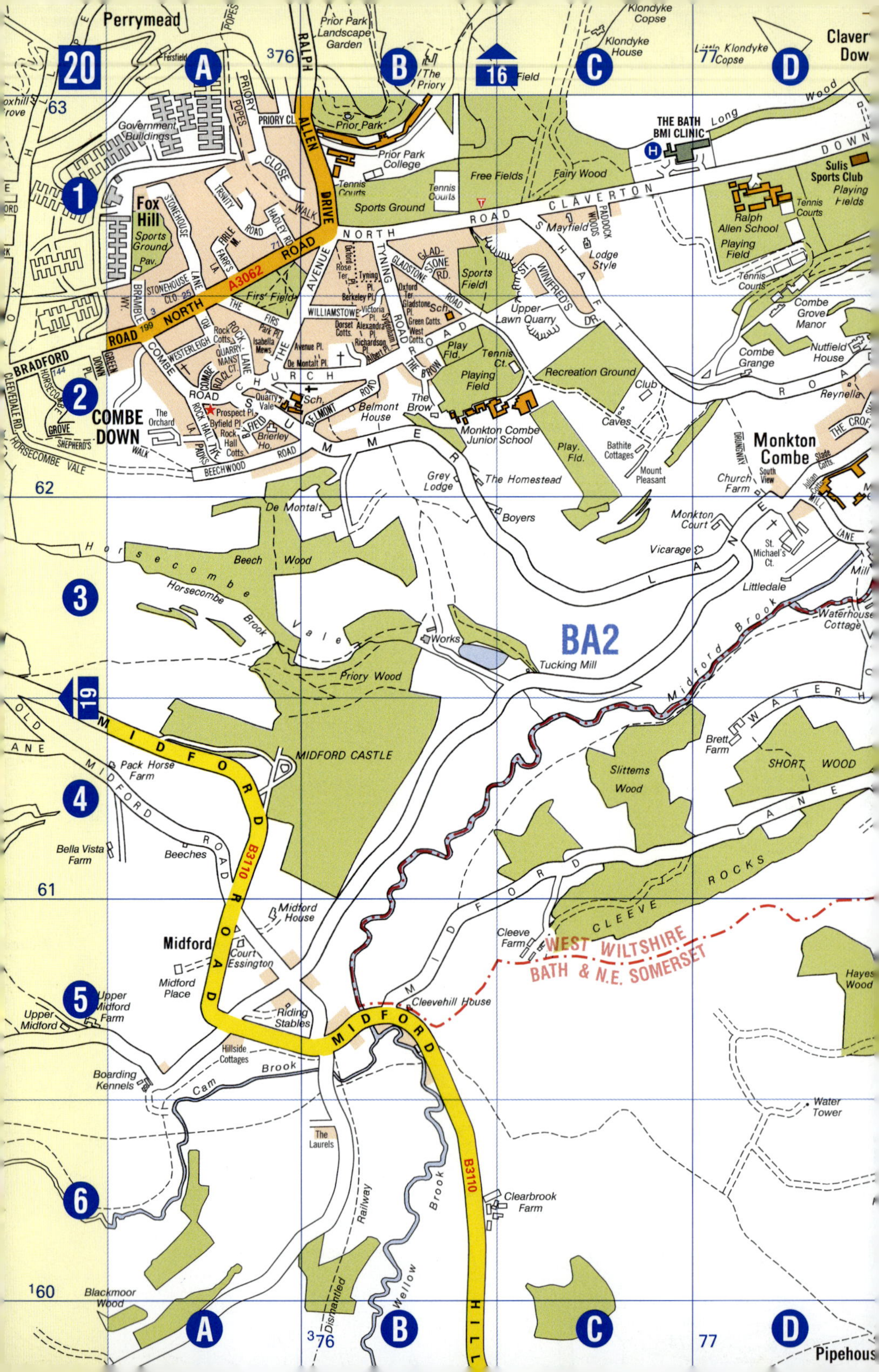

20
16
19
A
B
C
D
1
2
3
4
5
6
Perrymead
Prior Park Landscape Garden
The Priory
Prior Park
Prior Park College
Klondyke Copse
Klondyke House
Little Klondyke Copse
Claverton Down
Government Buildings
Fox Hill
Sports Ground
THE BATH BMI CLINIC
Free Fields
Fairy Wood
Long Wood
Sulis Sports Club
Playing Fields
Ralph Allen School
Playing Field
Sports Ground
Tennis Courts
CLAVERTON DOWN ROAD
NORTH ROAD
RALPH ALLEN DRIVE
A3062
BRADFORD ROAD
COMBE DOWN
Firs' Field
Sports Field
Upper Lawn Quarry
Recreation Ground
Combe Grove Manor
Combe Grange
Nutfield House
Reynella
Playing Field
Monkton Combe Junior School
The Brow
Belmont House
CHURCH ROAD
SUMMER LANE
Caves
Bathite Cottages
Mount Pleasant
Monkton Combe
Church Farm
The Homestead
Grey Lodge
De Montalt
Boyers
Monkton Court
Vicarage
St. Michael's Ct.
Littledale
Beech Wood
Horsecombe Vale
Horsecombe Brook
BA2
Works
Tucking Mill
Priory Wood
Waterhouse Cottage
Midford Brook
MIDFORD CASTLE
MIDFORD ROAD
B3110
Pack Horse Farm
OLD MIDFORD ROAD
Bella Vista Farm
Beeches
Slittems Wood
Brett Farm
SHORT WOOD
WATERHOUSE LANE
CLEEVE ROCKS
MIDFORD ROAD
Midford House
Midford
Court Essington
Midford Place
Cleeve Farm
WEST WILTSHIRE
BATH & N.E. SOMERSET
Upper Midford Farm
Upper Midford
Riding Stables
Cleevehill House
Hillside Cottages
Cam Brook
Boarding Kennels
Hayes Wood
Water Tower
The Laurels
Dismantled Railway
Wellow Brook
Clearbrook Farm
Blackmoor Wood
HILL
Pipehouse
376
77
63
62
61
160

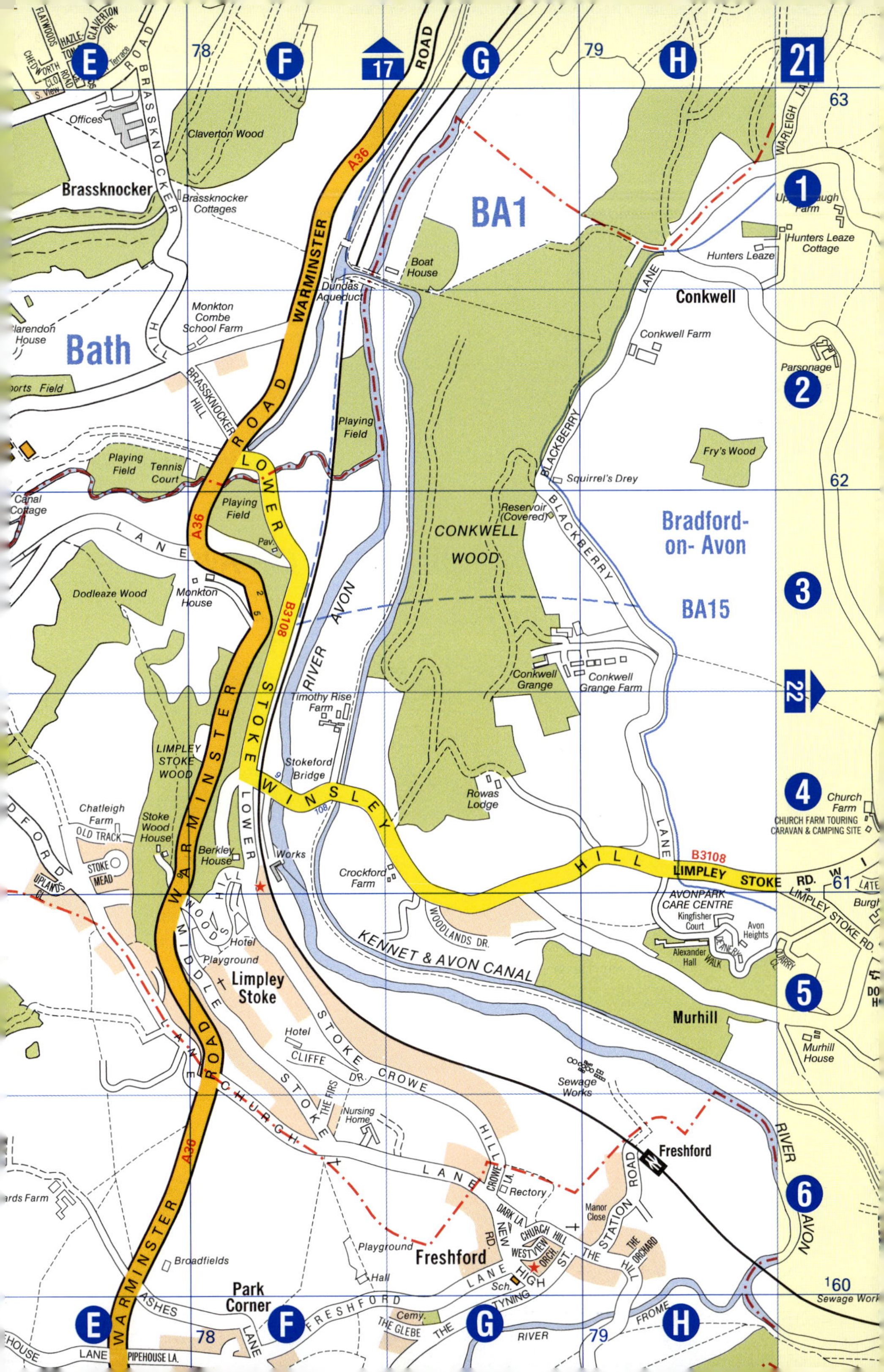
21
17
22
E
F
G
H
78
79
63
62
61
60
1
2
3
4
5
6
BA1
BA15
Bath
Bradford-on-Avon
Brassknocker
Brassknocker Cottages
Offices
Claverton Wood
Monkton Combe School Farm
Clarendon House
Sports Field
Playing Field
Tennis Court
Canal Cottage
Dodleaze Wood
Monkton House
Pav.
Dundas Aqueduct
Boat House
Conkwell
Conkwell Farm
Hunters Leaze
Hunters Leaze Cottage
Parsonage
Fry's Wood
Squirrel's Drey
Reservoir (Covered)
CONKWELL WOOD
Conkwell Grange
Conkwell Grange Farm
Timothy Rise Farm
Stokeford Bridge
Rowas Lodge
Crockford Farm
Works
LIMPLEY STOKE WOOD
Chatleigh Farm
OLD TRACK
Stoke Wood House
Berkley House
STOKE MEAD
Church Farm
CHURCH FARM TOURING CARAVAN & CAMPING SITE
AVONPARK CARE CENTRE
Kingfisher Court
Avon Heights
Alexander Hall
Murhill
Murhill House
Hotel
Playground
Limpley Stoke
KENNET & AVON CANAL
Sewage Works
Nursing Home
Freshford
Rectory
Manor Close
Broadfields
Park Corner
Hall
Cemy.
Sch.
WARMINSTER ROAD
A36
B3108
LOWER STOKE
WINSLEY HILL
LIMPLEY STOKE RD.
RIVER AVON
RIVER FROME
BRASSKNOCKER HILL
BLACKBERRY LANE
WARLEIGH LA.
WOODLANDS DR.
MIDDLE LANE
WOODS HILL
CLIFFE DR.
CROWE HILL
CROWE LA.
CHURCH LANE
THE FIRS
STATION ROAD
THE HILL
THE ORCHARD
CHURCH HILL
HIGH ST.
WEST VIEW
ORCH.
NEW RD.
DARK LA.
FRESHFORD LANE
THE TYNING
THE GLEBE
ASHES LANE
PIPEHOUSE LA.
UPLANDS CL.
QUARRY CL.
LEAFY WALK
S. View
CLAVERTON DR.
FLATWOODS
HAZLE-TON
CHEDWORTH CLO.
Terrace
Sewage Works

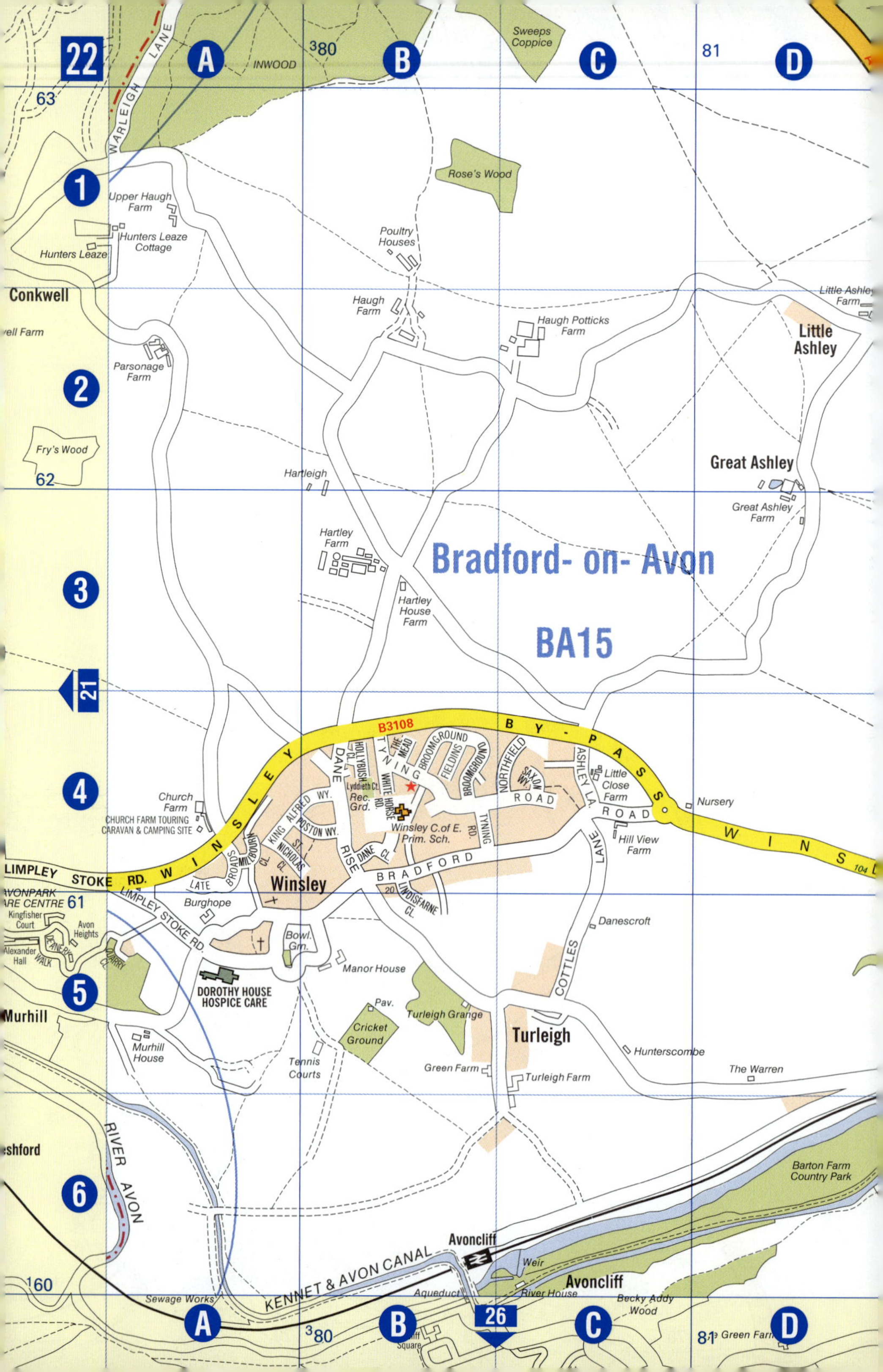
22
A
B
C
D
380
81
63
62
61
160
1
2
3
4
5
6
21
26
INWOOD
WARLEIGH LANE
Sweeps Coppice
Rose's Wood
Upper Haugh Farm
Hunters Leaze Cottage
Hunters Leaze
Conkwell
Poultry Houses
Haugh Farm
Haugh Potticks Farm
Little Ashley Farm
Little Ashley
Parsonage Farm
Fry's Wood
Hartleigh
Great Ashley
Great Ashley Farm
Hartley Farm
Bradford- on- Avon
BA15
Hartley House Farm
B3108
WINSLEY BY-PASS
HOLLYBUSH CL.
THE MEAD
TYNING
BROOMGROUND
FIELDINS
NORTHFIELD
SAXON WY.
ASHLEY LA.
Little Close Farm
Nursery
DANE RISE
Lyddieth Ct.
Rec. Grd.
WHITE HORSE RD.
ROAD
Church Farm
CHURCH FARM TOURING CARAVAN & CAMPING SITE
ALFRED WY.
KING
POSTON WY.
ST. NICHOLAS
Winsley C.of E. Prim. Sch.
TYNING RD.
Hill View Farm
MILLBOURN CL.
BROADS
DANE CL.
BRADFORD
LANE
LIMPLEY STOKE RD.
LATE
Winsley
LINDISFARNE CL.
20
AVONPARK CARE CENTRE
Burghope
Kingfisher Court
Avon Heights
DEANERY WALK
Alexander Hall
QUARRY CL.
Bowl. Grn.
Danescroft
Manor House
DOROTHY HOUSE HOSPICE CARE
COTTLES
Murhill
Pav.
Cricket Ground
Turleigh Grange
Turleigh
Murhill House
Tennis Courts
Green Farm
Turleigh Farm
Hunterscombe
The Warren
RIVER AVON
Barton Farm Country Park
Avoncliff
Weir
KENNET & AVON CANAL
Sewage Works
Aqueduct
River House
Becky Addy Wood
Green Farm
104
Square

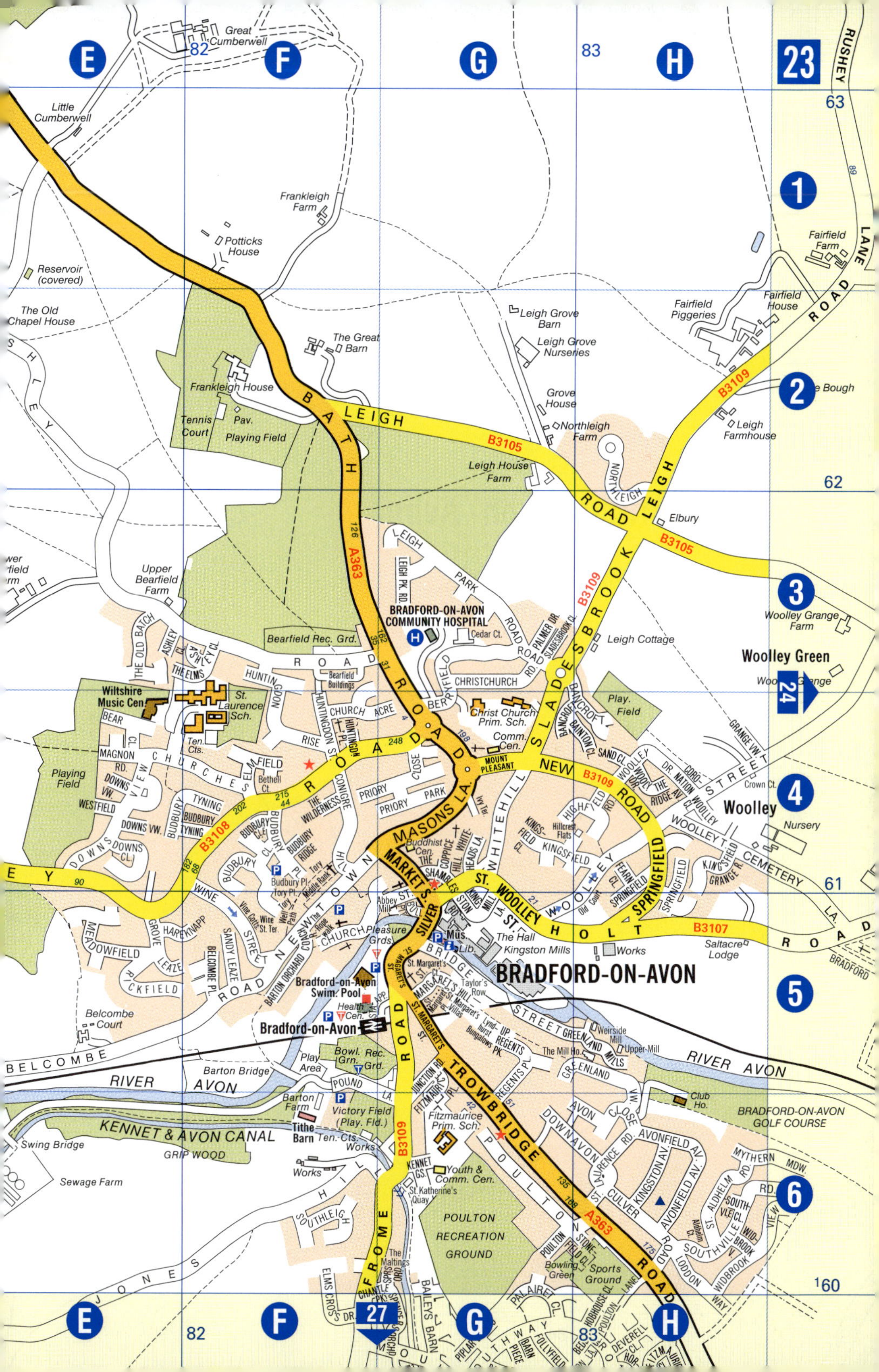
BRADFORD-ON-AVON
Great Cumberwell
Little Cumberwell
Frankleigh Farm
Potticks House
Reservoir (covered)
The Old Chapel House
The Great Barn
Frankleigh House
Tennis Court
Pav.
Playing Field
BATH ROAD
LEIGH ROAD
B3105
Leigh Grove Barn
Leigh Grove Nurseries
Grove House
Northleigh Farm
Leigh House Farm
NORTHLEIGH
Elbury
Fairfield Farm
Fairfield House
Fairfield Piggeries
Leigh Farmhouse
RUSHEY LANE
B3109
LEIGH ROAD
SLADESBROOK
Leigh Cottage
Woolley Grange Farm
Woolley Green
A363
LEIGH PK. RD.
BRADFORD-ON-AVON COMMUNITY HOSPITAL
Cedar Ct.
PALMER DR.
SLADESBROOK CL.
Upper Bearfield Farm
Bearfield Rec. Grd.
Bearfield Buildings
HUNTINGDON
CHRISTCHURCH
Christ Church Prim. Sch.
Comm. Cen.
Play. Field
BANCROFT
RAINTON CL.
SAND CL.
Wiltshire Music Cen.
St. Laurence Sch.
Ten. Cts.
THE OLD BATCH
ASHLEY
THE ELMS
BEAR CL.
MAGNON RD.
CHURCHES
ELMFIELD
Bethell Ct.
RISE
CHURCH ACRE
Playing Field
DOWNS VW.
WESTFIELD
TYNING
BUDBURY
WILDERNESS
CONIGRE
PRIORY CLOSE
PRIORY PARK
MOUNT PLEASANT
NEW ROAD
WHITEHILL
HIGHFIELD
KINGSFIELD
Hillcrest Flats
WOOLLEY DR.
THE RIDGE AV.
CORONATION
WOOLLEY ST.
Crown Ct.
Woolley
Nursery
CEMETERY LA.
Ivy Ter.
MASONS LA.
Buddhist Cen.
THE SHAMBLES
COPPICE HILL
WHITEHEADS LA.
MARKET S.
SILVER ST.
ST. WOOLLEY
HOLT
ROAD
B3107
SPRINGFIELD
FEARN CL.
Old Court
Saltacre Lodge
GRANGE R.
B3108
WINE STREET
Budbury Pl.
Tory Pl.
Middle Rank
Abbey Mill
Pleasure Grds.
Mus.
Lib.
The Hall
Kingston Mills
Works
BRIDGE ST.
HAREKNAPP
MEADOWFIELD
PICKFIELD
SANDY LEAZE
BELCOMBE PL.
BARTON ORCHARD
NEWTOWN
Bradford-on-Avon Swim. Pool
Health Cen.
ST. MARGARET'S ST.
Taylor's Row
Lyndhurst
UP REGENTS PK.
Bungalows
Belcombe Court
Bradford-on-Avon
Weirside Mill
Upper Mill
The Mill Ho.
GREENLAND MILLS
RIVER AVON
BELCOMBE
Barton Bridge
Play Area
Bowl. Grn.
Rec. Grd.
POUND LA.
Barton Farm
Tithe Barn
Victory Field (Play. Fld.)
Ten. Cts.
Works
KENNET & AVON CANAL
Swing Bridge
GRIP WOOD
Sewage Farm
TROWBRIDGE
JUNCTION RD.
FITZMAURICE PL.
Fitzmaurice Prim. Sch.
Youth & Comm. Cen.
St. Katherine's Quay
Club Ho.
BRADFORD-ON-AVON GOLF COURSE
AVON CLOSE
DOWNAVON
LAURENCE RD.
AVONFIELD AV.
KINGSTON AV.
CULVER
MYTHERN MDW.
ST. ALDHELM RD.
SOUTHVILLE CL.
POULTON
POULTON RECREATION GROUND
SOUTHLEIGH
FROME
The Maltings
Bowling Green
Sports Ground
LODDON WAY
WIDBROOK VIEW
JONES HILL
ELMS CROSS DR.
BAILEYS BARN
PALAIRET CL.
HOBHOUSE CL.
DEVERELL
SOUTHWAY
BARN PIECE
FOLLYFIELD
E
F
G
H
1
2
3
4
5
6
82
83
63
62
61
160
24
27

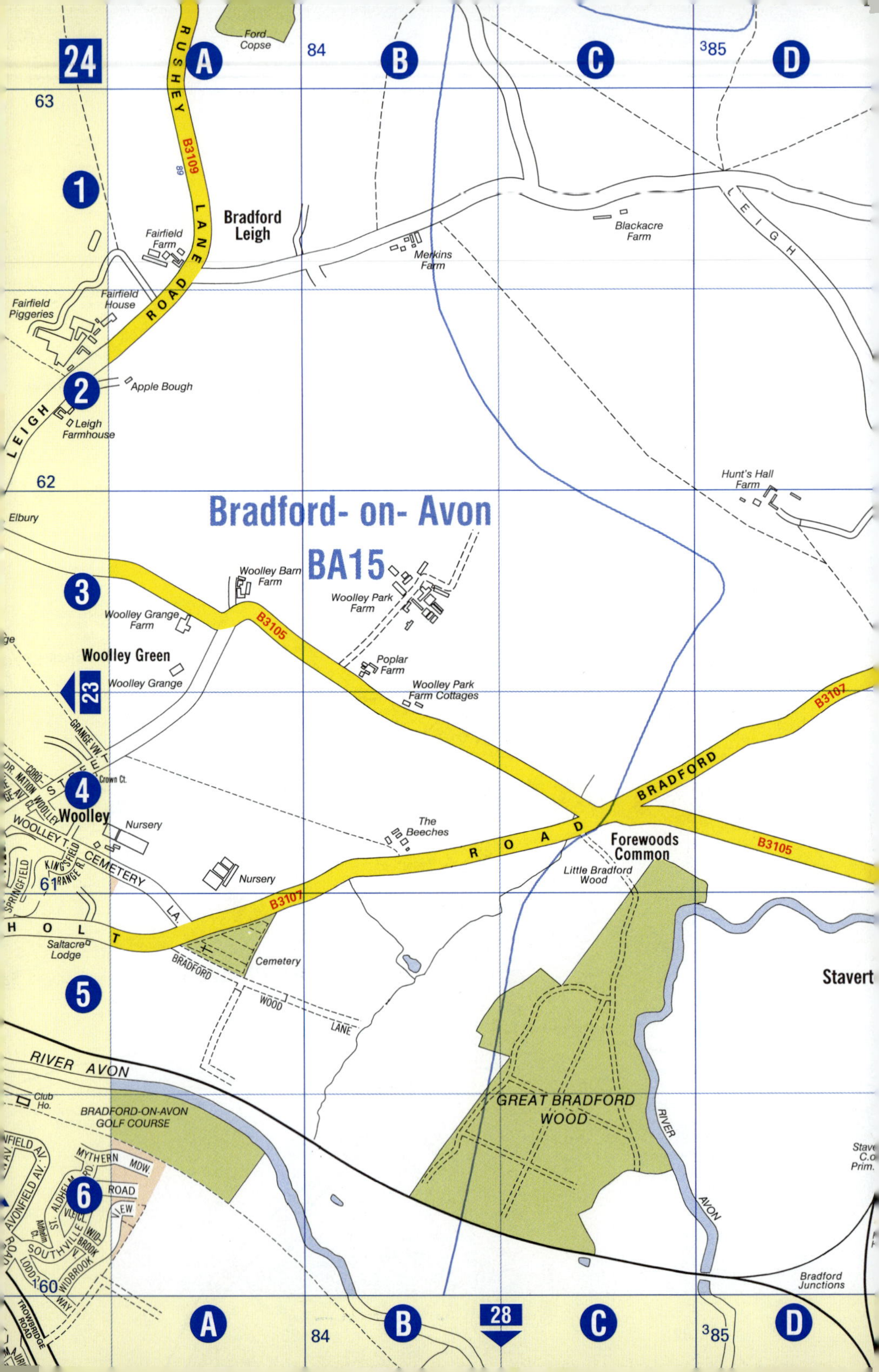

A
B
C
D
84
385
63
62
61
60
1
2
3
4
5
6
RUSHEY LANE
B3109
ROAD
Ford Copse
Bradford Leigh
Fairfield Farm
Fairfield House
Fairfield Piggeries
Apple Bough
Leigh Farmhouse
LEIGH
Merkins Farm
Blackacre Farm
Hunt's Hall Farm
Bradford- on- Avon
BA15
Elbury
Woolley Barn Farm
Woolley Park Farm
Woolley Grange Farm
B3105
Poplar Farm
Woolley Park Farm Cottages
Woolley Green
Woolley Grange
23
GRANGE VW.
STREET
Crown Ct.
CORONATION
Woolley
Nursery
WOOLLEY T.
CEMETERY
KINGSFIELD
GRANGE R.
SPRINGFIELD
LA.
The Beeches
BRADFORD ROAD
B3107
Forewoods Common
Little Bradford Wood
HOLT
Saltacre Lodge
Cemetery
BRADFORD WOOD LANE
Stavert
RIVER AVON
Club Ho.
BRADFORD-ON-AVON GOLF COURSE
GREAT BRADFORD WOOD
AVONFIELD AV.
MYTHERN MDW.
ROAD
VIEW
ALDHELM
SOUTHVILLE
WIDBROOK
TROWBRIDGE ROAD
Bradford Junctions
28

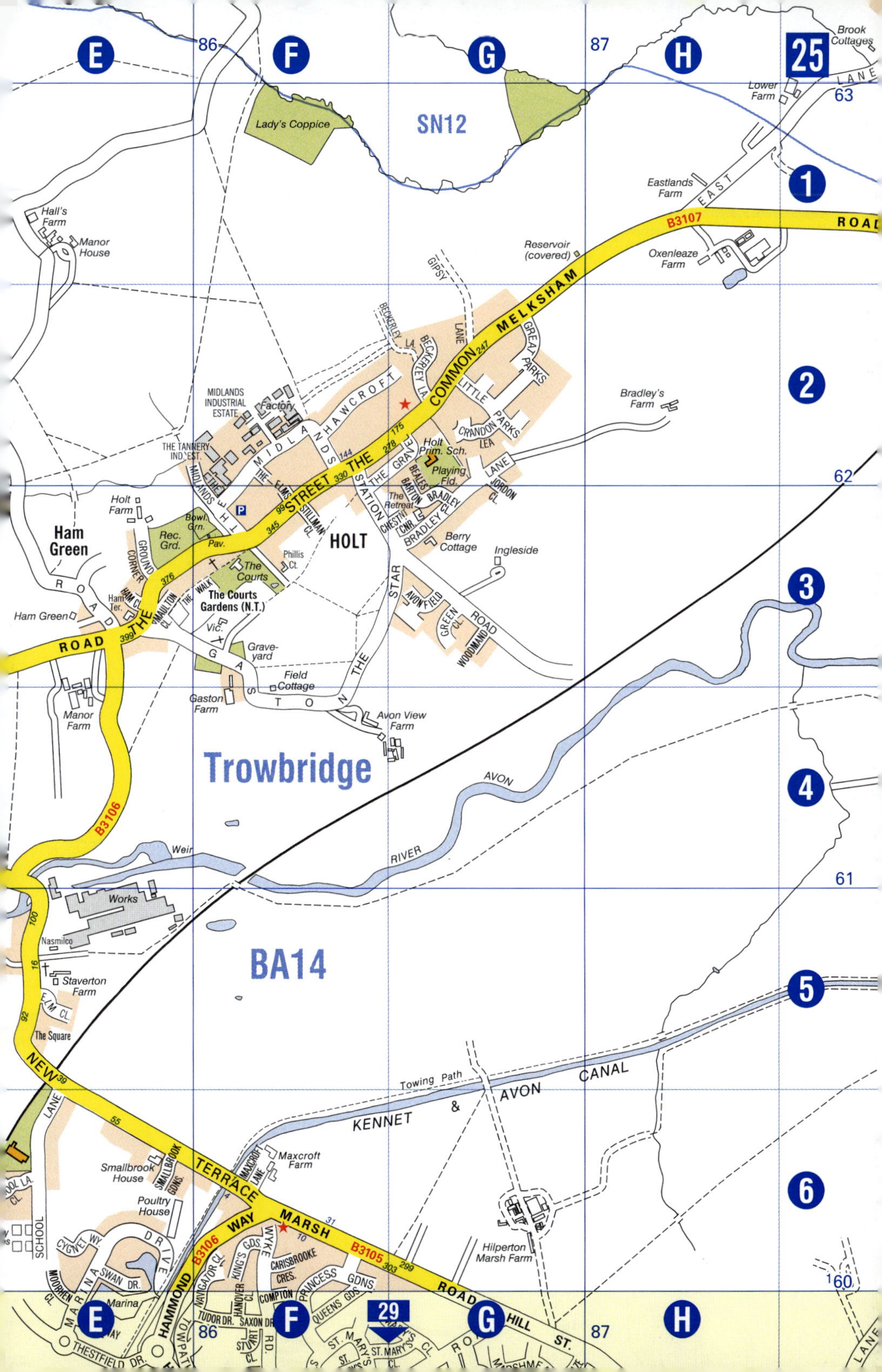
Lady's Coppice
SN12
Brook Cottages
Lower Farm
Eastlands Farm
Hall's Farm
Manor House
Reservoir (covered)
Oxenleaze Farm
MELKSHAM
B3107
ROAD
EAST
LANE
GIPSY
BECKERLEY LA.
GREAT PARKS
LITTLE PARKS
CRANDON LEA
COMMON
HAWCROFT
MIDLANDS INDUSTRIAL ESTATE
Factory
THE TANNERY IND. EST.
Bradley's Farm
Holt Prim. Sch.
Playing Fld.
THE STREET
STATION
THE GRAVE
BEALES
BARTON
BRADLEY CL
BRADLEY
The Retreat
JORDON CL.
Holt Farm
Ham Green
Rec. Grd.
Bowl. Grn.
Pav.
HOLT
STILLMAN CL.
Phillis Ct.
Berry Cottage
Ingleside
GROUND CORNER
The Courts
The Courts Gardens (N.T.)
THE WALK
HAMILTON CL.
HAM CL.
Ham Ter.
Ham Green
AVONFIELD
GREEN CL.
WOODMAND
STAR
Vic.
Grave-yard
Field Cottage
GASTON
Gaston Farm
Manor Farm
Avon View Farm
Trowbridge
AVON
RIVER
B3106
Weir
Works
Nasmilco
BA14
Staverton Farm
ELM CL.
The Square
NEW
Towing Path
KENNET & AVON CANAL
LANE
TERRACE
SMALLBROOK GDNS.
Smallbrook House
Maxcroft Farm
MAXCROFT LANE
Poultry House
MARSH
WAY
B3105
DRIVE
CYGNET WY.
SWAN DR.
MARINA
Marina
MOORHEN CL.
HAMMOND
NAVIGATOR CL.
KING'S GDS.
WYKE
CARISBROOKE CRES.
PRINCESS GDNS.
COMPTON
HANOVER CL.
QUEENS GDS.
TUDOR DR.
SAXON DR.
STUART CL.
ST. MARY'S CL.
THESTFIELD DR.
Hilperton Marsh Farm
ROAD
HILL ST.
SCHOOL
86
87
63
62
61
60
E
F
G
H
1
2
3
4
5
6
29

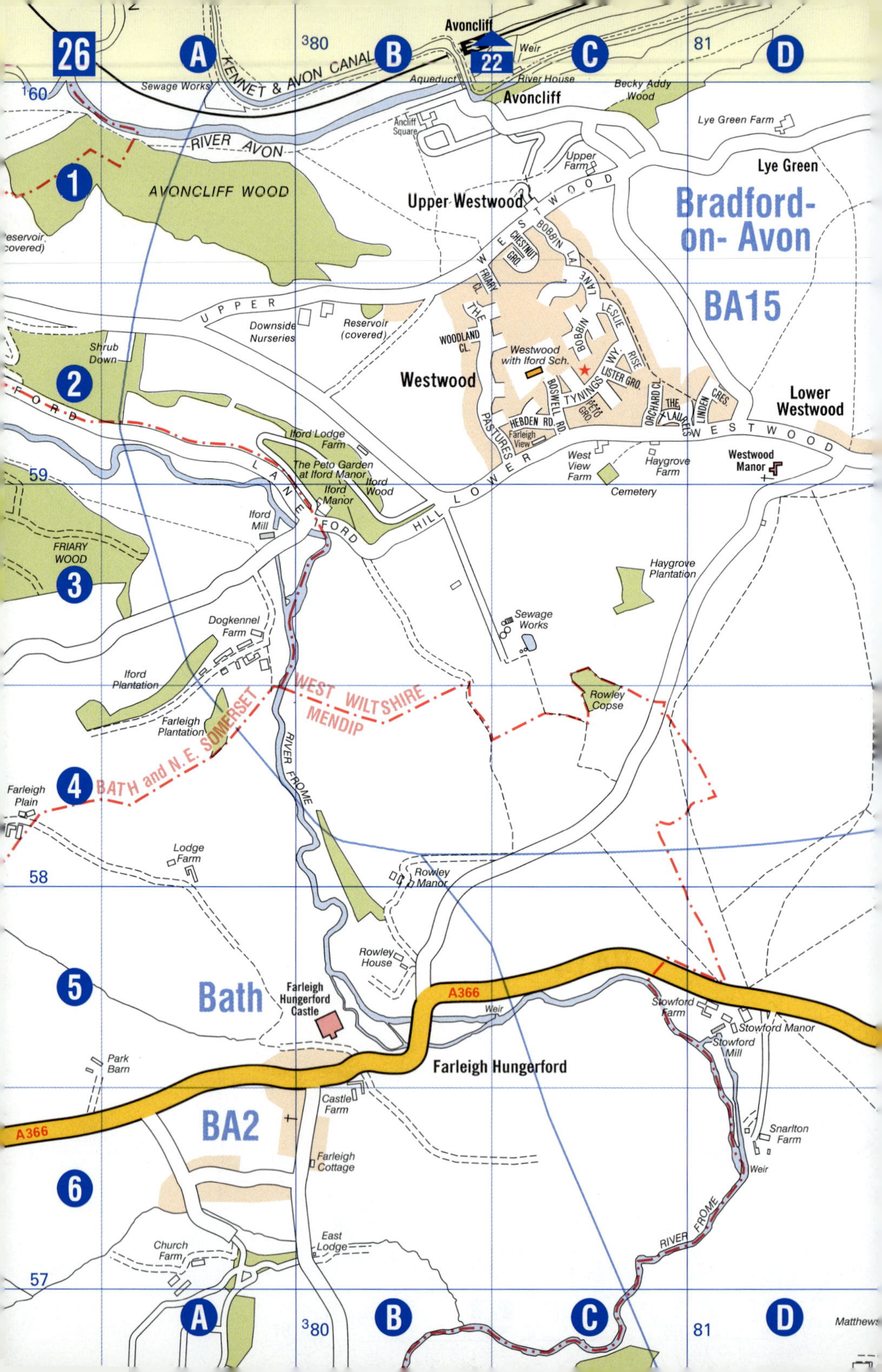
26
22
Avoncliff
Kennet & Avon Canal
Weir
River House
Aqueduct
Sewage Works
Becky Addy Wood
Lye Green Farm
Ancliff Square
River Avon
Upper Farm
Lye Green
Avoncliff Wood
Upper Westwood
Bradford-on-Avon
Reservoir (covered)
Westwood
Chestnut Gro.
Bobbin La.
Friary Cl.
Bobbin Lane
BA15
Upper
The
Leslie Rise
Downside Nurseries
Reservoir (covered)
Woodland Cl.
Shrub Down
Westwood with Iford Sch.
Wy.
Lister Gro.
Westwood
Tynings
Boswell Rd.
Peto Gro.
Orchard Cl.
The Laurels
Linden Cres.
Lower Westwood
Ford
Iford Lodge Farm
Hebden Rd.
Farleigh View
The Pastures
Westwood
The Peto Garden at Iford Manor
Iford Wood
Iford Manor
Lane
Lower
Hill
West View Farm
Haygrove Farm
Westwood Manor
Cemetery
Iford Mill
Ford
Friary Wood
Haygrove Plantation
Dogkennel Farm
Sewage Works
Iford Plantation
West Wiltshire
Mendip
Rowley Copse
Farleigh Plantation
Bath and N.E. Somerset
River Frome
Farleigh Plain
Lodge Farm
Rowley Manor
Rowley House
Bath
Farleigh Hungerford Castle
A366
Weir
Stowford Farm
Stowford Manor
Stowford Mill
Park Barn
Farleigh Hungerford
Castle Farm
BA2
A366
Snarlton Farm
Farleigh Cottage
Weir
River Frome
East Lodge
Church Farm
Matthews
A B C D
1 2 3 4 5 6
380 81
60 59 58 57

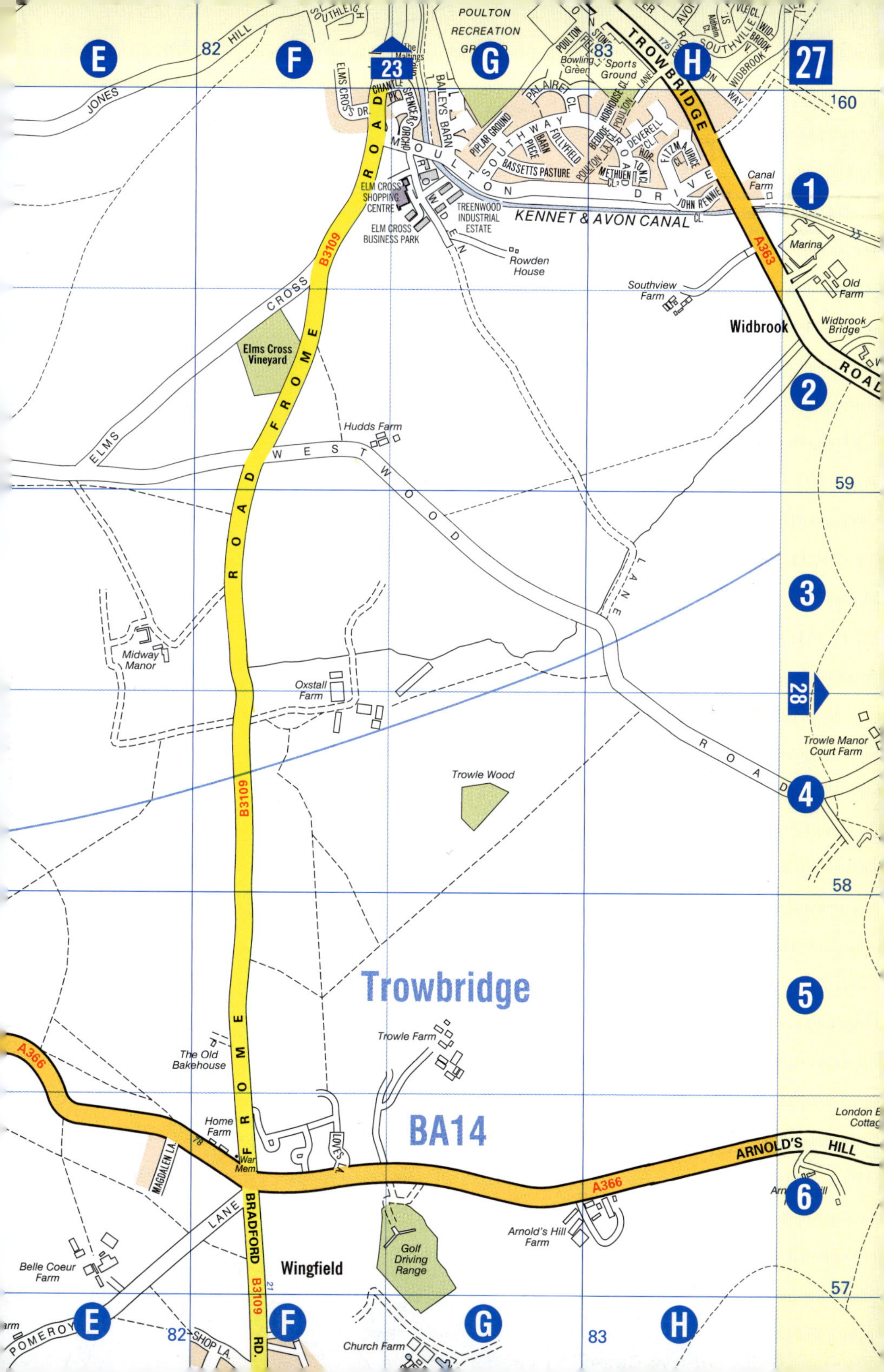
POULTON RECREATION GROUND
Bowling Green
Sports Ground
TROWBRIDGE
ELMS CROSS DR.
SOUTHWAY
BASSETTS PASTURE
PIPLAR GROUND
FOLLYFIELD
BAILEYS BARN
MOULTON DRIVE
JOHN RENNIE CL.
ELM CROSS SHOPPING CENTRE
ELM CROSS BUSINESS PARK
TREENWOOD INDUSTRIAL ESTATE
KENNET & AVON CANAL
Canal Farm
Marina
Old Farm
Rowden House
Southview Farm
Widbrook
Widbrook Bridge
ROAD
A363
B3109
FROME ROAD
ELMS CROSS
JONES HILL
Elms Cross Vineyard
Hudds Farm
WESTWOOD
LANE
ROAD
Midway Manor
Oxstall Farm
Trowle Manor Court Farm
Trowle Wood
Trowbridge
Trowle Farm
The Old Bakehouse
Home Farm
War Mem
BA14
A366
ARNOLD'S HILL
London B Cottag
Arnold's Hill Farm
LOVES LA.
MAGDALEN LA.
LANE
BRADFORD RD.
Wingfield
Golf Driving Range
Belle Coeur Farm
POMEROY
SHOP LA.
Church Farm
E F G H
1 2 3 4 5 6
82 83
160 59 58 57
23 28

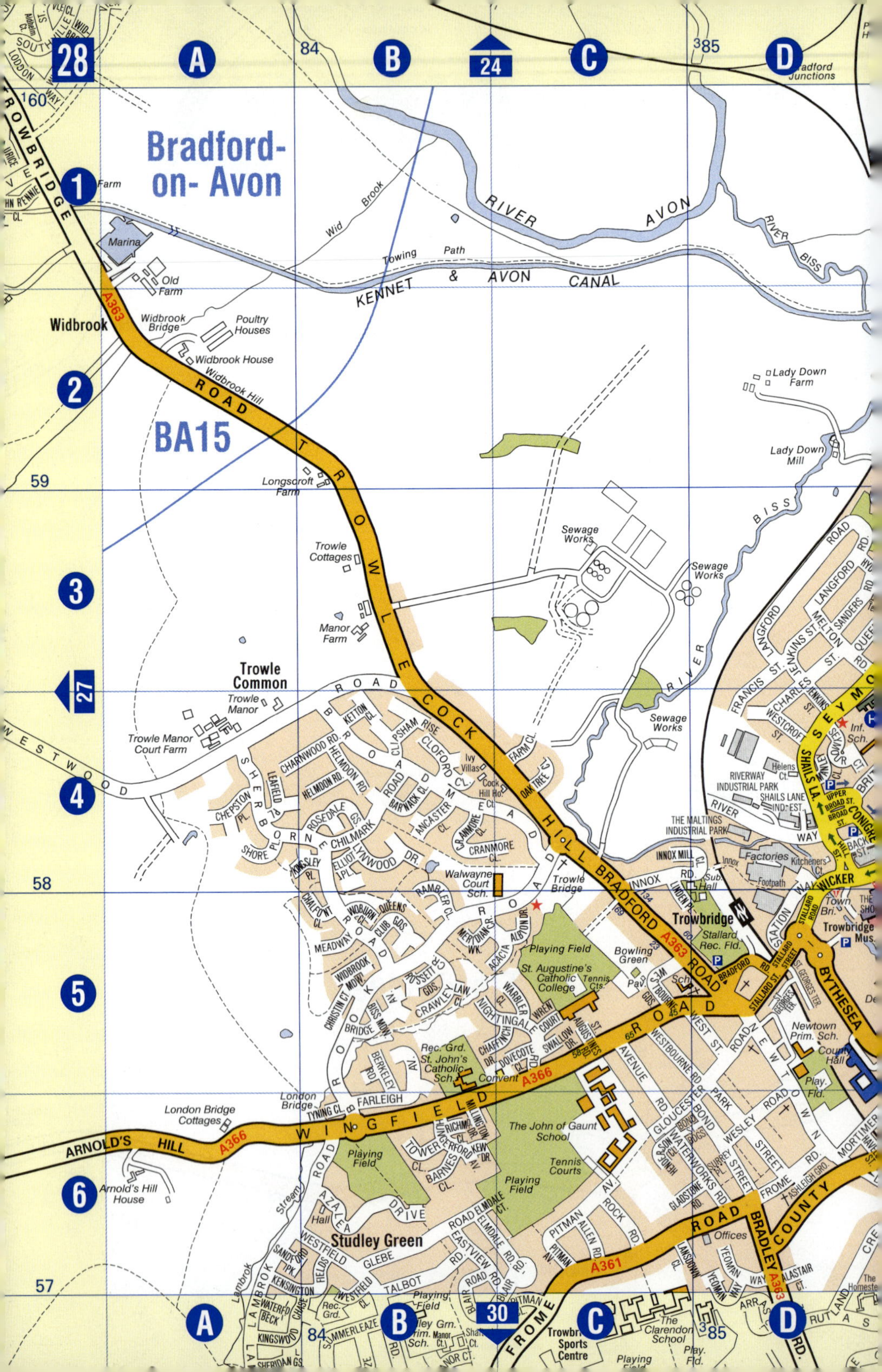

28
A
B
C
D
24
27
30
1
2
3
4
5
6
84
385
160
59
58
57
Bradford-on- Avon
BA15
Bradford Junctions
RIVER AVON
RIVER BISS
KENNET & AVON CANAL
Towing Path
Wid Brook
Marina
Farm
Old Farm
Widbrook
Widbrook Bridge
Poultry Houses
Widbrook House
Widbrook Hill
TROWBRIDGE ROAD
A363
Longscroft Farm
Trowle Cottages
Manor Farm
Trowle Common
Trowle Manor
Trowle Manor Court Farm
WESTWOOD ROAD
Lady Down Farm
Lady Down Mill
Sewage Works
TROWLE
COCK HILL
BRADFORD ROAD
Ivy Villas
Cock Hill Ho. Ct.
FARM CL.
OAK TREE CL.
KETTON CL.
CLIPSHAM RISE
CLOFORD CL.
CHARNWOOD RD.
HELMDON RD.
LEAFIELD
SHERBORNE ROAD
CHEPSTON PL.
SHORE PL.
KINGSLEY PL.
ROSEDALE GS.
CHILMARK
LYNWOOD DR.
ELLIOTT PL.
ANCASTER CL.
BARNACK CL.
CRANMORE CL.
DMEAD
Walwayne Court Sch.
Trowle Bridge
RAMBLER CL.
CHALFONT CL.
WOBURN CL.
QUEENS CLUB GDS.
MEADWAY
WIDBROOK MDW.
MERIDIAN WK.
ACACIA
ALBION DR.
Playing Field
St. Augustine's Catholic College
Tennis Cts.
Bowling Green
Pav.
CRAWLEY
NIGHTINGALE
WARBLER CL.
WREN COURT
SWALLOW DR.
CHAFFINCH DR.
DOVECOTE CL.
CHRISTIN CT.
BISS MDW.
BRIDGE AV.
BERKELEY RD.
Rec. Grd.
St. John's Catholic Sch.
Convent
A366
WINGFIELD ROAD
London Bridge Cottages
London Bridge
TYNING CL.
FARLEIGH AV.
ARNOLD'S HILL
Arnold's Hill House
Playing Field
TOWER CL.
BARNES CL.
HUNGERFORD AV.
KEW DR.
The John of Gaunt School
Tennis Courts
Playing Field
AZALEA DRIVE
Hall
Stream
Studley Green
ELMDALE CT.
ELMDALE RD.
EASTVIEW RD.
WESTFIELD
GLEBE
TALBOT RD.
SANDFORD PK.
KENSINGTON
LAMBROK
WATERFORD
BECK
KINGSWOOD
SHERIDAN GS.
Rec. Grd.
Playing Field
SUMMERLEAZE
Studley Grn. Prim. Manor Sch.
PITMAN AV.
ALLEN RD.
ROCK RD.
FROME ROAD
A361
Trowbridge Sports Centre
The Clarendon School
Play. Fld.
Playing Field
Offices
YEOMAN WAY
BRADLEY ROAD
ALASTAIR CT.
RUTLAND
COUNTY WAY
INNOX MILL CL.
INNOX RD.
LINDEN PL.
Sub. Hall
Trowbridge
Stallard Rec. Fld.
THE MALTINGS INDUSTRIAL PARK
RIVERWAY INDUSTRIAL PARK
SHAILS LANE IND. EST.
Helens Ct.
RIVER WAY
Factories
Footpath
Kitcheners Ct.
STATION WAY
WICKER HILL
Town Bri.
Trowbridge Mus.
STALLARD ST.
STALLARD ROAD
BYTHESEA
ST. GEORGES TER.
Newtown Prim. Sch.
County Hall
Play. Fld.
NEWTOWN
WESTBOURNE RD.
WESTBOURNE GDS.
WEST ST.
AVENUE RD.
GLOUCESTER RD.
PARK
WESLEY ROAD
BOND ST.
WATERWORKS RD.
GLADSTONE RD.
SURREY PL.
STREET
MORTIMER
ASHLEIGH GRO.
LANGFORD RD.
FRANCIS ST.
JENKINS ST.
CHARLES ST.
WESTCROFT ST.
MELTON
SANDERS
SEYMOUR
SHAILS LA.
Inf. Sch.
UPPER BROAD ST.
BROAD ST.
BACK ST.

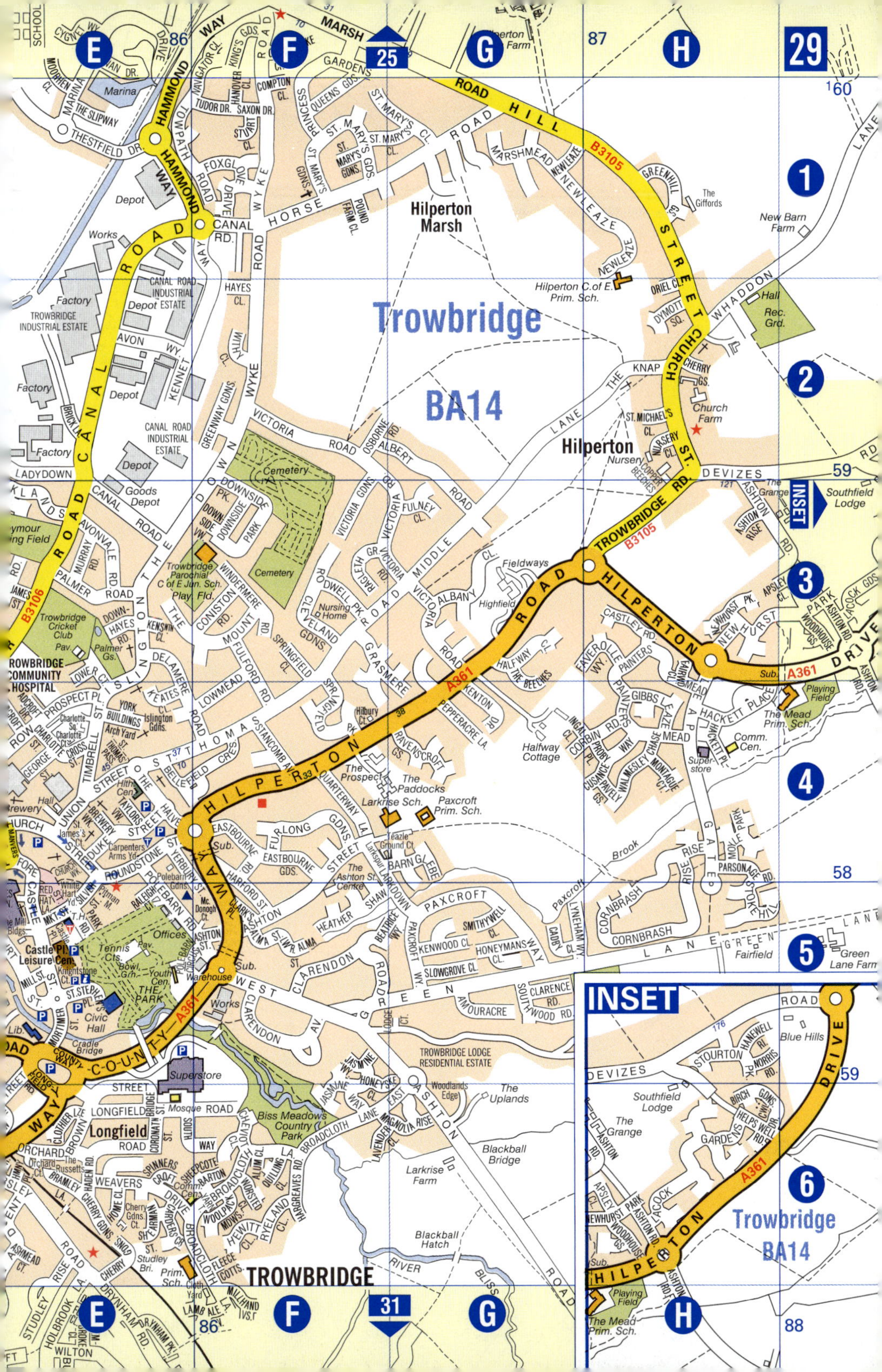
29
Trowbridge
BA14
Hilperton Marsh
Hilperton
TROWBRIDGE
INSET
Trowbridge
BA14
E
F
G
H
1
2
3
4
5
6
25
31
86
87
88
160
59
58
HILPERTON ROAD
HILPERTON DRIVE
A361
B3105
B3106
CANAL ROAD
HAMMOND WAY
MARSH ROAD
HILL STREET
CHURCH ST.
DEVIZES RD.
TROWBRIDGE RD.
VICTORIA ROAD
HORSE ROAD
WYKE ROAD
MIDDLE LANE
THE KNAP
WHADDON LANE
GREEN LANE
WEST ASHTON ROAD
COUNTY WAY
LONGFIELD ROAD
CANAL ROAD INDUSTRIAL ESTATE
TROWBRIDGE INDUSTRIAL ESTATE
TROWBRIDGE LODGE RESIDENTIAL ESTATE
TROWBRIDGE COMMUNITY HOSPITAL
Hilperton C.of E. Prim. Sch.
Trowbridge Parochial C of E Jun. Sch.
Larkrise Sch.
Paxcroft Prim. Sch.
The Mead Prim. Sch.
Trowbridge Cricket Club
Castle Pl. Leisure Cen.
Civic Hall
Biss Meadows Country Park
Superstore
Cemetery
Marina
Depot
Factory
Works
Goods Depot
Church Farm
New Barn Farm
Southfield Lodge
The Grange
Blue Hills
Green Lane Farm
Fairfield
Halfway Cottage
Fieldways
Highfield
Larkrise Farm
Blackball Bridge
Blackball Hatch
The Uplands
Woodlands Edge
Rec. Grd.
Playing Field
Comm. Cen.
Nursing Home
RIVER BISS

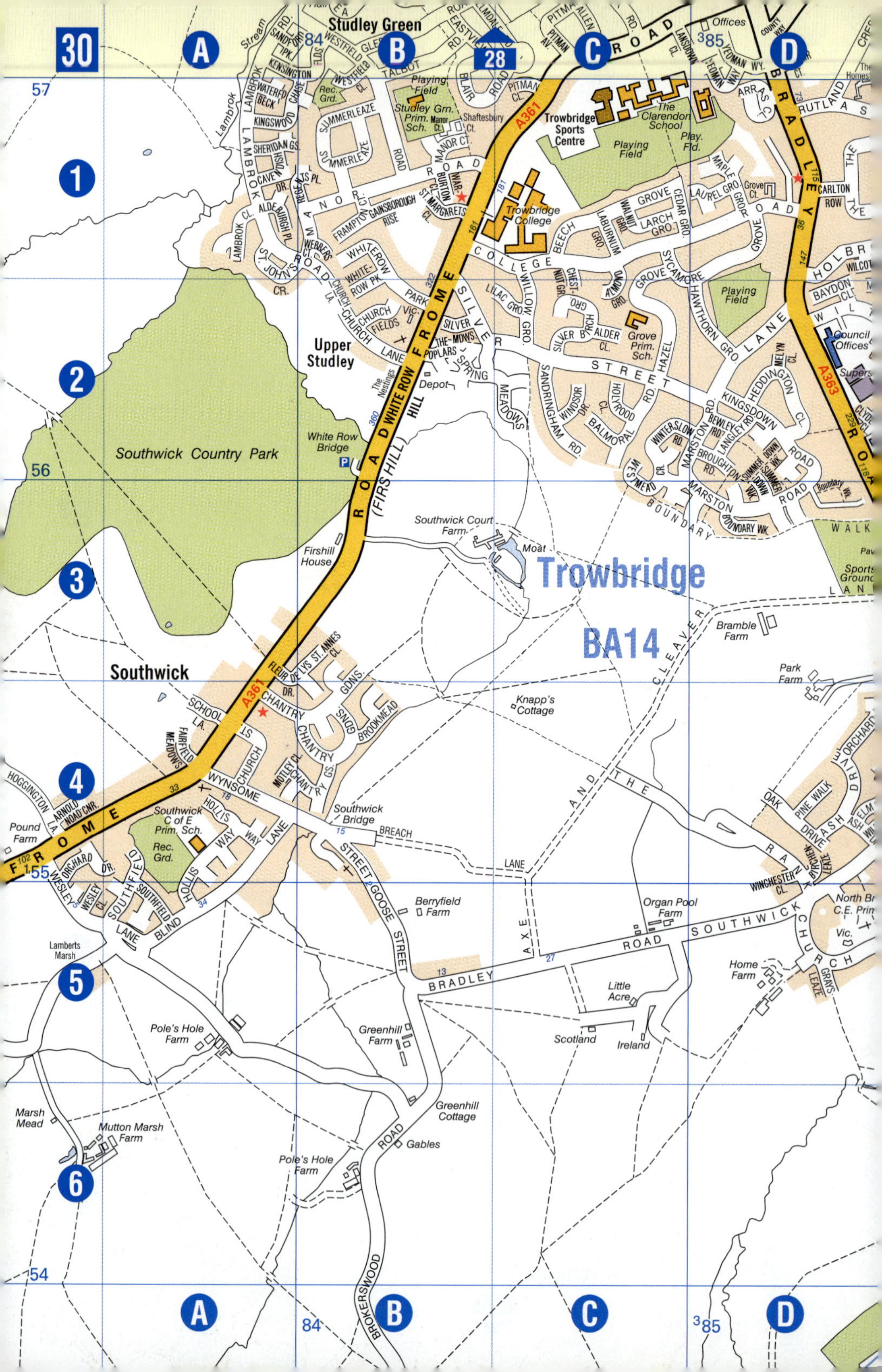
28
Studley Green
Upper Studley
Southwick
Southwick Country Park
Trowbridge
BA14
A361
A363
FROME ROAD
WHITE ROW
(FIRSHILL) HILL
BRADLEY ROAD
SOUTHWICK ROAD
Trowbridge Sports Centre
The Clarendon School
Trowbridge College
Playing Field
Studley Grn. Prim. Sch.
Grove Prim. Sch.
Council Offices
Southwick C of E Prim. Sch.
Rec. Grd.
White Row Bridge
Southwick Court Farm
Moat
Firshill House
Bramble Farm
Park Farm
Knapp's Cottage
Southwick Bridge
Berryfield Farm
Organ Pool Farm
Little Acre
Scotland
Ireland
Home Farm
Pole's Hole Farm
Greenhill Farm
Greenhill Cottage
Gables
Mutton Marsh Farm
Marsh Mead
Lamberts Marsh
Pound Farm
North Br. C.E. Prim
BROKERSWOOD ROAD
GOOSE STREET
BLIND LANE
WYNSOME STREET
BREACH LANE
AXE AND CLEAVER LANE
HOGGINGTON LA.
MANOR ROAD
COLLEGE ROAD
SILVER STREET
GROVE ROAD
GROVE LANE
MARSTON ROAD
KINGSDOWN ROAD
BOUNDARY WALK
CHURCH LANE
ST. JOHN'S ROAD
LAMBROK
RANK
57
56
55
54
84
385
A
B
C
D
1
2
3
4
5
6

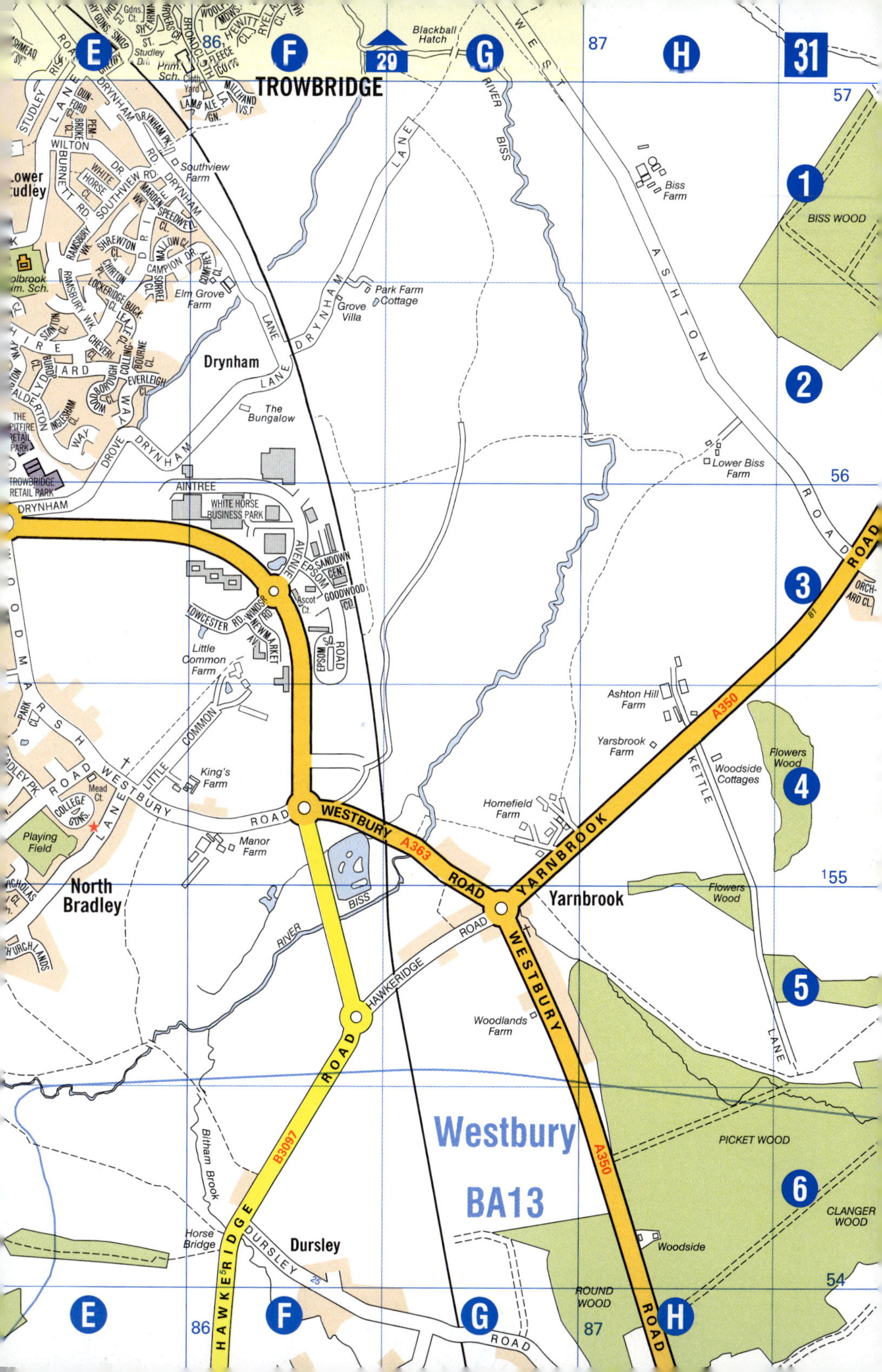

TROWBRIDGE
29
Blackball Hatch
Lower Studley
Southview Farm
Elm Grove Farm
Drynham
The Bungalow
Grove Villa
Park Farm Cottage
Biss Farm
BISS WOOD
Lower Biss Farm
AINTREE
WHITE HORSE BUSINESS PARK
TROWBRIDGE RETAIL PARK
Little Common Farm
King's Farm
Manor Farm
Playing Field
North Bradley
Ashton Hill Farm
Yarsbrook Farm
Woodside Cottages
Flowers Wood
Homefield Farm
Yarnbrook
Woodlands Farm
Westbury
BA13
PICKET WOOD
CLANGER WOOD
Woodside
ROUND WOOD
Dursley
Horse Bridge
Bitham Brook
RIVER BISS
DRYNHAM LANE
ASHTON ROAD
YARNBROOK ROAD
WESTBURY ROAD
HAWKERIDGE ROAD
DURSLEY ROAD
KETTLE LANE
WOODMARSH
A350
A363
B3097

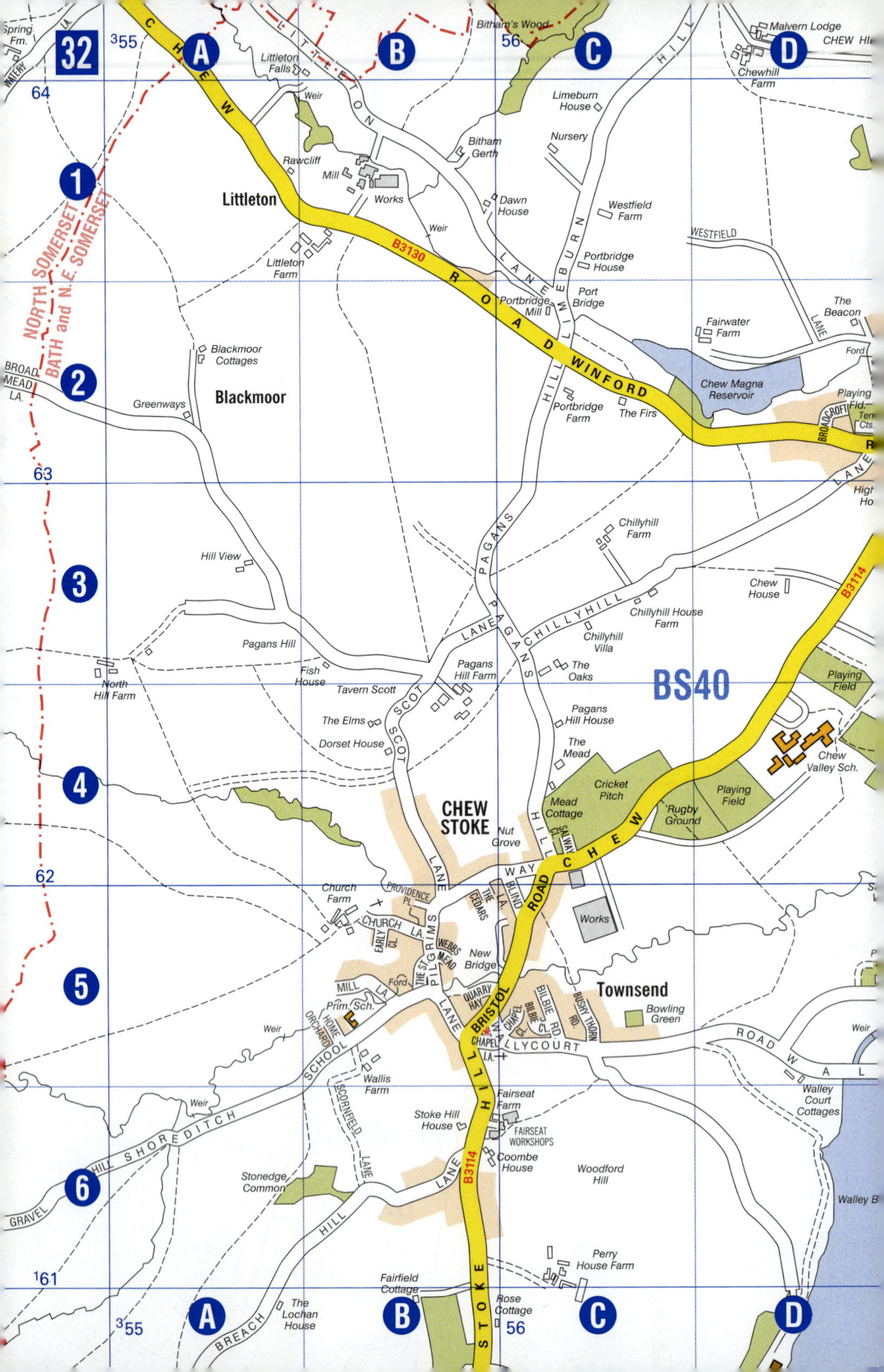

A
B
C
D
1
2
3
4
5
6
355
56
64
63
62
161
Spring Fm.
Watery La.
Chew Road
Littleton Lane
Bitham's Wood
Malvern Lodge
Chew Hill
Chewhill Farm
Littleton Falls
Weir
Limeburn House
Nursery
Bitham Gerth
Rawcliff
Mill
Works
Littleton
Dawn House
Westfield Farm
Limeburn Hill
Westfield
B3130
Winford Road
Littleton Farm
Portbridge House
Port Bridge
Portbridge Mill
The Beacon
Lane
Fairwater Farm
Ford
NORTH SOMERSET
BATH and N.E. SOMERSET
Blackmoor Cottages
Chew Magna Reservoir
Broad Mead La.
Greenways
Blackmoor
Portbridge Farm
The Firs
Playing Fld.
Ten. Cts.
Broadcroft
High Ho
Pagans Hill
Chillyhill Farm
Hill View
Chew House
B3114
Chillyhill Lane
Chillyhill House Farm
Chillyhill Villa
Pagans Hill
North Hill Farm
Fish House
Pagans Hill Farm
The Oaks
BS40
Playing Field
Tavern Scott
Scot Lane
The Elms
Pagans Hill House
Dorset House
The Mead
Chew Valley Sch.
Cricket Pitch
Playing Field
Mead Cottage
Rugby Ground
CHEW STOKE
Nut Grove
Salway Cl.
Chew Road
Way
Church Farm
Providence Pl.
The Cedars
Blind La.
Works
Church La.
Pilgrims Way
Early Cl.
Webbs Mead
New Bridge
The St.
Townsend
Mill La.
Ford
Quarry Hay
Prim. Sch.
Bristol Road
Chapel Cl.
Bilbie Rd.
Bilbie Cl.
Bushy Thorn Rd.
Bowling Green
Home Orchard
Weir
Chapel La.
Walleycourt Road
Weir
School Lane
Wallis Farm
Scornfield Lane
Fairseat Farm
Walley Court Cottages
Weir
Shoreditch
Stoke Hill House
Fairseat Workshops
Coombe House
Woodford Hill
Stonedge Common
Walley B
Gravel Hill
Hill Lane
Perry House Farm
Fairfield Cottage
Stoke Hill
Rose Cottage
The Lochan House
Breach

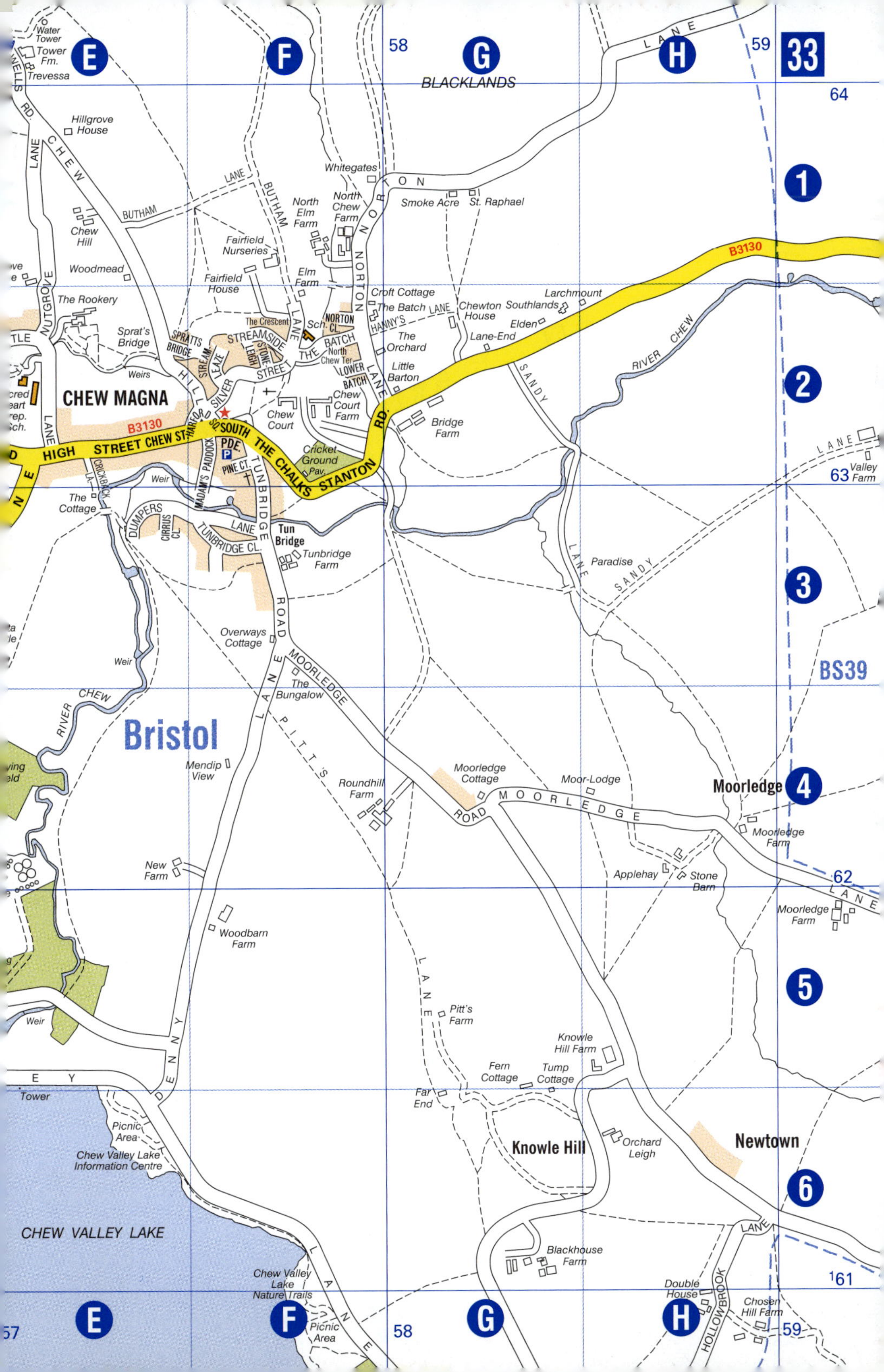

E
F
G
H
58
59
64
63
62
61
57
1
2
3
4
5
6
BLACKLANDS
Water Tower
Tower Fm.
Trevessa
Hillgrove House
Chew Hill
Woodmead
The Rookery
Sprat's Bridge
Weirs
CHEW MAGNA
B3130
HIGH STREET
CHEW ST.
SOUTH PDE.
THE CHALKS
STANTON RD.
NORTON LANE
BUTHAM LANE
BUTHAM
NUTGROVE
Fairfield Nurseries
Fairfield House
Whitegates
North Elm Farm
North Chew Farm
Elm Farm
Smoke Acre
St. Raphael
Croft Cottage
The Batch
HANNY'S LANE
Chewton House
Southlands
Larchmount
Elden
Lane-End
The Orchard
Little Barton
Chew Court Farm
Chew Court
Bridge Farm
Cricket Ground
Pav.
RIVER CHEW
SANDY LANE
Paradise
Tun Bridge
Tunbridge Farm
TUNBRIDGE ROAD
TUNBRIDGE CL.
DUMPERS LANE
CIRRUS CL.
The Cottage
Weir
Overways Cottage
MOORLEDGE ROAD
The Bungalow
PITT'S LANE
Bristol
BS39
Mendip View
Roundhill Farm
Moorledge Cottage
Moor-Lodge
Moorledge
Moorledge Farm
Applehay
Stone Barn
Valley Farm
New Farm
Woodbarn Farm
Pitt's Farm
Knowle Hill Farm
Fern Cottage
Tump Cottage
Far End
Knowle Hill
Orchard Leigh
Newtown
DENNY LANE
Tower
Picnic Area
Chew Valley Lake Information Centre
CHEW VALLEY LAKE
Chew Valley Lake Nature Trails
Blackhouse Farm
Double House
HOLLOWBROOK LANE
Chosen Hill Farm

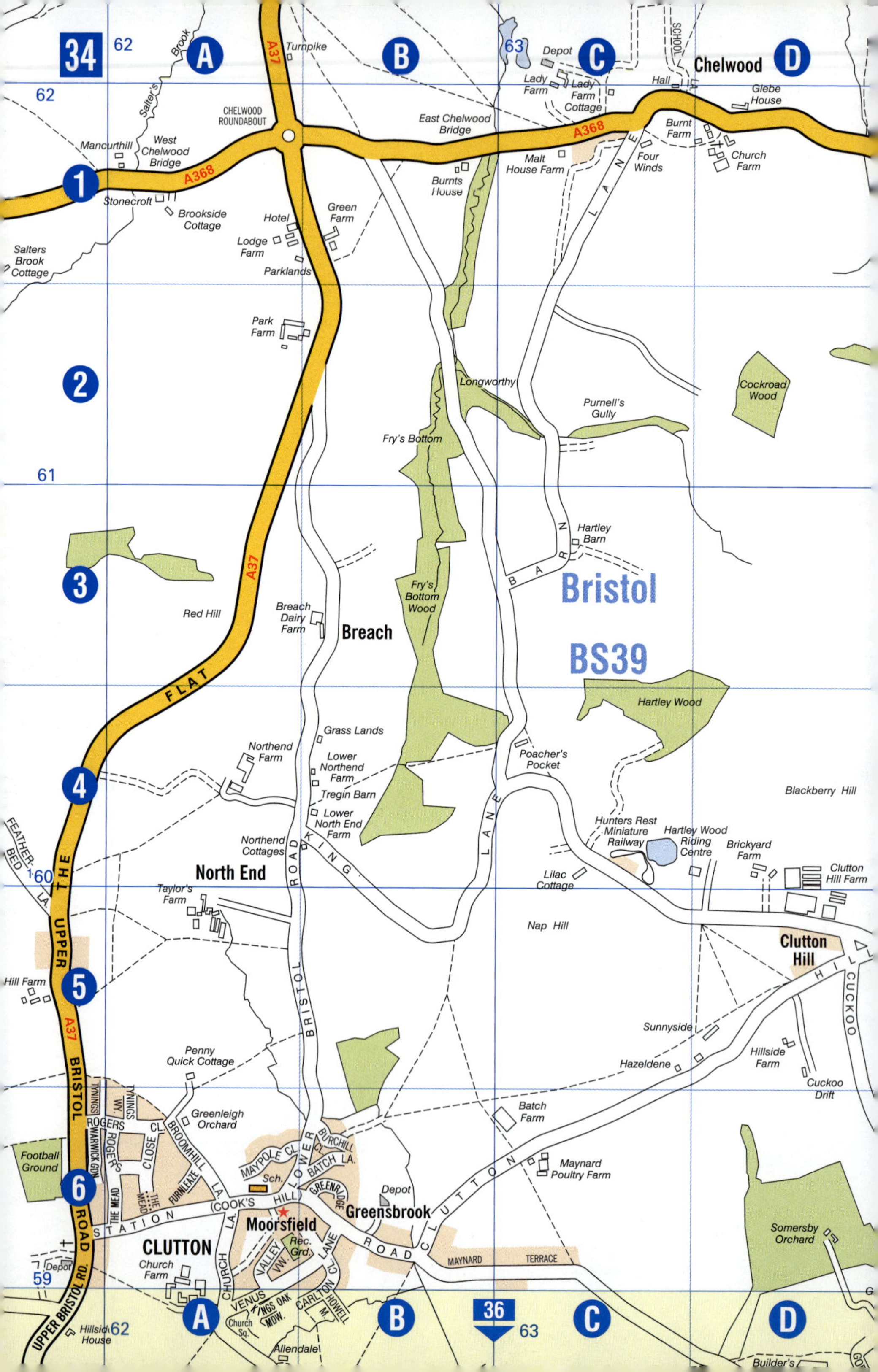
Chelwood
Chelwood Roundabout
Turnpike
Depot
Lady Farm
Lady Farm Cottage
Hall
School
Glebe House
East Chelwood Bridge
A368
A37
Burnt Farm
Church Farm
Four Winds
Malt House Farm
Burnts House
Mancurthill
West Chelwood Bridge
Salter's Brook
Stonecroft
Brookside Cottage
Hotel
Green Farm
Lodge Farm
Parklands
Salters Brook Cottage
Park Farm
Longworthy
Cockroad Wood
Purnell's Gully
Fry's Bottom
Hartley Barn
Barn Lane
Fry's Bottom Wood
Bristol
BS39
Red Hill
Breach Dairy Farm
Breach
The Flat
Hartley Wood
Grass Lands
Northend Farm
Lower Northend Farm
Tregin Barn
Lower North End Farm
Poacher's Pocket
Blackberry Hill
Hunters Rest Miniature Railway
Hartley Wood Riding Centre
Brickyard Farm
Clutton Hill Farm
Northend Cottages
King Road
Lane
Lilac Cottage
Feather Bed La.
North End
Taylor's Farm
The Upper Bristol Road
Nap Hill
Clutton Hill
Hill Farm
Bristol Road
Sunnyside
Cuckoo Hill
Hillside Farm
Penny Quick Cottage
Hazeldene
Cuckoo Drift
Tynings
Tynings W.
Rogers
Rogers Close
Warwick Gdn
Broomhill La.
Greenleigh Orchard
Batch Farm
Burchill Cl.
Maypole Cl.
Lower Batch La.
Maynard Poultry Farm
Clutton Road
Football Ground
The Mead
Furnleaze
Sch.
Greenridge
Depot
Greensbrook
Cook's Hill
Station Road
Moorsfield
Somersby Orchard
Clutton
Church La.
Valley Vw.
Rec. Grd.
Lane
Maynard Terrace
Church Farm
Depot
Venus
Kings Oak Mdw.
Carlton Cl.
Howell M.
Church Sq.
Upper Bristol Rd.
Hillside House
Allendale
Builder's
36
1
2
3
4
5
6
A
B
C
D
59
60
61
62
63

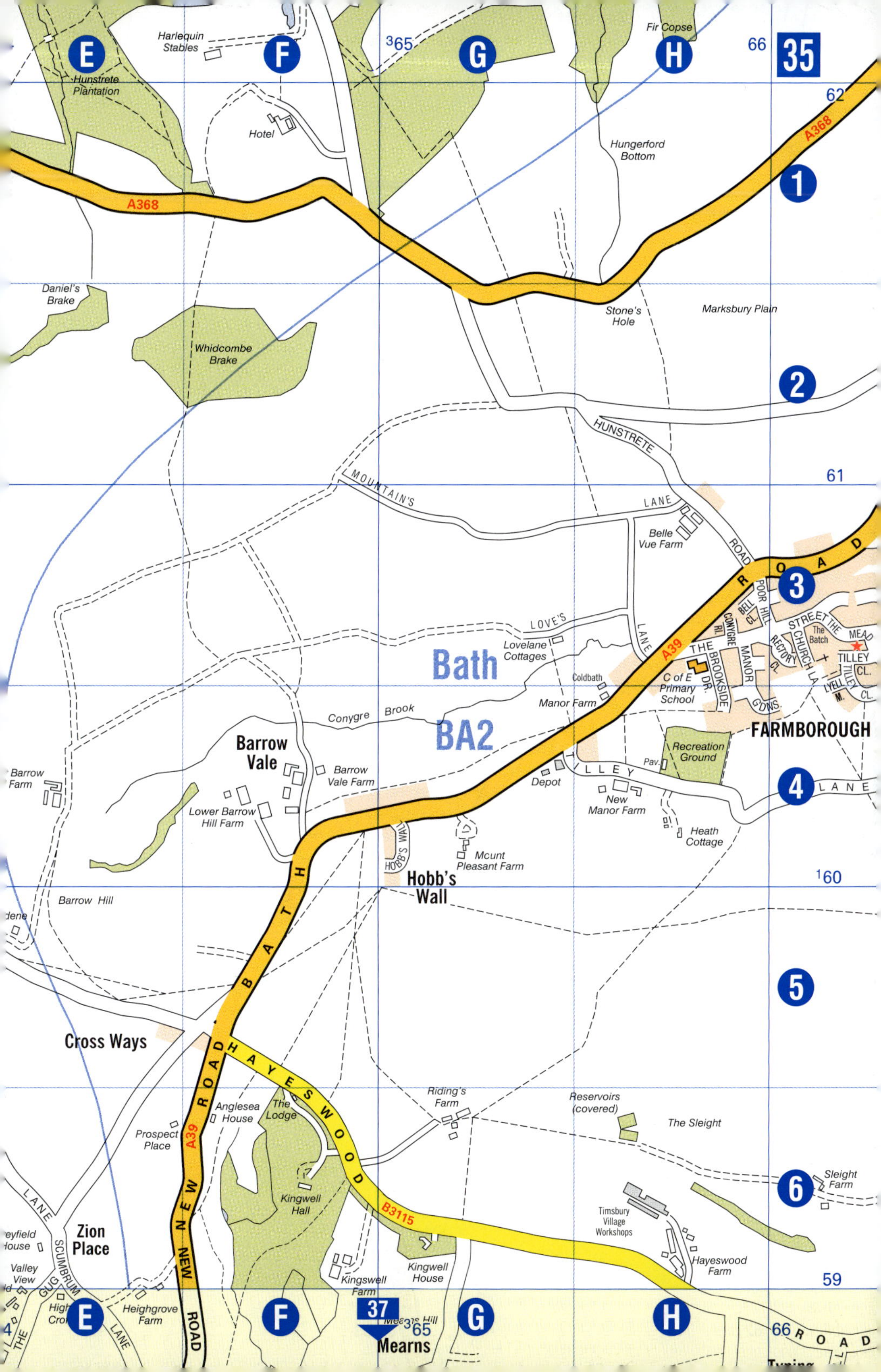
35
Harlequin Stables
Hunstrete Plantation
Hotel
Fir Copse
Hungerford Bottom
A368
Daniel's Brake
Whidcombe Brake
Stone's Hole
Marksbury Plain
HUNSTRETE
MOUNTAIN'S LANE
Belle Vue Farm
ROAD
LOVE'S LANE
Lovelane Cottages
Bath
BA2
Coldbath
Manor Farm
A39
C of E Primary School
FARMBOROUGH
Conygre Brook
Barrow Vale
Barrow Vale Farm
Barrow Farm
Lower Barrow Hill Farm
Depot
New Manor Farm
Recreation Ground
Pav.
Heath Cottage
Mount Pleasant Farm
Hobb's Wall
HOBB'S WALL
POOR HILL
BELL CL.
CONYGRE RI.
THE BROOKSIDE DR.
MANOR GDNS.
RECTORY CL.
CHURCH LA.
STREET
The Batch
THE MEAD
TILLEY CL.
LYELL M.
LANE
Barrow Hill
BATH ROAD
Cross Ways
HAYESWOOD
B3115
Anglesea House
The Lodge
Prospect Place
Riding's Farm
Reservoirs (covered)
The Sleight
Sleight Farm
Kingwell Hall
Timsbury Village Workshops
Hayeswood Farm
Kingwell House
Kingswell Farm
NEW ROAD
Zion Place
SCUMBRUM
GUG
Valley View
Heighgrove Farm
Mearns
Mearns Hill
37
ROAD
E F G H
1 2 3 4 5 6
365 66 62 61 160 59

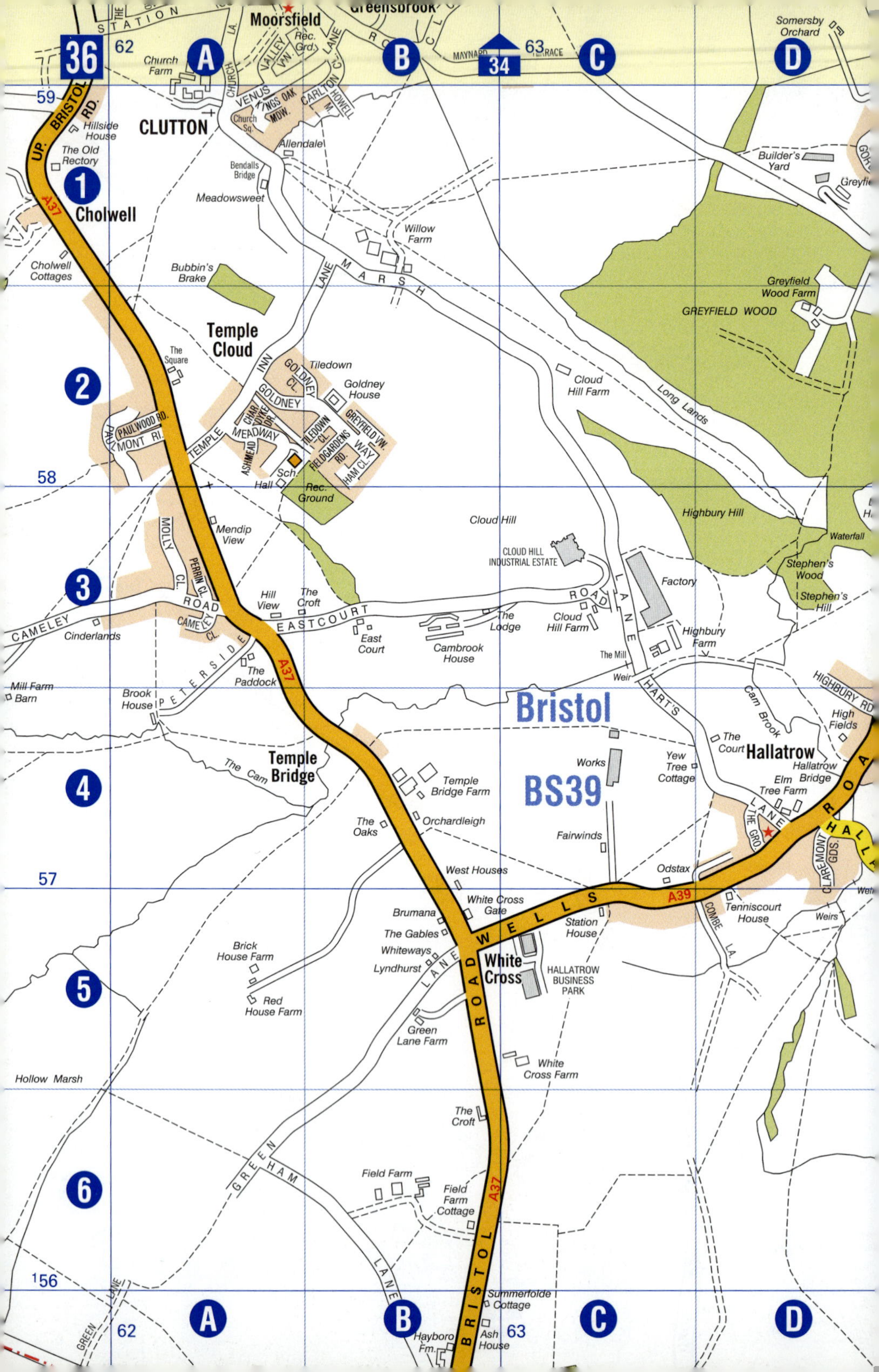

36
34
A
B
C
D
1
2
3
4
5
6
62
63
59
58
57
56
Moorsfield
Greensbrook
STATION
Church Farm
CHURCH LA.
VALLEY VW.
Rec. Grd.
LANE
MAYNARD TERRACE
Somersby Orchard
CLUTTON
Hillside House
The Old Rectory
UP. BRISTOL RD.
VENUS
KINGS OAK MDW.
CARLTON CL.
HOWELL
Church Sq.
Allendale
Bendalls Bridge
Meadowsweet
Cholwell
Cholwell Cottages
A37
Builder's Yard
Greyfield Wood Farm
GREYFIELD WOOD
Willow Farm
MARSH LANE
Bubbin's Brake
Temple Cloud
The Square
Tiledown
Goldney House
GOLDNEY CL.
GOLDNEY
GREYFIELD VW.
WAY
FIELDGARDENS RD.
TILEDOWN CL.
HAM CL.
MEADWAY
ASHMEAD
CHAR DYKE DR.
INN
TEMPLE
PAULWOOD RD.
MONT RI.
Sch.
Hall
Rec. Ground
Cloud Hill Farm
Long Lands
Highbury Hill
Cloud Hill
CLOUD HILL INDUSTRIAL ESTATE
Waterfall
Stephen's Wood
Stephen's Hill
Factory
Mendip View
MOLLY CL.
PERRIN CL.
CAMELEY ROAD
CAMELEY CL.
Cinderlands
Hill View
The Croft
EASTCOURT ROAD
East Court
Cambrook House
The Lodge
Cloud Hill Farm
LANE
Highbury Farm
The Mill
Weir
HART'S
HIGHBURY RD.
High Fields
Cam Brook
Mill Farm Barn
Brook House
PETERSIDE
The Paddock
Bristol
BS39
Works
Temple Bridge
The Cam
Temple Bridge Farm
The Court
Hallatrow
Yew Tree Cottage
Hallatrow Bridge
Elm Tree Farm
LANE
THE GRO.
ROAD
HALL
CLAREMONT GDS.
The Oaks
Orchardleigh
Fairwinds
West Houses
Odstax
A39
WELLS
White Cross Gate
Station House
COMBE LA.
Tenniscourt House
Weirs
Brumana
The Gables
Whiteways
Lyndhurst
White Cross
HALLATROW BUSINESS PARK
Brick House Farm
Red House Farm
Green Lane Farm
White Cross Farm
Hollow Marsh
The Croft
GREEN HAM
Field Farm
Field Farm Cottage
LANE
BRISTOL ROAD
GREEN LANE
Summerfolde Cottage
Hayboro Fm.
Ash House

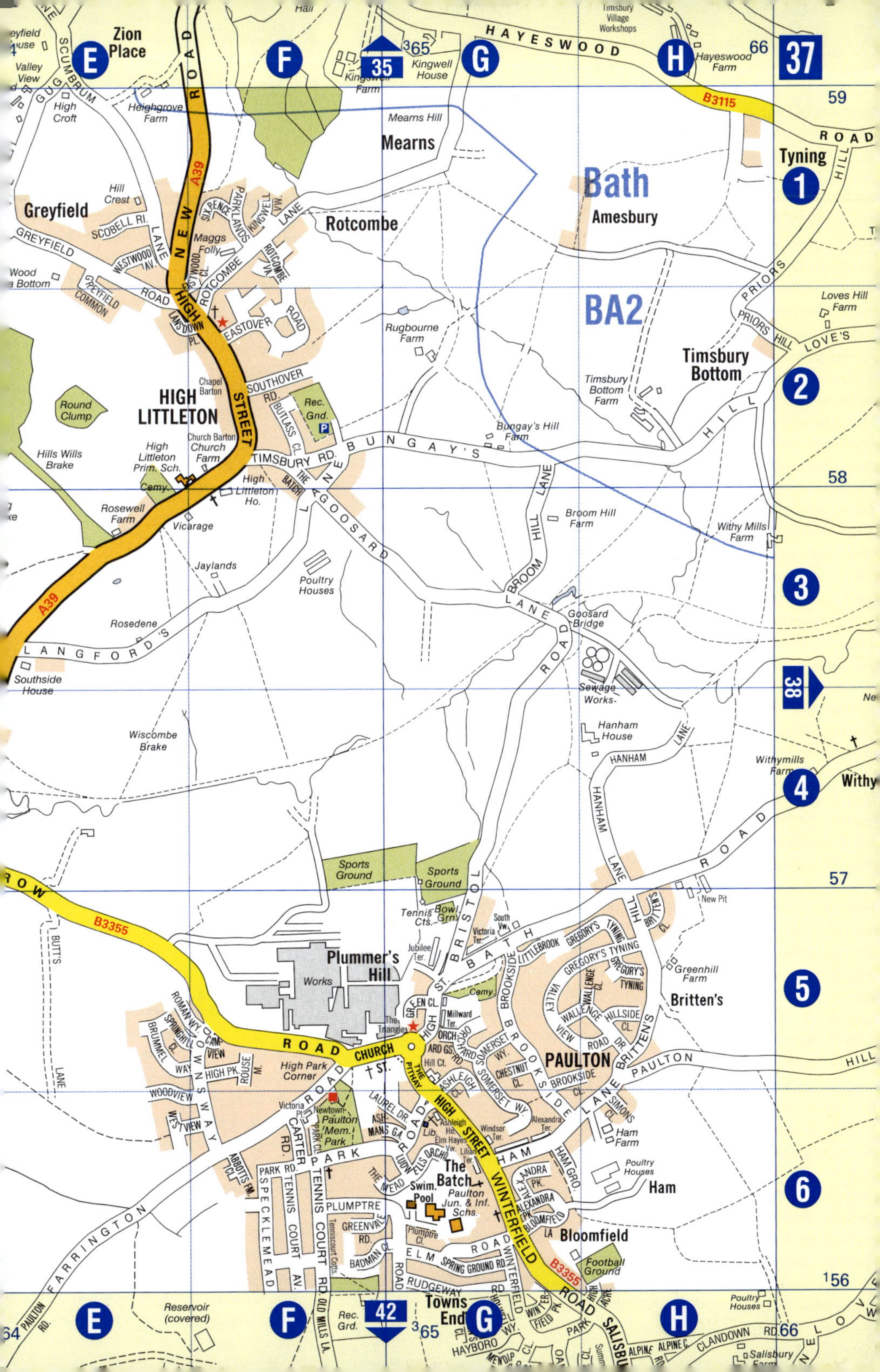

37
35
42
38
E
F
G
H
1
2
3
4
5
6
59
58
57
56
365
66
Zion Place
Greyfield
Mearns
Rotcombe
Bath
Amesbury
BA2
Tyning
Timsbury Bottom
HIGH LITTLETON
Plummer's Hill
PAULTON
Britten's
Ham
Bloomfield
The Batch
Towns End
Withy
HAYESWOOD ROAD
B3115
A39
B3355
NEW ROAD
HIGH STREET
GREYFIELD ROAD
TIMSBURY RD.
BUNGAY'S HILL
GOOSARD LANE
BROOM HILL LANE
LANGFORD'S LANE
HANHAM LANE
BATH ROAD
BRISTOL ROAD
CHURCH ROAD
HIGH STREET
WINTERFIELD ROAD
PAULTON HILL
FARRINGTON ROAD
PRIORS HILL
LOVE'S HILL
Hayeswood Farm
Timsbury Village Workshops
Kingwell House
Kingwell Farm
Mearns Hill
Heighgrove Farm
High Croft
Hill Crest
Maggs Folly
Rugbourne Farm
Timsbury Bottom Farm
Loves Hill Farm
Bungay's Hill Farm
Broom Hill Farm
Withy Mills Farm
Round Clump
Hills Wills Brake
High Littleton Prim. Sch.
Church Farm
Rosewell Farm
Vicarage
Jaylands
Poultry Houses
Rosedene
Goosard Bridge
Sewage Works
Hanham House
Southside House
Wiscombe Brake
Withymills Farm
Sports Ground
Tennis Cts.
Bowl. Grn.
Works
Greenhill Farm
High Park Corner
Paulton Mem. Park
Swim. Pool
Paulton Jun. & Inf. Schs.
Ham Farm
Football Ground
New Pit
Reservoir (covered)
Rec. Grd.
Salisbury

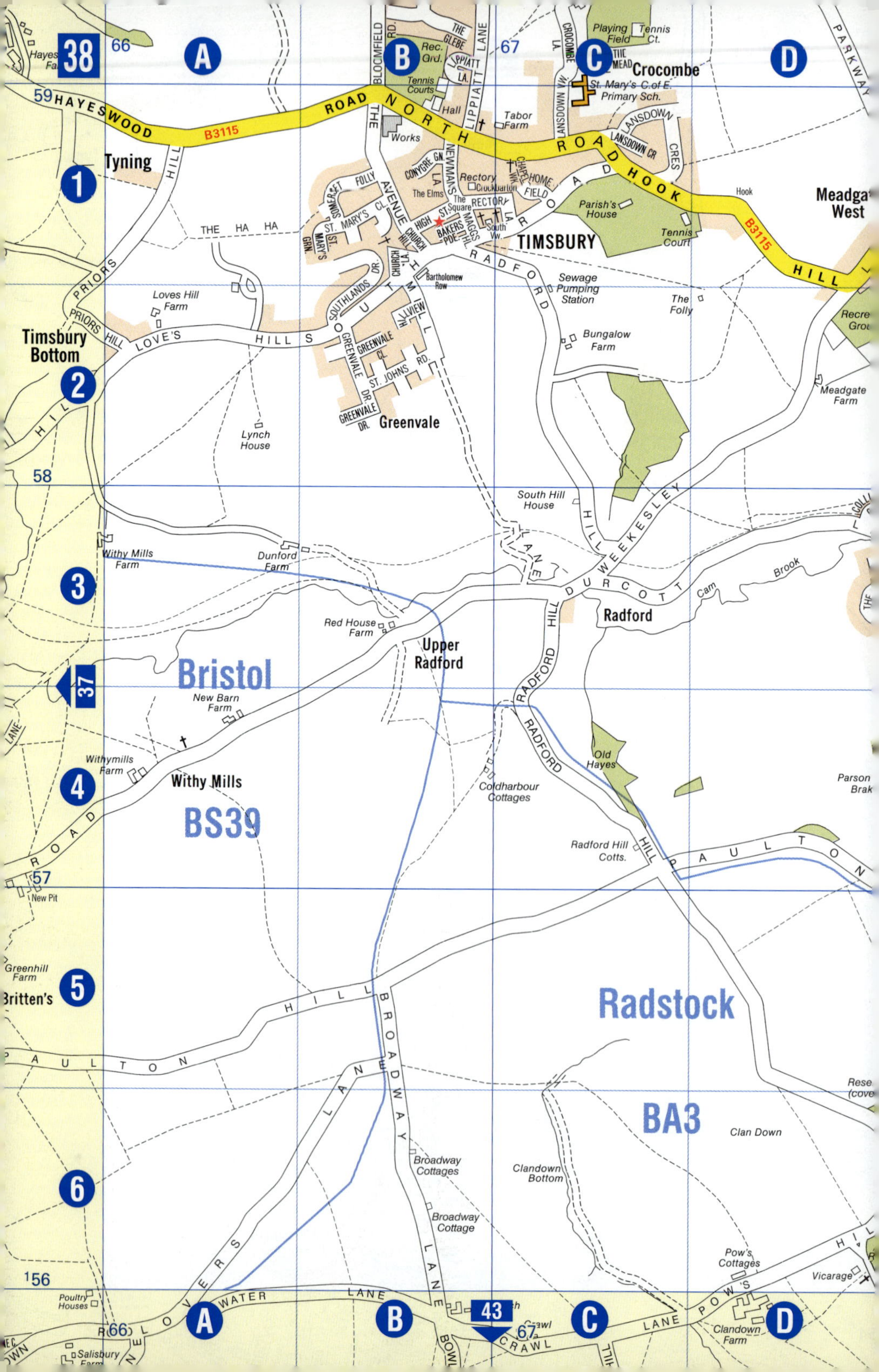

Tyning
Timsbury Bottom
Crocombe
TIMSBURY
Greenvale
Meadgate West
Radford
Upper Radford
Withy Mills
Bristol
BS39
Radstock
BA3
HAYESWOOD ROAD
NORTH ROAD
HOOK HILL
B3115
PRIORS HILL
LOVE'S HILL
THE HA HA
SOUTH HILL
RADFORD HILL
DURCOTT
WEEKESLEY HILL
PAULTON HILL
BROADWAY LANE
WATER LANE
CRAWL LANE
POW'S LANE
Loves Hill Farm
Lynch House
Withy Mills Farm
Dunford Farm
Red House Farm
New Barn Farm
Withymills Farm
South Hill House
Sewage Pumping Station
The Folly
Bungalow Farm
Meadgate Farm
Old Hayes
Coldharbour Cottages
Radford Hill Cotts.
Broadway Cottages
Broadway Cottage
Clandown Bottom
Clan Down
Pow's Cottages
Vicarage
Clandown Farm
Parish's House
Tennis Court
Tabor Farm
Works
Hall
Rectory
The Elms
St. Mary's C.of E. Primary Sch.
Playing Field
Tennis Ct.
Rec. Grd.
Tennis Courts
Cam Brook
Greenhill Farm
New Pit
Poultry Houses
Salisbury Farm
Parson Brak
37
43

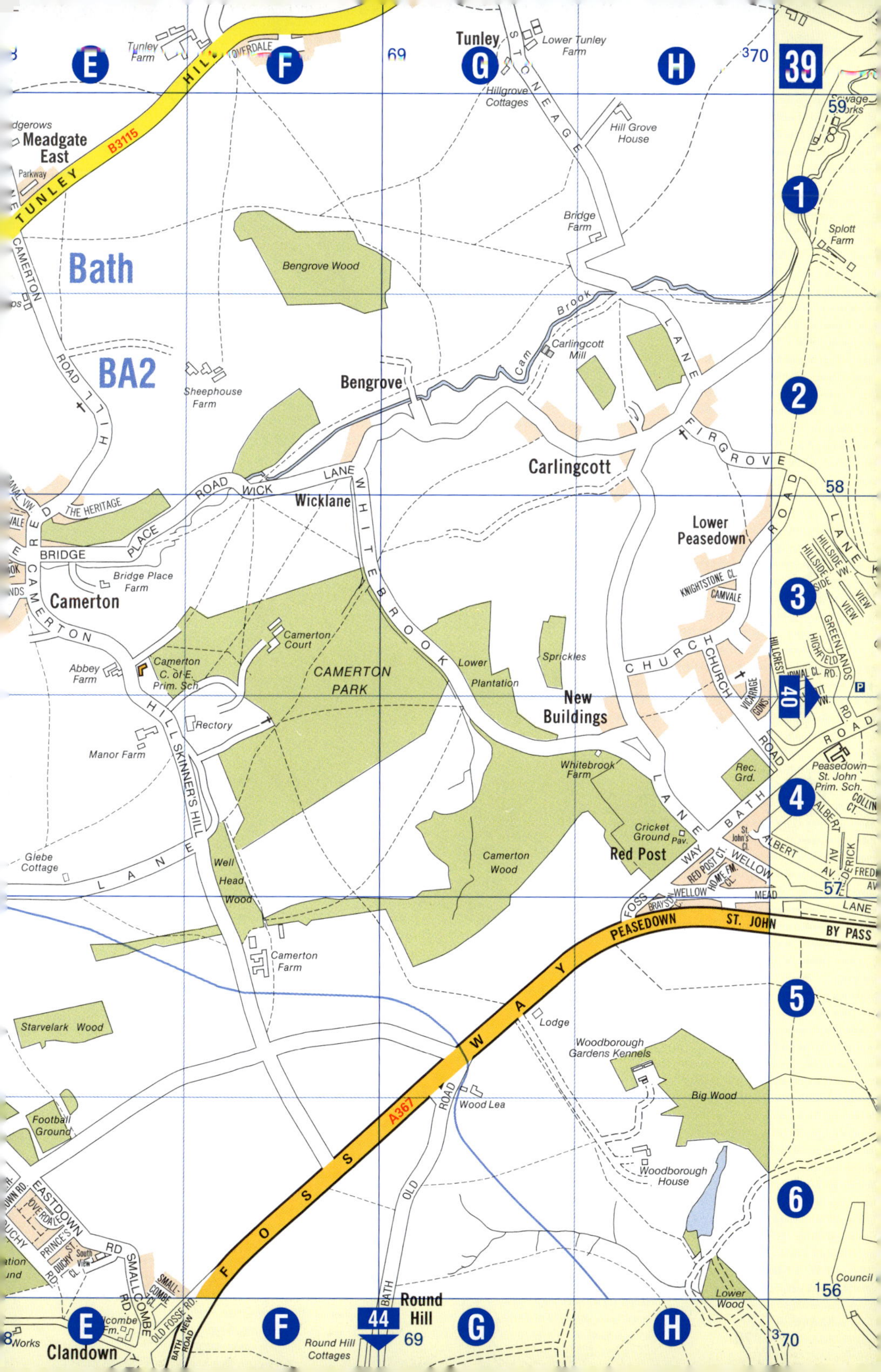

39
Tunley
Tunley Farm
Lower Tunley Farm
Hillgrove Cottages
Hill Grove House
Meadgate East
Parkway
TUNLEY HILL
B3115
OVERDALE
STONEAGE
Bath
BA2
Bengrove Wood
Bridge Farm
Sewage Works
Splott Farm
Cam Brook
Carlingcott Mill
Bengrove
Sheephouse Farm
LANE
CAMERTON ROAD
HILL
Carlingcott
FIRGROVE
LANE
WICK ROAD
LANE
WHITEBROOK
Wicklane
THE HERITAGE
BRIDGE PLACE
Bridge Place Farm
Camerton
CAMERTON
Lower Peasedown
KNIGHTSTONE CL.
CAMVALE
HILLSIDE VW.
GREENLANDS
HIGHFIELD RD.
HILLCREST
CHURCH
CHURCH ROAD
VICARAGE GDNS.
Camerton Court
CAMERTON PARK
Lower Plantation
Sprickles
Abbey Farm
Camerton C. of E. Prim. Sch.
New Buildings
Rectory
Manor Farm
SKINNER'S HILL
Whitebrook Farm
Rec. Grd.
Peasedown St. John Prim. Sch.
BATH ROAD
ALBERT RD.
ALBERT AV.
COLLINS CT.
DERICK
FRED
St. John's Cl.
WELLOW MEAD
Cricket Ground
Pav.
Red Post
RED POST CT.
HOME FM. CL.
WAY
Glebe Cottage
LANE
Well Head Wood
Camerton Wood
FOSS WAY
BRAYSDOWN
WELLOW
LANE
PEASEDOWN ST. JOHN BY PASS
Camerton Farm
Starvelark Wood
Lodge
Woodborough Gardens Kennels
Big Wood
Wood Lea
A367
FOSS WAY
OLD BATH ROAD
Football Ground
Woodborough House
EASTDOWN RD.
OVERDALE
PRINCE'S ST.
DUCHY CL.
South View
SMALLCOMBE RD.
SMALLCOMBE CL.
OLD FOSSE RD.
BATH NEW ROAD
Council
Lower Wood
Round Hill
Round Hill Cottages
Clandown
Works
44
40
E
F
G
H
1
2
3
4
5
6
69
370
59
58
57
156

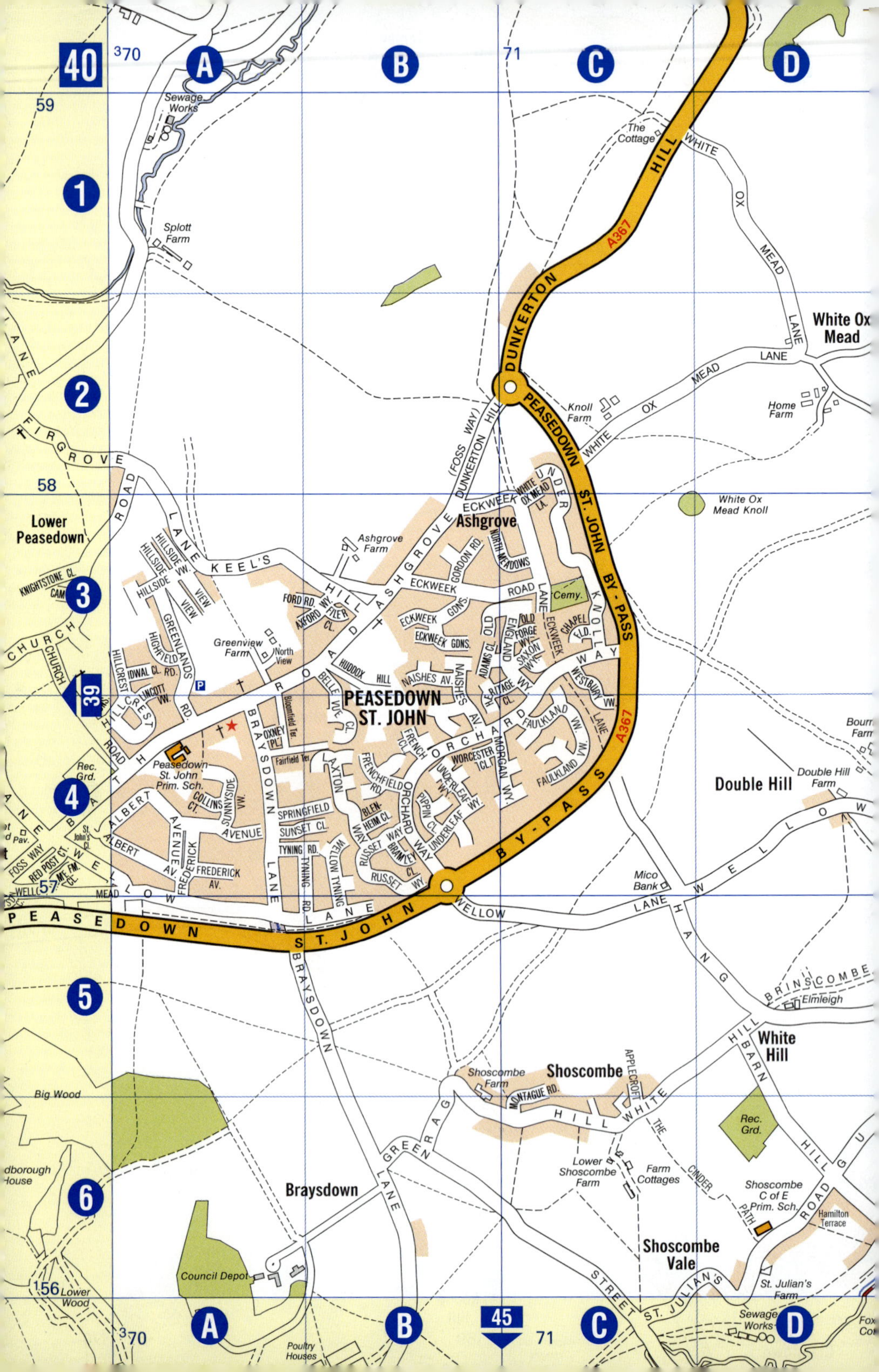

A
B
C
D
1
2
3
4
5
6
370
71
59
58
57
156
Sewage Works
Splott Farm
The Cottage
WHITE OX MEAD LANE
HILL
A367
DUNKERTON
White Ox Mead
LANE
MEAD
OX
WHITE
Knoll Farm
Home Farm
PEASEDOWN ST. JOHN BY-PASS
DUNKERTON HILL
(FOSS WAY)
White Ox Mead Knoll
FIRGROVE
Lower Peasedown
KEEL'S LANE
ROAD
HILLSIDE
HILLSIDE VW.
VIEW
KNIGHTSTONE CL.
CHURCH
Ashgrove Farm
Ashgrove
ECKWEEK
WHITE OX MEAD LA.
UNDER
GORDON RD.
NORTH MEADOWS
ECKWEEK ROAD
LANE
Cemy.
KNOLL
ECKWEEK GDNS.
OLD ENGLAND
OLD FORGE WY.
ADAMS CL.
SAXON WY.
ECKWEEK
CHAPEL FLD.
FORD RD.
AXFORD WY.
FILER CL.
HILL
ASHGROVE ROAD
Greenview Farm
North View
GREENLANDS
HIGHFIELD RD.
HILLCREST
IDWAL CL.
LINCOTT VW.
HUDDOX HILL
NAISHES AV.
HERITAGE CL.
WY.
WESTBURY VW.
WAY
PEASEDOWN ST. JOHN
BELLE VUE CL.
FRENCH CL.
ORCHARD
FAULKLAND VW.
LANE
39
BATH ROAD
BRAYSDOWN LANE
OXNEY PL.
Bloomfield Ter.
Fairfield Ter.
LAXTON WAY
FRENCHFIELD RD.
WORCESTER CL.
MORGAN WY.
UNDERLEAF WY.
PIPPIN CL.
FAULKLAND
Rec. Grd.
Peasedown St. John Prim. Sch.
COLLINS CT.
SUNNYSIDE VW.
AVENUE
ALBERT
ALBERT AV.
AVENUE
FREDERICK AV.
SPRINGFIELD
SUNSET CL.
TYNING RD.
WELLOW TYNING
BLENHEIM CL.
ORCHARD WAY
RUSSET WAY
BRAMLEY CL.
RUSSET WY.
St. John's Cl.
FOSS WAY
RED POST CT.
ME. FM. CL.
WELLOW
MEAD
LANE
Double Hill
Double Hill Farm
Mico Bank
WELLOW LANE
Bourn Farm
PEASEDOWN ST. JOHN
BRAYSDOWN
HANG
BRINSCOMBE
Elmleigh
White Hill
HILL BARN
Shoscombe Farm
Shoscombe
APPLECROFT
MONTAGUE RD.
HILL WHITE
THE CINDER PATH
Rec. Grd.
Big Wood
GREEN LANE
Braysdown
Lower Shoscombe Farm
Farm Cottages
Shoscombe C of E Prim. Sch.
ROAD
Hamilton Terrace
Shoscombe Vale
Council Depot
Lower Wood
STREET
ST. JULIAN'S
St. Julian's Farm
Sewage Works
Poultry Houses
45

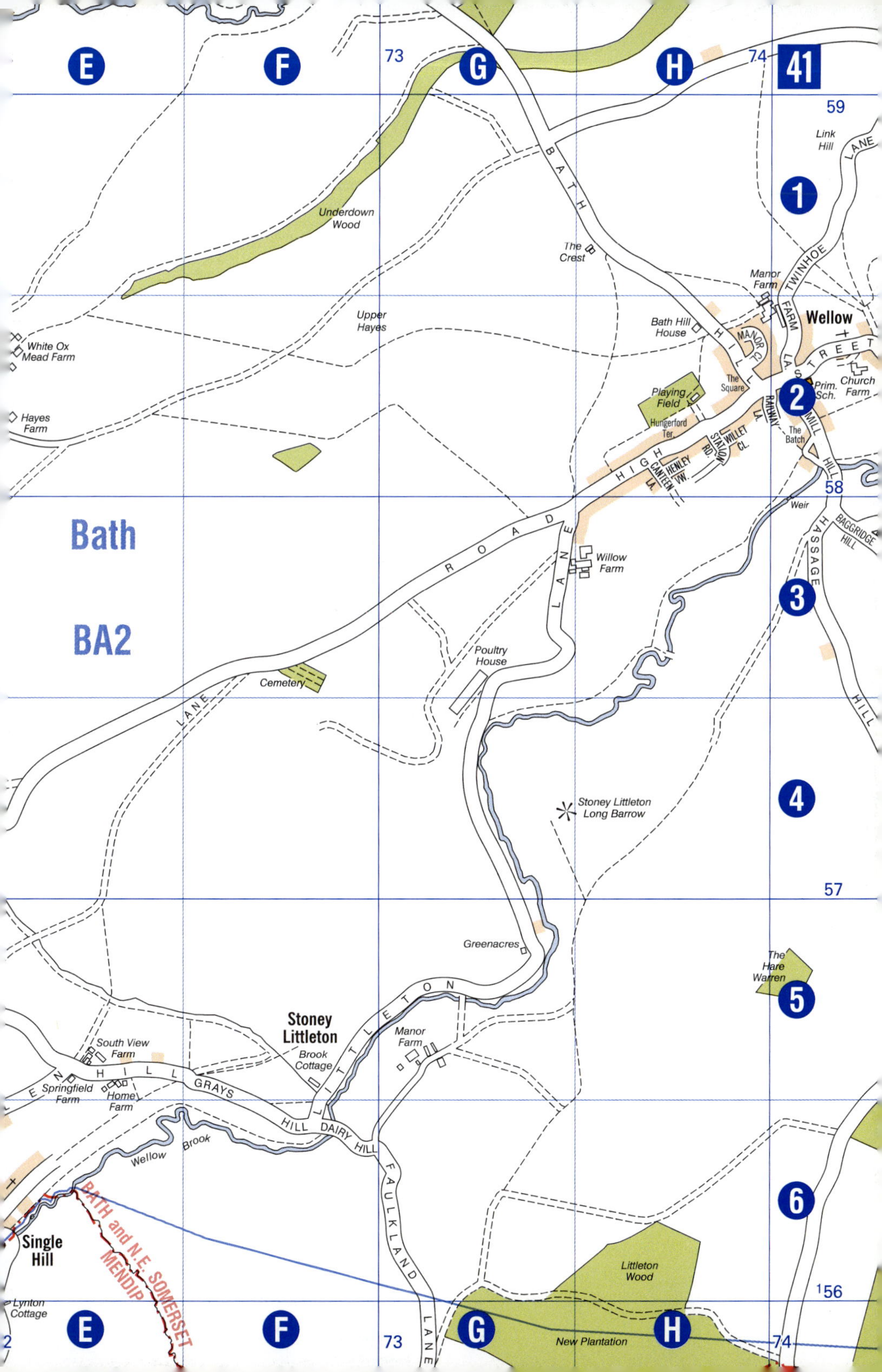

E
F
73
G
H
74
59
Link Hill
LANE
1
Underdown Wood
BATH
The Crest
Manor Farm
TWINHOE
FARM
Wellow
Upper Hayes
Bath Hill House
MANOR CL.
STREET
White Ox Mead Farm
HILL
LA.
Prim. Sch.
Church Farm
The Square
2
Playing Field
Hayes Farm
Hungerford Ter.
RAILWAY LA.
The Batch
MILL
WILLET CL.
STATION RD.
HENLEY VW.
HIGH
CANTEEN LA.
HILL
58
Weir
Bath
HASSAGE
BAGGRIDGE HILL
ROAD
LANE
Willow Farm
BA2
3
Poultry House
Cemetery
LANE
HILL
4
Stoney Littleton Long Barrow
57
Greenacres
The Hare Warren
5
LITTLETON
Stoney Littleton
Manor Farm
South View Farm
Brook Cottage
HILL
GRAYS
Springfield Farm
Home Farm
HILL
DAIRY HILL
Wellow
Brook
FAULKLAND
6
BATH and N.E. SOMERSET
MENDIP
Single Hill
Littleton Wood
Lynton Cottage
156
LANE
New Plantation
E
F
73
G
H
74

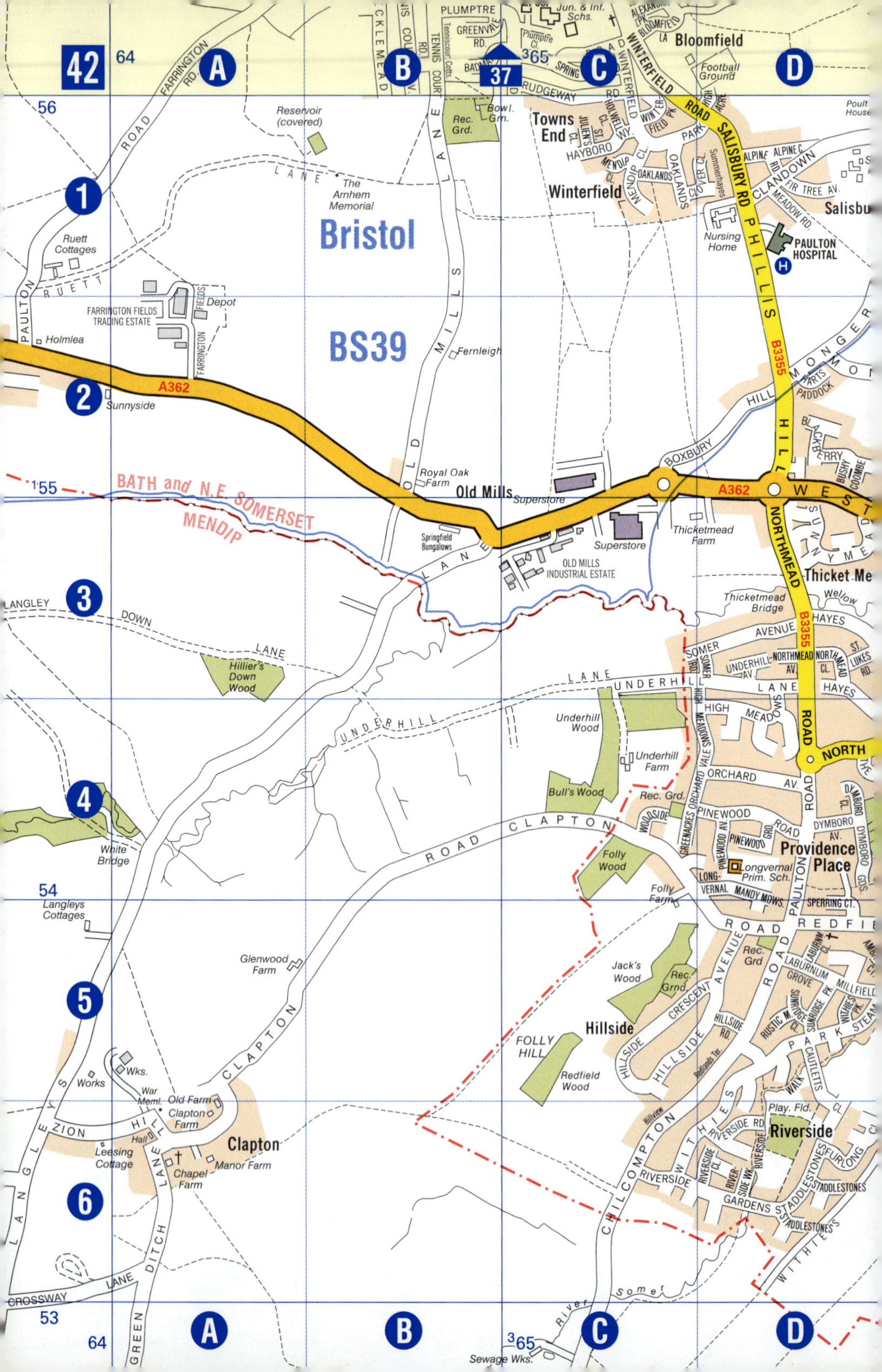

Bristol
BS39
A362
B3355
BATH and N.E. SOMERSET
MENDIP
37
Towns End
Winterfield
Bloomfield
Old Mills
Providence Place
Hillside
Riverside
Clapton
PAULTON HOSPITAL
Nursing Home
FARRINGTON FIELDS TRADING ESTATE
OLD MILLS INDUSTRIAL ESTATE
Superstore
Royal Oak Farm
Thicketmead Farm
Thicketmead Bridge
Reservoir (covered)
The Arnhem Memorial
Ruett Cottages
Holmlea
Sunnyside
Depot
Fernleigh
Springfield Bungalows
Hillier's Down Wood
Underhill Wood
Underhill Farm
Bull's Wood
Folly Wood
Folly Farm
Jack's Wood
Redfield Wood
FOLLY HILL
Glenwood Farm
White Bridge
Langleys Cottages
Works
Wks.
War Meml.
Old Farm
Clapton Farm
Hall
Leesing Cottage
Manor Farm
Chapel Farm
Longvernal Prim. Sch.
Football Ground
Jun. & Inf. Schs.
Rec. Grd.
Bowl. Grn.
Play. Fld.
Sewage Wks.
FARRINGTON RD.
PAULTON ROAD
RUETT LANE
OLD MILLS LANE
LANGLEY DOWN LANE
UNDERHILL LANE
CLAPTON ROAD
LANGLEYS LANE
ZION HILL
GREEN DITCH LANE
CROSSWAY LANE
CHILCOMPTON ROAD
WITHIES
SALISBURY RD
PHILLIS HILL
WINTERFIELD ROAD
NORTHMEAD ROAD
PAULTON ROAD
BOXBURY HILL
WEST
HAYES
RUDGEWAY
PLUMPTRE
GREENVALE RD.
River Somer
56
55
54
53
64
365

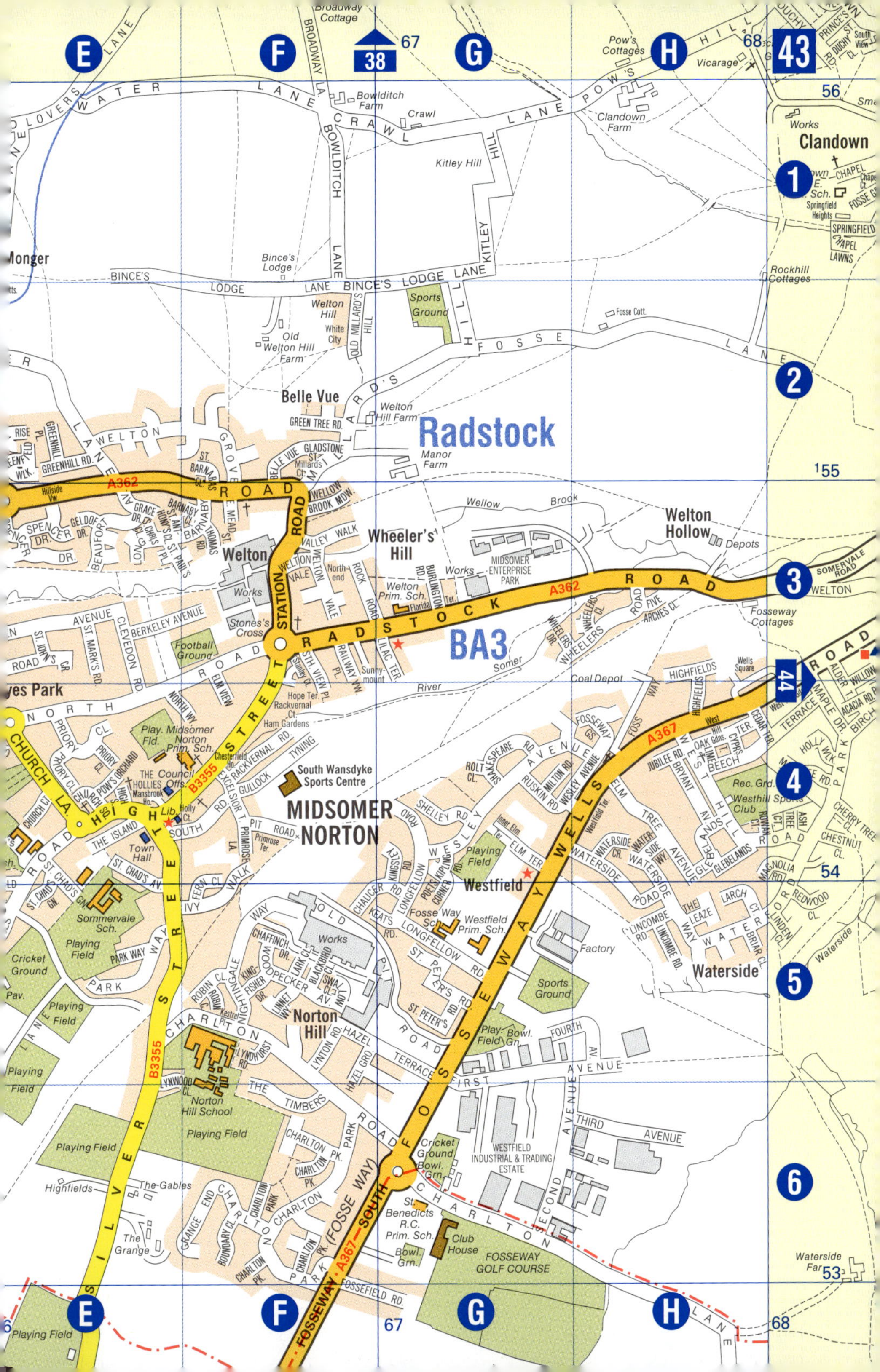
43
38
44
Radstock
BA3
MIDSOMER NORTON
Clandown
Welton
Welton Hollow
Wheeler's Hill
Belle Vue
Norton Hill
Westfield
Waterside
Kitley Hill
Monger
A362
A367
B3355
RADSTOCK ROAD
WELLS WAY
FOSSE WAY
SILVER STREET
HIGH STREET
STATION ROAD
FOSSE LANE
BINCE'S LODGE LANE
CRAWL LANE
WATER LANE
POW'S HILL
CHARLTON ROAD
South Wansdyke Sports Centre
Midsomer Enterprise Park
Westfield Industrial & Trading Estate
Fosseway Golf Course
Norton Hill School
Sommervale Sch.
Town Hall
Welton Prim. Sch.
Westfield Prim. Sch.
Fosse Way Sch.
St. Benedicts R.C. Prim. Sch.
Midsomer Norton Prim. Sch.
Clandown Farm
Bowlditch Farm
Welton Hill Farm
Old Welton Hill Farm
Manor Farm
Bince's Lodge
Rockhill Cottages
Fosseway Cottages
Pow's Cottages
Broadway Cottage
Vicarage
Works
Depots
Factory
Coal Depot
Sports Ground
Football Ground
Cricket Ground
Playing Field
Rec. Grd.
Westhill Sports Club
Club House
Wellow Brook
River Somer
Stones's Cross
Ham Gardens
The Island
The Council Offs.
Lib.
The Grange
The Gables
Highfields
Waterside Farm

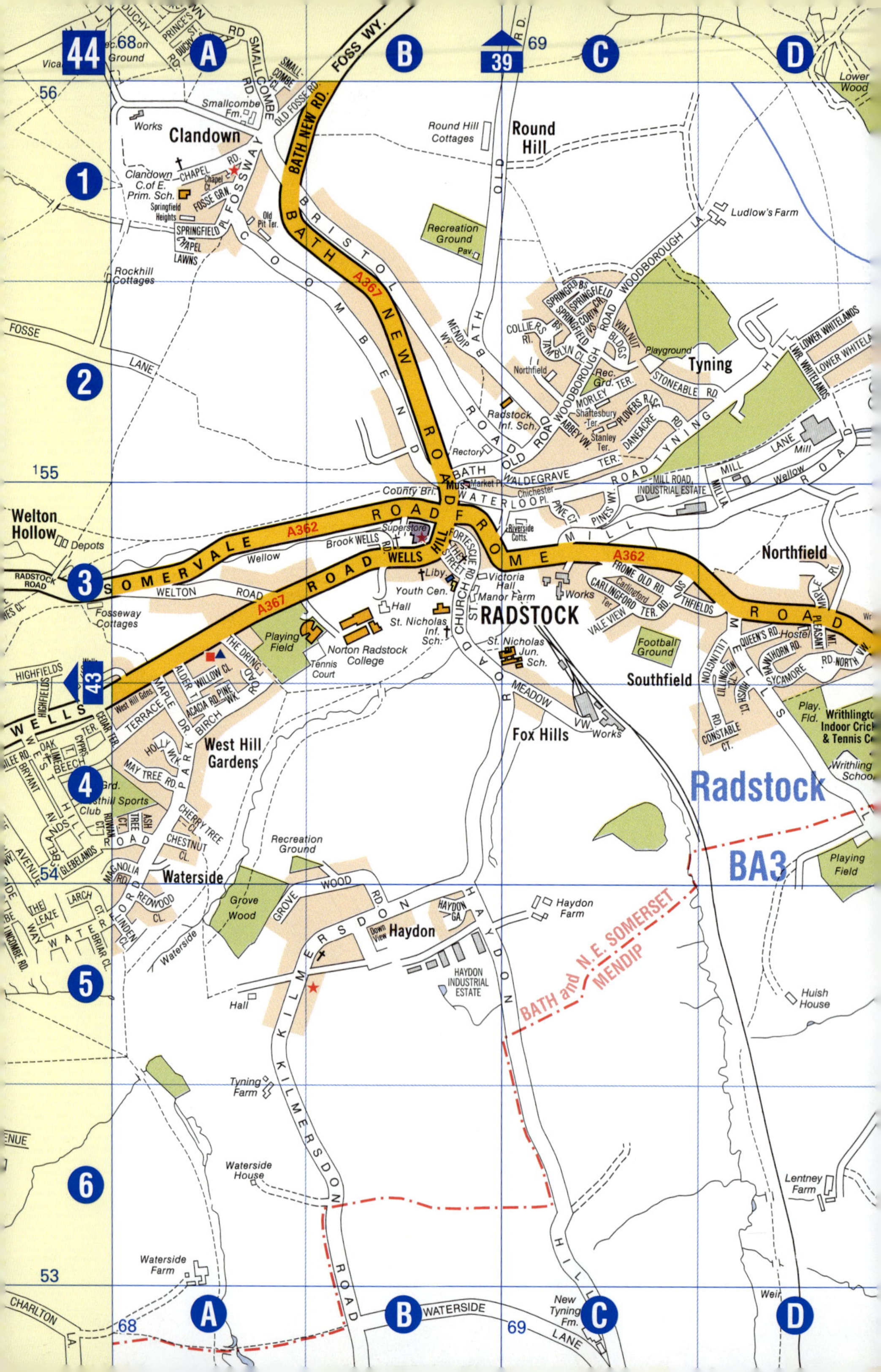

44
39
43
A
B
C
D
1
2
3
4
5
6
68
69
56
155
54
53
Clandown
Round Hill
Tyning
Welton Hollow
Northfield
RADSTOCK
Southfield
West Hill Gardens
Fox Hills
Waterside
Haydon
Radstock
BA3
BATH and N.E. SOMERSET
MENDIP
FOSS WY.
BATH NEW RD.
A367
A362
SOMERVALE ROAD
WELLS ROAD
FROME ROAD
BRISTOL ROAD
COOMBEND
WELTON ROAD
FOSSE LANE
WOODBOROUGH RD.
WOODBOROUGH LA.
KILMERSDON RD.
KILMERSDON ROAD
HAYDON HILL
WATERSIDE LANE
CHARLTON LA.
MILL RD.
WATERLOO RD.
TYNING ROAD
Recreation Ground
Playing Field
Grove Wood
Football Ground
Norton Radstock College
Ludlow's Farm
Haydon Farm
HAYDON INDUSTRIAL ESTATE
MILL ROAD INDUSTRIAL ESTATE
Tyning Farm
Waterside House
Waterside Farm
Lentney Farm
Huish House
New Tyning Fm.
Lower Wood
Rockhill Cottages
Fosseway Cottages
Round Hill Cottages
Smallcombe Fm.
Clandown C.of E. Prim. Sch.
Radstock Inf. Sch.
St. Nicholas Inf. Sch.
St. Nicholas Jun. Sch.
Victoria Hall
Manor Farm
Youth Cen.
Liby.
Superstore
Works
Depots
Writhlington Indoor Cricket & Tennis Centre

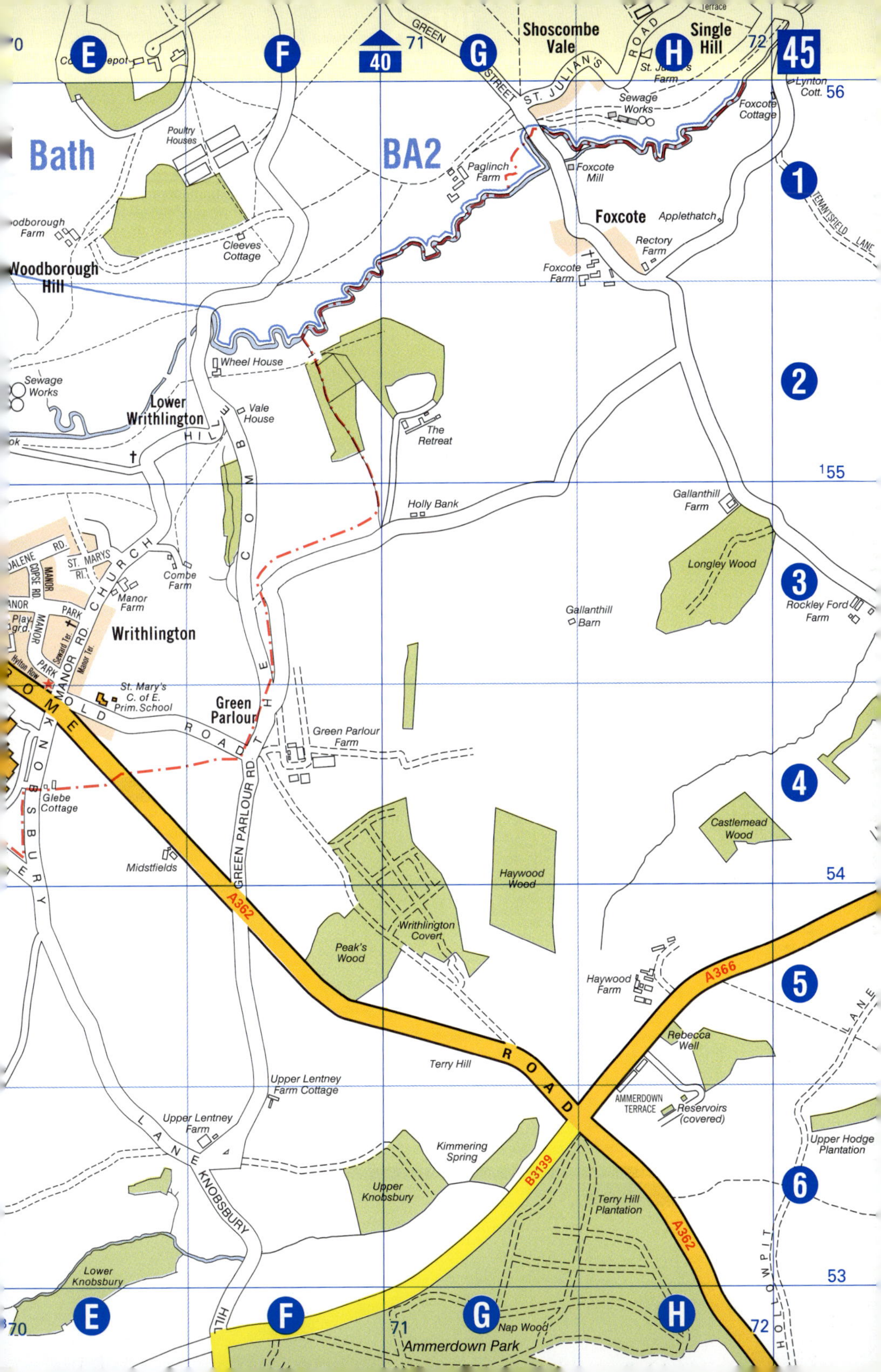
40
Bath
BA2
Shoscombe Vale
Single Hill
Green Street
St. Julian's Road
St. Julian's Farm
Lynton Cott.
Sewage Works
Foxcote Cottage
Paglinch Farm
Foxcote Mill
Foxcote
Applethatch
Rectory Farm
Foxcote Farm
Tenantsfield Lane
Poultry Houses
Woodborough Farm
Cleeves Cottage
Woodborough Hill
Wheel House
Sewage Works
Lower Writhlington
Vale House
The Retreat
Holly Bank
Gallanthill Farm
Longley Wood
Rockley Ford Farm
Gallanthill Barn
Combe Farm
Manor Farm
Writhlington
St. Mary's C. of E. Prim. School
Green Parlour
Green Parlour Farm
Old Road
The Combe
Church Hill
Manor Park
Manor Rd.
Copse Rd.
St. Marys Ri.
Seward Ter.
Manor Ter.
Hylton Row
Play Grd.
Frome Road
Knobsbury
Glebe Cottage
Midstfields
Green Parlour Rd.
Castlemead Wood
Haywood Wood
Writhlington Covert
Peak's Wood
Haywood Farm
A362
A366
Rebecca Well
Terry Hill
Road
Ammerdown Terrace
Reservoirs (covered)
Upper Hodge Plantation
Upper Lentney Farm Cottage
Upper Lentney Farm
Knobsbury Lane
Kimmering Spring
Upper Knobsbury
B3139
Terry Hill Plantation
Lower Knobsbury
Nap Wood
Ammerdown Park
Hollowpit Lane
Hill
E
F
G
H
1
2
3
4
5
6
70
71
72
56
155
54
53

INDEX

Including Streets, Places & Areas, Hospitals & Hospices, Industrial Estates,
Selected Flats & Walkways, Stations and Selected Places of Interest.

HOW TO USE THIS INDEX

1. Each street name is followed by its Postal District and then by its Locality abbreviation(s) and then by its map reference; e.g. **Abbey Pk.** BS31: Key . . . .1E **7** is in the Bristol 31 Postal District and the Keynsham Locality and is to be found in square 1E on page **7**. The page number is shown in bold type.

2. A strict alphabetical order is followed in which Av., Rd., St., etc. (though abbreviated) are read in full and as part of the street name; e.g. **Abbeygate St.** appears after **Abbey Ct.** but before **Abbey Grn.**

3. Streets and a selection of flats and walkways too small to be shown on the maps, appear in the index with the thoroughfare to which it is connected shown in brackets; e.g. **Abbey Chambers** BA1: Bath . . . .5E **5** (off York St.)

4. Addresses that are in more than one part are referred to as not continuous.

5. Places and areas are shown in the index in BLUE TYPE and the map reference is to the actual map square in which the town centre or area is located and not to the place name shown on the map; e.g. **BEAR FLAT 5G 15**

6. An example of a selected place of interest is **American Mus., The 4G 17**

7. An example of a station is **Avoncliff Station (Rail) . . . .6B 22** Included are Rail **(Rail)** Stations and Park and Ride **(Park and Ride)** Stations.

8. An example of a hospital or hospice is **BATH BMI CLINIC, THE. . . .1C 20**

9. Map references shown in brackets; e.g. **Abbey Ct.** BA2: Bath . . . .2A **16** (3G **5**) refer to entries that also appear on the large scale pages **4**-**5**.

GENERAL ABBREVIATIONS

App. : Approach	**Flds.** : Fields	**Pde.** : Parade
Av. : Avenue	**Gdn.** : Garden	**Pk.** : Park
Bri. : Bridge	**Gdns.** : Gardens	**Pas.** : Passage
Bldg. : Building	**Ga.** : Gate	**Pl.** : Place
Bldgs. : Buildings	**Gt.** : Great	**Res.** : Residential
Bungs. : Bungalows	**Grn.** : Green	**Ri.** : Rise
Bus. : Business	**Gro.** : Grove	**Rd.** : Road
Cvn. : Caravan	**Hgts.** : Heights	**Rdbt.** : Roundabout
Cen. : Centre	**Ho.** : House	**Shop.** : Shopping
Chu. : Church	**Ind.** : Industrial	**Sth.** : South
Circ. : Circle	**Info.** : Information	**Sq.** : Square
Cir. : Circus	**La.** : Lane	**Sta.** : Station
Cl. : Close	**Lit.** : Little	**St.** : Street
Cnr. : Corner	**Lwr.** : Lower	**Ter.** : Terrace
Cott. : Cottage	**Mnr.** : Manor	**Trad.** : Trading
Cotts. : Cottages	**Mans.** : Mansions	**Up.** : Upper
Ct. : Court	**Mkt.** : Market	**Va.** : Vale
Cres. : Crescent	**Mdw.** : Meadow	**Vw.** : View
Cft. : Croft	**Mdws.** : Meadows	**Vs.** : Villas
Dr. : Drive	**M.** : Mews	**Wlk.** : Walk
E. : East	**Mt.** : Mount	**W.** : West
Ent. : Enterprise	**Mus.** : Museum	**Yd.** : Yard
Est. : Estate	**Nth.** : North	
Fld. : Field	**No.** : Number	

LOCALITY ABBREVIATIONS

Avon : Avoncliff	**Hall** : Hallatrow	**Salt** : Saltford
Bath : Bath	**Hay** : Haydon	**Shos** : Shoscombe
B'ptn : Bathampton	**Hem** : Hemington	**S'ske** : Southstoke
Bathe : Batheaston	**Hey** : Heywood	**S'wck** : Southwick
Bathf : Bathford	**High L** : High Littleton	**Stav** : Staverton
B Lgh : Bradford Leigh	**Hil** : Hilperton	**Ston L** : Stoney Littleton
Brad A : Bradford-on-Avon	**Holt** : Holt	**Stratt F** : Stratton-on-the-Fosse
Bro G : Broughton Gifford	**Ifrd** : Iford	**Swain** : Swainswick
Burn : Burnett	**Ing** : Inglesbatch	**S'frd** : Swineford
Cam : Camerton	**Kel** : Kelston	**Tad** : Tadwick
Charl : Charlcombe	**Key** : Keynsham	**Tem C** : Temple Cloud
C'wd : Chelwood	**Kil** : Kilmersdon	**Tim** : Timsbury
Chew M : Chew Magna	**L'rdge** : Langridge	**Trow** : Trowbridge
Chew S : Chew Stoke	**L'dwn** : Lansdown	**Tun** : Tunley
Clan : Clandown	**Lim S** : Limpley Stoke	**Tur** : Turleigh
C'tn : Clapton	**Lit A** : Little Ashley	**Up Swa** : Upper Swainswick
C'ton : Claverton	**L Wrax** : Lower South Wraxall	**Warl** : Warleigh
Clav D : Claverton Down	**Mid** : Midford	**Wel** : Wellow
Clut : Clutton	**Mid N** : Midsomer Norton	**W Ash** : West Ashton
C Down : Combe Down	**Mon C** : Monkton Combe	**W'ton** : Weston
C Hay : Combe Hay	**New L** : Newton St Loe	**W'wd** : Westwood
Cor : Corston	**N Brad** : North Bradley	**Whit** : Whitchurch
Dunk : Dunkerton	**Odd D** : Odd Down	**Winf** : Winford
Eng : Englishcombe	**Paul** : Paulton	**Wing** : Wingfield
F'boro : Farmborough	**Pea J** : Peasedown St John	**W'ley** : Winsley
Far G : Farrington Gurney	**Q Char** : Queen Charlton	**W'ly** : Woolley
Fox : Foxcote	**Rads** : Radstock	**Writ** : Writhlington
F'frd : Freshford	**Regil** : Regil	**Yarn** : Yarnbrook

A

	Abbey Cl. BS31: Key 1E **7**
	Abbey Ct. BA2: Bath 2A **16** (3G **5**)
	Abbeygate St.
Abbey Chambers BA1: Bath 5E **5**	BA1: Bath .3H **15** (5E **5**)
(off York St.)	**Abbey Grn.** BA1: Bath 3H **15** (5E **5**)
Abbey Chu. Ho. BA1: Bath 5D **4**	**Abbey Mill** BA15: Brad A 5G **23**
(off Hetling Ct.)	**Abbey Pk.** BS31: Key 1E **7**
Abbey Chyd. BA1: Bath 4E **5**	**Abbey St.** BA1: Bath 5E **5**
(off Cheap St.)	(off York St.)

Abbey Vw. BA2: Bath 4A **16** (6H **5**)
BA3: Rads 2C **44**
Abbey Vw. Gdns. BA2: Bath 6G **5**
Abbotts Farm Cl. BS39: Paul 6F **37**
ABC Beau Nash Cinema 4D **4**
Abingdon Gdns. BA2: Odd D. 3E **19**
Acacia Ct. BS31: Key 3B **6**
Acacia Cres. BA14: Trow 5C **28**
Acacia Gro. BA2: Bath 6D **14**

Acacia Rd. BA3: Rads 4A **44**
Adams Cl. BA2: Pea J. 3B **40**
Adcroft Dr. BA14: Trow 4E **29**
Adcroft St. BA14: Trow 4E **29**
Adelaide Pl. BA2: Bath 3A **16** (4H **5**)
Ainslie's Belvedere *BA1: Bath 1D 4*
(off Caroline Pl.)
Aintree Av. BA14: Trow 3E **31**
Alastair Ct. BA14: Trow 6D **28**
Albany Cl. BA14: Trow 3G **29**
Albany Rd. BA2: Bath 3C **14**
Albert Av. BA2: Pea J 4A **40**
Albert Mill BS31: Key 3E **7**
Albert Pl. BA2: C Down 2B **20**
Albert Rd. BA14: Trow 2G **29**
BS31: Key 2D **6**
Albert Ter. BA2: Bath 3D **14**
Albion Bldgs. BA1: Bath 2E **15** (3A **4**)
Albion Dr. BA14: Trow 5C **28**
Albion Pl. BA1: Bath 2F **15** (3A **4**)
Albion Ter. BA1: Bath 2F **15** (3A **4**)
Aldeburgh Pl. BA14: Trow 1A **30**
Alder Cl. BA14: Trow 2C **30**
Alderley Rd. BA2: Bath 5B **14**
Alder Ter. BA3: Rads 3A **44**
Alderton Way BA14: Trow 2E **31**
Alder Way BA2: Odd D 3E **19**
Aldhelm Ct. BA15: Brad A 6H **23**
Alec Ricketts Cl. BA2: Bath 4A **14**
Alexander Bldgs. BA1: Bath 6A **12**
Alexander Hall BA2: Lim S 5H **21**
Alexandra Pk. BS39: Paul 6G **37**
Alexandra Pl. BA2: C Down 2B **20**
Alexandra Rd. BA2: Bath 4H **15**
Alexandra Ter. BS39: Paul 6G **37**
Alfred St. BA1: Bath 2G **15** (2D **4**)
Allen Rd. BA14: Trow 6C **28**
All Saints Pl. BA2: Clav D 5C **16**
All Saints Rd. BA1: Bath 1G **15**
Alma St. BA14: Trow 5F **29**
Almond Gro. BA14: Trow 2C **30**
Alpine Cl. BS39: Paul 1D **42**
Alpine Gdns. BA1: Bath 1H **15** (1E **5**)
Alpine Rd. BS39: Paul 1D **42**
Alton Pl. BA2: Bath 4H **15** (6E **5**)
Alum Cl. BA14: Trow 6F **29**
Ambares Ct. BA3: Mid N 5D **42**
Amberley Cl. BS31: Key 3D **6**
Ambleside Rd. BA2: Bath 1C **18**
Ambury BA1: Bath 4G **15** (6D **4**)
(not continuous)
American Mus., The **4G 17**
Amery La. BA1: Bath 3H **15** (5D **4**)
AMESBURY **1H 37**
Ammerdown Ter. BA3: Hem 6H **45**
Amouracre BA14: Trow 5G **29**
Ancaster Cl. BA14: Trow 4B **28**
Anchor Rd. BA1: W'ton 6C **10**
Ancliff Sq. BA15: Avon 1B **26**
Anglo Ter. BA1: Bath 1F **5**
Anson Cl. BS31: Salt 5A **8**
Applecroft BA2: Shos 5C **40**
Apsley Cl. BA1: Bath 2C **14**
BA14: Hil 3H **29**
Apsley Rd. BA1: Bath 2B **14**
Archway St. BA2: Bath 4A **16** (6G **5**)
Arch Yd. BA14: Trow 4E **29**
Argyle St. BA2: Bath 3H **15** (4F **5**)
Argyle Ter. BA2: Bath 3D **14**
Arlington Rd. BA2: Bath 4E **15** (6A **4**)
Armes Ct. BA2: Bath 4H **15**
Arnold Noad Cnr.
BA14: S'wck 4A **30**
Arnold's Hill BA14: Wing 6H **27**
Arras Cl. BA14: Trow 1D **30**
Arundel Rd. BA1: Bath 6H **11**
Arundel Wlk. BS31: Key 2C **6**
Ascension Ho. BA2: Bath 5E **15**
Ascot Ct. BA14: Trow 3F **31**
Ashcroft Av. BS31: Key 2C **6**
Ash Dr. BA14: N Brad 4D **30**
Ashes La. BA2: F'frd 6E **21**
Ashford Rd. BA2: Bath 5E **15**
ASHGROVE **3B 40**
Ash Gro. BA2: Bath 5D **14**
Ashgrove BA2: Pea J 3B **40**
Ashleigh Cl. BS39: Paul 5G **37**
Ashleigh Gro. BA14: Trow 6D **28**
Ashleigh Ho. BS39: Paul 6G **37**
Ashley Av. BA1: Bath 2D **14**
Ashley Cl. BA15: Brad A 3E **23**
(not continuous)
Ashley La. BA15: W'ley 4C **22**
Ashley Rd. BA1: Bathf 5H **13**
BA15: Brad A, Lit A 2E **23**
Ashley Ter. BA1: Bath 2D **14**
Ashmans Ga. BS39: Paul 6F **37**
Ashmans Yd. BA1: Bath 3C **14**
Ashmead BA14: Trow 1D **30**
BS39: Tem C 2A **36**
Ashmead Ct. BA14: Trow 6E **29**
Ashmead Ind. Est. BS31: Key 2G **7**
Ashmead Rd. BS31: Key 2G **7**
Ashton Ri. BA14: Hil 3H **29**
Ashton Rd. BA14: Hil 3H **29**
(not continuous)
Ashton St. BA14: Trow 5F **29**
(not continuous)
Ashton Way BS31: Key 1D **6**
Ash Tree Ct. BA3: Rads 4A **44**
Assembly Rooms **2D 4**
Attwell Ct. BA2: Bath 5G **15**
Audley Av. BA1: Bath 2D **14**
Audley Cl. BA1: Bath 2E **15**
Audley Gro. BA1: Bath 2D **14**
Audley Pk. Rd. BA1: Bath 1D **14**
Augusta Pl. BA1: Bath 2E **15**
Avenue Pl. BA2: C Down 2A **20**
Avenue Rd. BA14: Trow 5C **28**
Avenue, The BA2: C Down 2A **20**
BA2: Clav D 4D **16**
(not continuous)
BA2: Tim 1B **38**
BS31: Key 1D **6**
AVONCLIFF **1C 26**
Avoncliff Station (Rail) **6B 22**
Avon Cl. BA15: Brad A 6H **23**
BS31: Key 1E **7**
Avon Ct. BA1: Bathe 3F **13**
Avondale Bldgs. BA1: Bath 5A **12**
Avondale Ct. BA1: Bath 2C **14**
Avondale Rd. BA1: Bath 2C **14**
Avondown Ct. *BA14: Trow 4E 29*
(off Yerbury St.)
Avonfield BA14: Holt 3G **25**
Avonfield Av. BA15: Brad A 6H **23**
Avon Hgts. BA2: Lim S 5H **21**
Avon La. BS31: Salt 3C **8**
Avon Mill La. BS31: Key 1E **7**
Avon Pk. BA1: Bath 2B **14**
Avon Rd. BS31: Key 2E **7**
Avon St. BA1: Bath 3G **15** (6D **4**)
Avonvale Pl. BA1: Bathe 4E **13**
Avonvale Rd. BA14: Trow 3E **29**
Avon Valley Country Pk. **1H 7**
Avon Valley Farm BS31: Key 2A **8**
Avon Way BA14: Trow 2E **29**
Axbridge Rd. BA2: C Down 1H **19**
Axe and Cleaver La. BA14: N Brad, S'wck 5C **30**
Axford Way BA2: Pea J 3B **40**
Ayr St. BA2: Bath 3E **15**
Azalea Dr. BA14: Trow 6B **28**

B

Back La. BS31: Key 1D **6**
Back St. BA14: Trow 4D **28**
Badman Cl. BS39: Paul 6F **37**
Badminton Gdns. BA1: Bath 1D **14**
Baggridge Hill BA2: Wel 3H **41**
BAILBROOK **4C 12**
Bailbrook Ct. BA1: Swain 4D **12**
Bailbrook Gro. BA1: Swain 4B **12**
Bailbrook La. BA1: Swain 4B **12**
Baileys Barn BA15: Brad A 6G **23**
Bainton Cl. BA15: Brad A 4H **23**
Bakers Pde. BA2: Tim 1B **38**
Ballance St. BA1: Bath 1G **15** (1D **4**)
Balmoral Rd. BA14: Trow 2C **30**
BS31: Key 3D **6**
Balustrade BA1: Bath 6A **12**
Bancroft BA15: Brad A 4H **23**
Bannerdown Cl. BA1: Bathe 3G **13**
Bannerdown Dr. BA1: Bathe 3F **13**
Bannerdown Rd. BA1: Bathe 4F **13**
Banwell Cl. BS31: Key 5F **7**
Banwell Rd. BA2: Odd D 3E **19**
Barnaby Cl. BA3: Mid N 3E **43**
Barnack Cl. BA14: Trow 4B **28**
Barnard Wlk. BS31: Key 3C **6**
Barnes Cl. BA14: Trow 6B **28**
Barnfield Way BA1: Bathe 3G **13**
Barn Glebe BA14: Trow 4G **29**
Barn Hill BA2: Shos 5D **40**
Barn La. BS39: C'wd 3C **34**
Barn Piece BA15: Brad A 1G **27**
Barrow Rd. BA2: Odd D 2D **18**
BARROW VALE **4F 35**
Bartholomew Row BA2: Tim 1B **38**
Bartlett St. BA1: Bath 2G **15** (3D **4**)
Barton Bldgs. BA1: Bath 2G **15** (3D **4**)
Barton Ct. BA1: Bath 4E **5**
Barton Farm Country Pk. **6D 22**
Barton Orchard BA15: Brad A 5F **23**
Barton St. BA1: Bath 3G **15** (4D **4**)
Bassetts Pasture BA15: Brad A 1G **27**
Batch La. BS39: Clut 6B **34**
BATCH, THE
Salisbury **6G 37**
Batch, The BA1: Bathe 4E **13**
BA2: F'boro 3H **35**
BA2: Wel 2H **41**
BS31: Salt 4C **8**
BS39: High L 2F **37**
BS40: Chew M 2F **33**
BATH **3H 15 (4E 5)**
Bath Abbey **3H 15 (4E 5)**
Bath Abbey Heritage Vaults ***5E 5***
(off Bath Abbey)
BATHAMPTON **6E 13**
Bathampton La. BA2: B'ptn 6D **12**
BATH BMI CLINIC, THE **1C 20**
Bath Bus. Cen. *BA1: Bath 4E 5*
(off Up. Borough Walls)
Bath City FC (Twerton Pk.) **3C 14**
BATHEASTON **3E 13**
Batheaston Swainswick By-Pass
BA1: Bath, B'ptn 5C **12**
(Bathampton)
BA1: Bath, Swain, Up Swa 1A **12**
(Swainswick)
BATHFORD **5H 13**
Bathford Hill BA1: Bathf 5G **13**
Bath Hill BA2: Wel 1G **41**
BS31: Key 1E **7**
Bathite Cotts. BA2: Mon C 2C **20**
Bath Marina & Cvn. Pk. BA1: Bath 1A **14**
Bath New Rd. BA3: Clan, Rads 1A **44**
Bath Old Rd. BA3: Rads 2B **44**
Bath Race Course **1B 10**
Bath Riverside Bus. Pk. BA2: Bath 3G **15** (5C **4**)
Bath Rd. BA2: Cor 2G **7**
BA2: F'boro 5F **35**
BA2: Pea J 4H **39**
BA15: Brad A 2F **23**
BS30: Kel, S'frd 1D **8**
BS31: Key, Salt 2E **7**
BS39: Paul 5G **37**
Bath R.U.F.C. **4F 5**
Bath Spa Station (Rail) **4H 15 (6F 5)**
Bath Sports & Leisure Cen. **3H 15 (4F 5)**
Bath St. BA1: Bath 3G **15** (5D **4**)
BATHWICK **2A 16 (2G 5)**
Bathwick Hill BA2: Bath 3A **16** (3G **5**)
Bathwick Ri. BA2: Bath 1B **16** (2H **5**)
Bathwick St. BA2: Bath 1H **15** (1F **5**)
Bathwick Ter. BA2: Bath 4H **5**
Bat Stall La. *BA1: Bath 4E 5*
(off Orange Gro.)
Batstone Cl. BA1: Bath 5A **12**
Battle La. BS40: Chew M 2E **33**
Baydon Cl. BA14: Trow 2D **30**
Bay Tree Rd. BA1: Bath 5H **11**
BEACON HILL **6H 11**
Beacon Rd. BA1: Bath 6H **11**
Beales Barton BA14: Holt 2G **25**
Beale Wlk. BA2: Bath 3F **15** (4A **4**)
Bear Cl. BA15: Brad A 4E **23**
Bearfield Bldgs. BA15: Brad A 3F **23**
BEAR FLAT **5G 15**
Beatrice Way BA14: Trow 5F **29**
Beauford Sq. BA1: Bath 3G **15** (4D **4**)
Beaufort Av. BA3: Mid N 3E **43**
Beaufort E. BA1: Bath 6B **12**
Beaufort M. BA1: Bath 6B **12**
Beaufort Pl. BA1: Bath 6B **12**
Beaufort Vs. BA1: Bath 6A **12**
Beaufort W. BA1: Bath 6A **12**
Beau St. BA1: Bath 3G **15** (5D **4**)
Beazer Maze **3H 15 (4F 5)**
Beckerley La. BA14: Holt 2F **25**
(not continuous)
Beckford Ct. *BA2: Bath 2H 5*
(off Darlington Rd.)
Beckford Gdns. BA2: Bath 1A **16** (2H **5**)
Beckford Rd. BA2: Bath 2A **16** (2G **5**)
Beckford's Tower & Mus. **3E 11**
Beckhampton Rd. BA2: Bath 4E **15**
Beddoe Cl. BA15: Brad A 1H **27**
Bedford Ct. BA1: Bath 1H **15** (1F **5**)
Bedford St. BA1: Bath 1H **15**
Beech Av. BA2: Clav D 4D **16**
BEECHEN CLIFF **4G 15**
Beechen Cliff Rd. BA2: Bath 4G **15**
Beeches, The BA2: Odd D 2E **19**
BA14: Trow 3G **29**
Beech Gro. BA2: Bath 5D **14**
BA14: Trow 1C **30**
Beech Rd. BS31: Salt 4B **8**
Beech Ter. BA3: Rads 4H **43**
Beech Vw. BA2: Clav D 4C **16**
Beechwood Rd. BA2: C Down 2A **20**

Beehive Yd.—Camview

Entry	Ref
Beehive Yd. BA1: Bath	2H 15 (3E 5)
Belcombe Pl. BA15: Brad A	5F 23
Belcombe Rd. BA15: Brad A	5E 23
Belgrave Cres. BA1: Bath	1H 15
Belgrave Pl. BA1: Bath	6H 11
Belgrave Rd. BA1: Bath	6A 12
Belgrave Ter. BA1: Bath	6H 11
Bella Vista Rd. BA1: Bath.	1G 15
Bell Cl. BA2: F'boro	3H 35
Bellefield Cres. BA14: Trow	4E 29
BELLE VUE	**2F 43**
Belle Vue BA3: Mid N	2F 43
Bellevue Cl. BA2: Pea J	3B 40
Bellotts Rd. BA2: Bath	3D 14
Belmont BA1: Bath	2G 15 (2D 4)
Belmont Rd. BA2: C Down	2B 20
Belmore Gdns. BA2: Bath	6C 14
Belton Cl. BA1: W'ton	5C 10
Belton Ho. BA1: W'ton	5C 10
Belvedere BA1: Bath	2G 15 (2D 4)
Belvedere Pl. BA1: Bath.	1D 4
Belvedere Vs. BA1: Bath	1G 15 (1D 4)
Belvoir Cl. BA2: Bath	4E 15
Bendalls Bri. BS39: Clut	1A 36
BENGROVE	**2F 39**
Bennett's La. BA1: Bath	6H 11
Bennett's Rd. BA1: Swain	4B 12
Bennett St. BA1: Bath	2G 15 (2D 4)
Beresford Cl. BS31: Salt.	5B 8
Beresford Gdns. BA1: W'ton.	4B 10
Berkeley Av. BA3: Mid N.	3E 43
Berkeley Ct. BA2: Bath	3B 16 (4H 5)
Berkeley Gdns. BS31: Key	3D 6
Berkeley Ho. BA1: Bath.	1H 15
Berkeley Pl. BA1: Bath.	1H 15 (1E 5)
BA2: C Down	1B 20
Berkeley Rd. BA14: Trow	5B 28
Berryfield Rd. BA15: Brad A.	4G 23
Bethell Ct. BA15: Brad A.	4F 23
Bewdley Rd. BA2: Bath.	5A 16
Bewley Rd. BA14: Trow	2D 30
Bilbie Cl. BS40: Chew S	5C 32
Bilbie Rd. BS40: Chew S	5C 32
Bilbury Ho. BA1: W'ton.	5C 10
Bilbury La. BA1: Bath.	3H 15 (5E 5)
Bince's Lodge La. BA3: Mid N.	1E 43
Birch Ct. BS31: Key	3B 6
Birchenleaze BA14: N Brad	4D 30
Birch Gdns. BA14: Hil.	6H 29
Birch Rd. BA3: Rads.	4A 44
Biss Mdw. BA14: Trow	5B 28
Biss Meadows Country Pk.	**6F 29**
Blackberry La. BA1: Lim S	3G 21
BA2: Lim S	3G 21
BA15: W'ley	2G 21
Blackberry Way BA3: Mid N	2D 42
Blackbird Cl. BA3: Mid N	5F 43
BLACKMOOR.	**2A 32**
Blackmore Dr. BA1: Bath	4D 14
Blacksmith La. BA1: Up Swa	1A 12
Blacksmiths La. BA1: Kel	4E 9
Bladud Bldgs. BA1: Bath	2H 15 (3E 5)
Blagdon Pk. BA2: Bath	5B 14
Blair Rd. BA14: Trow	1B 30
Blenheim Cl. BA2: Pea J	4B 40
Blenheim Gdns. BA1: Bath	5H 11
Blind La. BA1: W'ton	5D 10
BA2: Bath	5A 16
BA14: S'wck	5A 30
BS40: Chew S	5C 32
BLOOMFIELD	
Bath	**1E 19**
Paulton	**6G 37**
Timsbury	**1B 38**
Bloomfield Av. BA2: Bath	5F 15
Bloomfield Cres. BA2: Bath	1E 19
Bloomfield Dr. BA2: Odd D	1D 18
Bloomfield Gro. BA2: Bath	6F 15
Bloomfield La. BS39: Paul	6G 37
Bloomfield Pk. BA2: Bath	6F 15
Bloomfield Ri. Nth. BA2: Odd D	1E 19
Bloomfield Rd. BA2: Bath, Odd D	1E 19
Bloomfield Ter. BA2: Pea J	4A 40
Bluebell Ri. BA3: Mid N	2E 43
Bobbin La. BA15: W'wd	1C 26
Bobbin Pk. BA15: W'wd	2C 26
Bond St. BA14: Trow	6D 28
Bond St. Bldgs. BA14: Trow	6C 28
Boswell Rd. BA15: W'wd	2C 26
Botanic Gardens	**2E 15 (2A 4)**
Boundary Cl. BA3: Mid N	6F 43
Boundary Wlk. BA14: Trow.	3C 30
(not continuous)	
Bowditch La. BA3: Mid N.	1F 43
Boxbury Hill BS39: Paul	2C 42
Box Rd. BA3: Bathf.	4G 13
Box Wlk. BS31: Key	3B 6

Entry	Ref
Boyce Cl. BA2: Bath	4A 14
Boyd Rd. BS31: Salt.	4A 8
BRADFORD LEIGH	**1A 24**
BRADFORD-ON-AVON	**5G 23**
BRADFORD-ON-AVON COMMUNITY HOSPITAL	**3G 23**
Bradford-on-Avon Mus.	5G 23
Bradford-on-Avon Station (Rail)	5F 23
Bradford-on-Avon Swimming Pool	5F 23
Bradford Pk. BA2: C Down	1H 19
(not continuous)	
Bradford Rd. BA1: Bathf, Warl	4G 13
BA2: C Down	4G 13
BA14: Holt	4C 24
BA14: Trow.	4C 28
BA14: W'ley.	6F 27
BA15: W'ley	4B 22
Bradford Wood La. BA15: Brad A	5A 24
Bradley Cl. BA14: Holt.	3G 25
Bradley La. BA14: Holt.	3G 25
Bradley Rd. BA14: S'wck	5B 30
BA14: Trow	6D 28
Brambles, The BS31: Key.	4C 6
(not continuous)	
Bramble Way BA2: C Down	1A 20
Bramley Cl. BA2: Pea J	4B 40
Bramley La. BA14: Trow	6E 29
BRASSKNOCKER	**1E 21**
Brassknocker Hill BA2: Clav D, Mon C.	6E 17
Brassmill Ent. Cen. BA1: Bath	2B 14
Brassmill La. BA1: Bath	1B 14
Brassmill La. Trad. Est. BA1: Bath	2B 14
BRAYSDOWN	**6B 40**
Braysdown Cl. BA2: Pea J	5H 39
Braysdown La. BA2: Pea J	4A 40
(not continuous)	
BREACH	**3B 34**
Breaches La. BS31: Key	3F 7
Breach La. BA14: S'wck	4B 30
Brewery Wlk. BA14: Trow	4E 29
Briar Cl. BA3: Rads	5H 43
Briars Ct. BA2: Bath	5B 14
Brick La. BA14: Trow	2E 29
Bridewell La. BA1: Bath	3G 15 (4D 4)
Bridge Av. BA14: Trow	5B 28
Bridge Gdns. BA2: F'boro	3H 35
Bridge Pl. Rd. BA2: Cam	3E 39
Bridge Rd. BA2: Bath	4D 14
Bridge St. BA2: Bath	3H 15 (4E 5)
BA14: Trow	6E 29
BA15: Brad A	5G 23
Brinscombe La. BA2: Shos, Ston L	5D 40
Bristol Rd. BA2: Cor, New L	1A 14
BA3: Clan	1B 44
BS31: Key.	1C 6
BS39: Far G, Hall	6B 36
BS39: Paul	5G 37
BS40: Chew S.	5B 32
Bristol Spa University College Sion Hill	**6F 11**
Bristol Vw. BA2: Odd D	3D 18
British Folk Art Mus.	**2E 5**
(off Paragon)	
British Row BA14: Trow	4D 28
BRITTEN'S	**5H 37**
Britten's Cl. BS39: Paul.	5H 37
Britten's Hill BS39: Paul.	5H 37
Broadcloth La. BA14: Trow	6F 29
Broadcloth La. E. BA14: Trow	6F 29
Broadcroft BS40: Chew M.	2D 32
Broadlands Av. BS31: Key	1C 6
Broadley Pk. BA14: N Brad	4E 31
Broadmead BA14: Trow	4B 28
Broadmead La. BS31: Key	2G 7
Broad Mead La. BS40: Regil.	2A 32
Broadmead La. Ind. Est. BS31: Key	1G 7
Broadmoor La. BA1: W'ton.	3A 10
Broadmoor Pk. BA1: W'ton.	5C 10
Broadmoor Va. BA1: W'ton	4B 10
Broad Quay BA1: Bath	4G 15 (6E 5)
Broad St. BA1: Bath	2H 15 (3E 5)
BA14: Trow.	4D 28
Broad St. Pl. BA1: Bath	2H 15 (3E 5)
Broadway BA2: Bath	3A 16 (5G 5)
Broad Way BS31: Salt.	4A 8
Broadway Ct. BA2: Bath	4H 15 (6F 5)
Broadway La. BA3: Rads	5B 38
Brockley Rd. BS31: Salt.	4A 8
Broad St. BA1: Bath	2G 15 (2C 4)
Brokerswood Rd. BA14: S'wck	6B 30
Brookfield Pk. BA1: W'ton	5C 10
Brookleaze Bldgs. BA1: Bath	5A 12
Brooklyn Rd. BA1: Bath	5B 12
Brookmead BA14: S'wck.	4B 30
Brook Rd. BA2: Bath.	3E 15
Brookside BS39: Paul.	5G 30

Entry	Ref
Brookside Cl. BA1: Bathe	2E 13
BS39: Paul	5G 37
Brookside Dr. BA2: F'boro	3H 35
Brookside Ho. BA1: W'ton	6C 10
Broomground BA15: W'ley	4B 22
Broomhill La. BS39: Clut.	6A 34
Broom Hill La. BS39: High L	4D 36
Brougham Hayes BA2: Bath	3E 15 (6A 4)
Brougham Pl. BA1: Bath.	5B 12
(off St Saviours Rd.)	
Broughton Rd. BA14: Trow.	2D 30
Brow Hill BA1: Bathe	3E 13
Brow Hill Vs. BA1: Bathe	3E 13
Brown's Folly Nature Reserve	**1H 17**
Brown St. BA14: Trow.	6E 29
Brow, The BA2: Bath.	4C 14
BA2: C Down	2B 20
Brummel Way BS39: Paul.	5E 37
Brunel Ho. BA2: Bath	3B 14
Brunswick Pl. BA1: Bath	2G 15 (2D 4)
Brunswick St. BA1: Bath.	6A 12
Bruton Av. BA2: Bath	6C 14
Bryant Av. BA3: Rads	4H 43
Buckleaze Cl. BA14: Trow.	2E 31
Budbury Circ. BA15: Brad A	4F 23
Budbury Cl. BA15: Brad A	4F 23
Budbury Pl. BA15: Brad A	4F 23
(not continuous)	
Budbury Ridge BA15: Brad A	4F 23
Budbury Tyning BA15: Brad A	4E 23
Building of Bath Mus.	**2H 15 (2D 4)**
Bull Pit BA15: Brad A	5G 23
Bumper's Batch BA2: S'ske	3H 19
Bungay's Hill BA2: Tim.	2H 37
Burchill Cl. BS39: Clut.	6B 34
Burderop Cl. BA14: Trow	2E 31
Burford Cl. BA2: Bath.	6C 14
Burleigh Gdns. BA1: Bath.	1B 14
Burlington Pl. BA1: Bath.	2C 4
Burlington Rd. BA3: Mid N.	3G 43
Burlington St. BA1: Bath	1G 15 (1C 4)
Burnett Bus. Pk. BS31: Key	6G 7
Burnett Hill BS31: Burn, Key	6F 7
Burnett Rd. BA14: Trow	1E 31
Burnham Rd. BA2: Bath	3D 14
Burnt Ho. Cotts. BA2: Odd D	3D 18
Burnt Ho. Rd. BA2: Odd D	3E 19
Burton St. BA1: Bath	3H 15 (4E 5)
Bushy Coombe BA3: Mid N.	2D 42
Bushy Thorn Rd. BS40: Chew S.	5C 32
Butham La. BS40: Chew M.	1E 33
Butlass Cl. BS39: High L	2F 37
Butt's La. BS39: Hall.	5E 37
Byfield BA2: C Down	2A 20
Byfield Bldgs. BA2: C Down	2A 20
(off Byfield Pl.)	
Byfield Pl. BA2: C Down.	2A 20
Byron Rd. BA2: Bath.	5G 15
Bythesea Rd. BA14: Trow.	5D 28

C

Entry	Ref
Cabot Cl. BS31: Salt.	5A 8
Cadbury Rd. BS31: Key.	5F 7
Cadby Cl. BA14: Trow.	5G 29
Cadby Ho. BA2: Bath.	3B 14
Caernarvon Rd. BS31: Key	3B 6
Caern Well Pl. BA1: Bath	1E 5
Calder Cl. BS31: Key	3F 7
Caledonian Rd. BA2: Bath.	3E 15
Calton Gdns. BA2: Bath	4G 15
Calton Rd. BA2: Bath	4H 15
Calton Wlk. BA2: Bath	4G 15 (6D 4)
Cambridge Pl. BA2: Bath.	4A 16 (6G 5)
Cambridge Ter. BA2: Bath.	4A 16
Cam Brook Cl. BA2: Cam	3D 38
Camden Ct. BA1: Bath.	1G 15 (1D 4)
Camden Cres. BA1: Bath.	1G 15 (1D 4)
Camden Rd. BA1: Bath.	1H 15
Camden Row BA1: Bath.	1G 15 (1D 4)
(not continuous)	
Camden Ter. BA1: Bath.	1H 15
(off Camden Rd.)	
Cameley BS39: Tem C	3A 36
Cameley Grn. BA2: Bath.	3A 14
Camerons Cl. BS31: Key	3D 6
CAMERTON	**3E 39**
Camerton Cl. BS31: Salt.	4B 8
Camerton Hill BA2: Cam.	3E 39
Camerton Rd. BA2: Cam.	1E 39
Campion Dr. BA14: Trow.	1E 31
Camvale BA2: Pea J	3H 39
Camview BS39: Paul.	5F 37

48 A-Z Bath

Canal Rd.—Collingbourne Cl.

Entry	Ref
Canal Rd. BA14: Trow	2E 29
Canal Rd. Ind. Est. BA14: Trow	2E 29
(Canal Rd.)	
BA14: Trow	2E 29
(Kennet Way)	
Canal Ter. BA2: B'ptn	6E 13
Canal Vw. BA2: Cam.	3E 39
Canons Cl. BA2: Bath	1C 18
Canteen La. BA2: Wel	2H 41
Canterbury Rd. BA2: Bath	4E 15 (6A 4)
Canton Pl. BA1: Bath	1H 15 (1F 5)
Carders Cnr. BA14: Trow	6E 29
Cardinal Cl. BA2: Odd D	3E 19
Carisbrooke Cres. BA14: Trow	6F 25
CARLINGCOTT	2G 39
Carlingford Ter. BA3: Rads	3C 44
Carlingford Ter. Rd. BA3: Rads	3C 44
Carlton Cl. BS39: Clut	1B 36
Carlton Row BA14: Trow	1D 30
Caroline Bldgs. BA1: Bath	4A 16 (6G 5)
Caroline Cl. BS31: Key	3B 6
Caroline Pl. BA1: Bath	1G 15 (1D 4)
Carpenters Arms Yd. BA14: Trow	4E 29
Carpenters La. BS31: Key	2D 6
Carr Ho. BA2: Bath	3B 14
Carriage Ct. BA1: Bath	2C 4
Carter Rd. BS39: Paul	6F 37
Castle Gdns. BA2: Bath	6F 15
Castle Pl. BA14: Trow	5E 29
Castle Place Leisure Cen.	5E 29
Castle St. BA14: Trow	5E 29
Castley Rd. BA14: Hil	3H 29
Catharine Pl. BA1: Bath	2G 15 (2C 4)
Cathcart Ho. BA1: Bath	6H 11
Catherine Way BA1: Bathe	3E 13
Catsley Pl. BA1: Swain	4B 12
Cautletts Cl. BA3: Mid N	5D 42
Cavendish Cl. BS31: Salt	5A 8
Cavendish Cres. BA1: Bath	1F 15
Cavendish Dr. BA14: Trow	1A 30
Cavendish Lodge BA1: Bath	1F 15
Cavendish Pl. BA1: Bath	1F 15
Cavendish Rd. BA1: Bath	1F 15 (1B 4)
Caxton Ct. BA2: Bath	2H 15 (3E 5)
Cedar Ct. BA15: Brad A	3G 23
Cedar Dr. BS31: Key	3C 6
Cedar Gro. BA2: Bath	6E 15
BA14: Trow	1C 30
Cedars, The BS40: Chew S	5B 32
Cedar Ter. BA3: Rads	4H 43
Cedar Vs. BA2: Bath	4F 15 (6B 4)
Cedar Wlk. BA2: Bath	4F 15 (6B 4)
(not continuous)	
Cedar Way BA1: Bath	4F 15 (6B 4)
Cedric Cl. BA1: Bath	2D 14
Cedric Rd. BA1: Bath	2D 14
Cemetery La. BA15: Brad A	4H 23
Centre, The BS31: Key	2D 6
Chaffinch Dr. BA3: Mid N	5F 43
BA14: Trow	5B 28
Chalfield Cl. BS31: Key	5F 7
Chalfont Cl. BA14: Trow	5B 28
Chalks, The BS40: Chew M	2F 33
Chandag Rd. BS31: Key	3E 7
Chandler Cl. BA1: Bath	6C 10
Chandos Bldgs. BA1: Bath	5D 4
(off Westgate Bldgs.)	
Chandos Rd. BS31: Key	1D 6
Chanterelle Pk. BA15: Brad A	6F 23
Chantry Gdns. BA14: S'wck	4A 30
Chantry Mead Rd. BA2: Bath	6F 15
Chapel Barton BS39: High L	2F 37
Chapel Cl. BS40: Chew S	5C 32
Chapel Ct. BA1: Bath	5D 4
(off Westgate Bldgs.)	
BA3: Clan	1A 44
Chapel Fld. BA2: Pea J	3C 40
Chapel La. BS40: Chew S	5B 32
Chapel Lawns BA3: Clan	1A 44
Chapel Rd. BA3: Clan	1A 44
Chapel Row BA1: Bath	3G 15 (4C 4)
BA1: Bathf	5H 13
BA2: B'ptn	6E 13
Chardyke Dr. BS39: Tem C	2A 36
CHARLCOMBE	4G 11
Charlcombe La.	
BA1: Bath, Charl	5G 11
Charlcombe Ri. BA1: Bath	5H 11
Charlcombe Vw. Rd. BA1: Bath	5H 11
Charlcombe Way BA1: Bath	5G 11
Charles St. BA1: Bath	3G 15 (4C 4)
BA14: Trow	4D 28
Charlotte Ct. BA14: Trow	4E 29
Charlotte Sq. BA14: Trow	4E 29
Charlotte St. BA1: Bath	3G 15 (4C 4)
BA14: Trow	4E 29
Charlton Fld. La. BS31: Q Char	6A 6
Charlton La. BA3: Mid N	6G 43
Charlton Pk. BA3: Mid N	6F 43
BS31: Key	2C 6
Charlton Rd. BA3: Mid N	5E 43
BS31: Key	5A 6
BS31: Q Char	5A 6
Charmouth Rd. BA1: Bath	2C 14
Charnwood Rd. BA14: Trow	4A 28
Chatham Pk. BA2: Bath	3B 16
Chatham Row BA1: Bath	2H 15 (2E 5)
Chaucer Rd. BA2: Bath	5G 15
BA3: Rads	5F 43
Cheap St. BA1: Bath	3H 15 (4E 5)
Chedworth Cl. BA2: Clav D	6E 17
Chelmer Gro. BS31: Key	3E 7
Chelscombe BA1: W'ton	6C 10
Chelsea Cl. BS31: Key	2F 7
Chelsea Ho. BA1: Bath	1H 15
(off London Rd.)	
Chelsea Rd. BA1: Bath	2D 14
Cheltenham St. BA2: Bath	3F 15 (5B 4)
CHELWOOD	1C 34
Chelwood Dr. BA2: Odd D	2E 19
Chelwood Rd. BS31: Salt	3B 8
Chelwood Rdbt. BS39: C'wd	1A 34
Chepston Pl. BA14: Trow	4A 28
Chepstow Wlk. BS31: Key	2C 6
Cherry Gdns. BA14: Hil	2H 29
BA14: Trow	6E 29
(not continuous)	
Cherry Gdns. Ct. BA14: Trow	6E 29
Cherry Tree Cl. BA3: Rads	4A 44
BS31: Key	3B 6
Cherwell Rd. BS31: Key	3F 7
Chesterfield Ho. BA3: Mid N	4F 43
Chestertons, The BA2: B'ptn	1E 17
(not continuous)	
Chestnut Cl. BA3: Rads	4A 44
BS39: Paul	5G 37
Chestnut Cnr. BA14: Holt	3G 25
Chestnut Gro. BA2: Bath	5D 14
BA14: Trow	1C 30
BA15: W'wd	1C 26
Chestnut Wlk. BS31: Salt	4B 8
Cheverell Cl. BA14: Trow	2E 31
Cheviot Cl. BA14: Trow	6F 29
Chew Hill BS40: Chew M	1E 33
Chew La. BS40: Chew M, Chew S	4C 32
CHEW MAGNA	2E 33
Chew M. BS40: Chew M, Winf	1A 32
CHEW STOKE	4B 32
Chew St. BS40: Chew M	2E 33
CHEW KEYNSHAM	5D 6
Chewton Rd. BS31: Key	5D 6
Chew Valley Lake Info. Cen.	6E 33
Chichester Pl. BA3: Rads	3C 44
Chilcompton Rd. BA3: Mid N	6C 42
Childrens Av. BA1: Bath	1F 15 (1A 4)
Chillyhill La. BS40: Chew M, Chew S	3C 32
Chilmark Rd. BA14: Trow	4B 28
Chilton Rd. BA1: Bath	6A 12
Chirton Pl. BA14: Trow	1E 31
Christ Chu. Cotts. BA1: Bath	1D 4
(off Julian Rd.)	
Christchurch Hall BA1: Bath	2D 4
Christchurch Rd. BA15: Brad A	3G 23
Christin Ct. BA14: Trow	5B 28
Church Acre BA15: Brad A	4F 23
Church Barton BS39: High L	2F 37
Church Cl. BA1: Bathf	5G 13
BA2: B'ptn	5E 13
Church Ct. BA3: Mid N	4E 43
Churches BA15: Brad A	4E 23
Chu. Farm Touring Cvn. & Camping Site	
BA15: W'ley	4A 22
Church Flds. BA14: Trow	2B 30
Church Hill BA14: Trow	6G 21
BA2: Tim	1B 38
BA3: Writ	3E 45
Churchlands BA14: N Brad	5E 31
Church La. BA1: Bathe	3E 13
BA2: Bath	5B 16
BA2: F'boro	3H 35
BA2: F'frd, Lim S	5F 21
BA2: Tim	1B 38
BA3: Mid N	4E 43
BA14: N Brad	5D 30
BA14: Trow	2B 30
BS39: Clut	6A 34
BS39: Paul	5G 37
(off Church St.)	
BS40: Chew S	5B 32
Church Rd. BA1: W'ton	6D 10
BA2: C Down	2A 20
BA2: Pea J	3H 39
Church Sq. BA3: Mid N	4E 43
BS39: Clut	1A 36
Church St. BA1: Bath	5E 5
(off York St.)	
BA1: Bathf	5G 13
BA1: W'ly	1G 11
BA1: W'ton	6C 10
BA2: Bath	5A 16
BA3: Rads	3B 44
BA14: Hil	2H 29
BA14: S'wck	4A 30
BA14: Trow	4E 29
BA15: Brad A	5F 23
BS39: Paul	5F 37
Church Wlk. BA14: Trow	4E 29
Cinder Path, The BA2: Shos	6C 40
Circle, The BA2: Bath	6C 14
Circus M. BA1: Bath	2G 15 (2C 4)
Circus Pl. BA1: Bath	2G 15 (2C 4)
(not continuous)	
Circus, The BA1: Bath	2G 15 (2D 4)
City Vw. BA1: Bath	1E 5
CLANDOWN	1A 44
Clandown Rd. BS39: Paul	1D 42
Clan Ho. BA2: Bath	2B 16 (2H 5)
CLAPTON	6A 42
Clapton Rd. BA3: C'tn, Mid N	5A 42
Clare Bdns. BA2: Odd D	2E 19
Claremont Bldgs. BA1: Bath	6H 11
Claremont Gdns. BS39: Hall	4D 36
Claremont Pl. BA1: Bath	6H 11
(off Camden Rd.)	
Claremont Rd. BA1: Bath	6A 12
Claremont Ter. BA1: Bath	6A 12
(off Camden Rd.)	
Claremont Wlk. BA1: Bath	6H 11
Clarence Pl. BA1: Bath	2C 14
Clarence Rd. BA14: Trow	5G 29
Clarence St. BA1: Bath	1H 15 (1F 5)
Clarence Ter. BA2: Clav D	5C 16
Clarendon Av. BA14: Trow	5F 29
Clarendon Rd. BA2: Bath	4A 16
BA14: Trow	5F 29
Clarendon Vs. BA2: Bath	4A 16
Clark's Pl. BA14: Trow	5F 29
Claude Av. BA2: Bath	4D 14
Claude Ter. BA2: Bath	4D 14
Claude Va. BA2: Bath	4D 14
CLAVERTON	4G 17
Claverton Bldgs. BA2: Bath	6F 5
Claverton Ct. BA2: Clav D	5D 16
CLAVERTON DOWN	6E 17
Claverton Down Rd. BA2: Clav D, C Down	4D 16
Claverton Dr. BA2: Clav D	6E 17
Claverton Manor	4F 17
Claverton Pumping Station	4H 17
Claverton Rd. BS31: Salt	4A 8
Claverton Rd. W. BS31: Salt	4A 8
Claverton St. BA2: Bath	4H 15 (6E 5)
Cleevedale Rd. BA2: C Down	2H 19
Cleeve Grn. BA2: Bath	3A 14
Cleeve Gro. BS31: Key	2C 6
Clevedon Rd. BA3: Mid N	3E 43
Cleveland Cotts. BA1: Bath	1E 5
Cleveland Ct. BA2: Bath	3B 16
Cleveland Gdns. BA14: Trow	3F 29
Cleveland Pl. BA1: Bath	1F 5
Cleveland Pl. E. BA1: Bath	1F 5
Cleveland Pl. W. BA1: Bath	1F 5
Cleveland Reach BA1: Bath	1H 15 (1F 5)
Cleveland Row BA2: Bath	1A 16 (1H 5)
Cleveland Ter. BA1: Bath	1E 5
(off London Rd.)	
Cleveland Wlk. BA2: Bath	3B 16 (5H 5)
Cliffe Dr. BA2: Lim S	5F 21
Clipsham Ri. BA14: Trow	4B 28
Cloford Cl. BA14: Trow	4B 28
Clothier Leaze BA14: Trow	6E 29
Cloth Yd. BA14: Trow	6E 29
Cloud Hill Ind. Est. BS39: Tem C	3C 36
Clover Cl. BS39: Paul	1D 42
CLUTTON	6A 34
CLUTTON HILL	5D 34
Clutton Hill BS39: Clut	6B 34
Clyde Av. BS31: Key	3E 7
Clyde Gdns. BA2: Bath	3C 14
Clydesdale Cl. BA14: Trow	2D 30
Coach Rd. BA15: Brad A	5F 23
Coalpit Rd. BA1: Bathe	3F 23
Coburg Vs. BA1: Bath	6H 11
Cock Rd. BA14: Trow	4B 28
Cock Hill Ho. Ct. BA14: Trow	4B 28
Colbourne Rd. BA2: Odd D	2E 19
Coldham Rd. BA2: F'boro	3H 35
College Gdns. BA14: N Brad	4E 31
College Rd. BA1: L'dwn	5F 11
BA14: Trow	1B 30
College Vw. BA1: Bath	6H 11
Collier Cl. BA2: Cam	3D 38
Collier's La. BA1: Charl	3F 11
Colliers Ri. BA3: Rads	2C 44
Collingbourne Cl. BA14: Trow	2E 31

A-Z Bath 49

Collingwood Cl.—Elm Gro.

Name	Ref
Collingwood Cl. BS31: Salt.	5B 8
Collins Bldgs. BS31: Salt	4B 8
Colne Grn. BS31: Key	3F 7
Colonnades, The BA1: Bath	5D 4
COMBE DOWN	**2A 20**
Combe Gro. BA1: Bath	1C 14
COMBE HAY	**6D 18**
Combe Hay La. BA2: C Hay, Odd D	5C 18
Combe La. BS39: Hall	5D 36
Combe Pk. BA1: Bath	2D 14
Combe Rd. BA2: C Down	2A 20
Combe Rd. Cl. BA2: C Down	2A 20
Combe Royal Cres. BA2: Clav D	4C 16
Combeside BA2: Bath	6H 15
Cygnet Way BA14: Stav, Stav	6E 25
Combe, The BA3: Writ	3F 45
Comfortable Pl. BA1: Bath	2F 15 (3A 4)
Comfrey Cl. BA14: Trow	1F 31
Common, The BA14: Holt	2F 25
Compass Ct. BA1: Bath	2C 4
Compton Cl. BA14: Trow	1F 29
Compton Grn. BS31: Key	3D 6
Conigre BA14: Trow	4D 28
Conigre Hill BA15: Brad A	4F 23
Coniston Rd. BA14: Trow	3F 29
CONKWELL	**2H 21**
Connection Rd. BA2: Bath	3B 14
Constable Cl. BS31: Key	1E 7
Convocation Av. BA2: Clav D	4E 17
Conway Grn. BS31: Key	4F 7
Conygre Grn. BA2: Tim	1B 38
Conygre Ri. BA2: F'boro	3H 35
Cook's Hill BS39: Clut	6A 34
Coombend BA3: Clan, Rads	1A 44
Coombe Orchard BA3: Rads	2B 44
(off Bath New Rd.)	
Copper Beeches BA14: Hil	2H 29
Coppice Hill BA15: Brad A	4G 23
Copseland BA2: Clav D	4C 16
Copse Rd. BS31: Salt	3H 7
Corbin Rd. BA14: Hil	4G 29
Corfe Cres. BS31: Key	3D 6
Cork Pl. BA1: Bath	2E 15
(off Cork St.)	
Cork St. BA1: Bath	2E 15
Cork Ter. BA1: Bath	2E 15
Cornbrash Ri. BA14: Hil	5H 29
Corn St. BA1: Bath	3G 15 (5D 4)
Coromandel Hgts. BA1: Bath	1D 4
Coronation Av. BA2: Bath	6D 14
BA15: Brad A	4H 23
BS31: Key	3C 6
Coronation Cotts. BA1: Bathe	4E 13
Coronation Rd. BA2: Bath	2E 15
Coronation St. BA14: Trow	6E 29
Coronation Vs. BA3: Rads	2C 4
Corridor, The BA1: Bath	3H 15 (4E 5)
Corston Vw. BA2: Odd D	1D 18
Cotswold Rd. BA2: Bath	5E 15
Cotswold Vw. BA2: Bath	4C 14
Cottage Pl. BA1: Bath	5B 12
Cottles La. BA15: Tur	5C 22
County Way BA14: Trow	6D 28
Courtenay Rd. BS31: Key, Salt	5F 7
Court Gdns. BA1: Bathe	3F 13
Courtlands BS31: Key	2D 6
Court La. BA1: Bathf	5G 13
Courtmead BA2: S'ske	4G 19
Courts Gardens, The (N.T.)	**3F 25**
Court St. BA14: Trow	5E 29
Cow La. BA1: Bath	2F 15 (2A 4)
Coxley Dr. BA2: Bath	5A 14
Crandale Rd. BA2: Bath	4E 15
Crandon Lea BA14: Holt	2G 25
Cranhill Rd. BA1: W'ton	1E 15
Cranleigh BA2: S'ske	3G 19
Cranmore Av. BS31: Key	1C 6
Cranmore Cl. BA14: Trow	4B 28
Cranmore Pl. BA2: Odd D	3E 19
Cranwells Pk. BA1: W'ton	1E 15
Crawley Cres. BA14: Trow	5B 28
Crawl La. BA3: Mid N	1F 43
Crescent Gdns. BA1: Bath	2F 15 (3B 4)
Crescent La. BA1: Bath	1F 15 (1B 4)
Crescent, The BS40: Chew M	5C 34
Crescent Vw. BA1: Bath	4G 15 (6C 4)
Cresswell Dr. BA14: Hil	6H 29
Crickback La. BS40: Chew M	2E 33
Crockbarton BA2: Tim	1B 38
CROCOMBE	**1C 38**
Croft Rd. BA1: Bath	6A 12
BA2: Mon C	2D 20
Croft, The BA14: Trow	1D 30
Cross Bath, The	**5D 4**
Cross St. BA14: Trow	4E 29
Crossway La. BA3: C'tn	6A 42
CROSS WAYS	**5F 35**
Crowe Hall	**5B 16**
Crowe Hill BA2: Lim S	5G 21

Name	Ref
Crowe La. BA2: F'frd	6G 21
Crown Ct. BA15: Brad A	4H 23
Crown Hill BA1: W'ton	6D 10
Crown Rd. BA1: W'ton	6C 10
Croxham Orchard BA1: Bathe	3E 13
Cuckoo La. BS39: Clut, High L	5D 34
Culverhay Sports Cen.	**1C 18**
Culver Rd. BA15: Brad A	6H 23
Culvers Cl. BS31: Key	1D 6
Culvers Rd. DG31: Key	1D 6
Cumberland Ho. BA1: Bath	4B 4
Cumberland Row BA1: Bath	3G 15 (4C 4)
Cusance Way BA14: Hil	4H 29
Cygnet Way BA14: Stav, Stav	6E 25
Cynthia Rd. BA2: Bath	4D 14
Cynthia Vs. BA2: Bath	4D 14
Cypress Ter. BA3: Rads	4H 43

D

Name	Ref
Dafford's Bldgs. BA1: Bath	5B 12
Dafford's Pl. BA1: Bath	5B 12
(off Dafford St.)	
Dafford St. BA1: Bath	5B 12
Daglands, The BA2: Cam	3E 39
Dahlia Gdns. BA2: Bath	2A 16 (2H 5)
Dairy Hill BA2: Ston L	6F 41
Daisey Bank BA2: Bath	5A 16
Daneacre Rd. BA3: Rads	2C 44
Dane Cl. BA15: W'ley	4B 22
Dane Ri. BA15: W'ley	4B 22
Daniel M. BA2: Bath	2A 16 (2G 5)
Daniel St. BA2: Bath	2A 16 (2G 5)
Dapp's Hill BS31: Key	2E 7
Dark La. BA2: B'ptn	6E 13
BA2: F'frd	6G 21
BS40: Chew M	2D 32
Darlington M. BA2: Bath	2A 16 (3G 5)
Darlington Pl. BA2: Bath	3A 16 (5H 5)
Darlington Rd. BA2: Bath	2A 16 (2H 5)
Darlington St. BA2: Bath	2A 16 (3G 5)
Darlington Wharf BA2: Bath	2A 16 (1H 5)
Dartmouth Av. BA2: Bath	4D 14
Dartmouth Wlk. BS31: Key	3C 6
Day Cres. BA2: Bath	3A 14
Deadmill La. BA1: Swain	4B 12
Deanery Wlk. BA2: Lim S	5H 21
DEAN HILL	**5A 10**
Deanhill La. BA1: W'ton	5A 10
Delamere Rd. BA14: Trow	3E 29
De Montalt Pl. BA2: C Down	2A 20
Dene Cl. BS31: Key	4E 7
Denmark Rd. BA2: Bath	3E 15
Denny La. BS40: Chew M	5E 33
Derwent Gro. BS31: Key	2F 7
Deverell Cl. BA15: Brad A	1H 27
Deveron Gro. BS31: Key	3F 7
Devizes Rd. BA14: Hil	2H 29
Devonshire Bldgs. BA2: Bath	5G 15
Devonshire Pl. BA2: Bath	5G 15
Devonshire Rd. BA2: B'ptn	6D 12
Devonshire Vs. BA2: Bath	6G 15
Dixon Gdns. BA1: Bath	6G 11
Dominion Rd. BA2: Bath	3B 14
Dominion Wlk. BS31: Key	3C 6
Dorchester St. BA1: Bath	4H 15 (6E 5)
DOROTHY HOUSE HOSPICE CARE	**5A 22**
Dorset Cl. BA2: Bath	3E 15
Dorset Cotts. BA2: C Down	2B 20
Dorset Ho. BA2: Bath	6E 15
Dorset St. BA2: Bath	3E 15
DOUBLE HILL	**4D 40**
Dovecote Cl. BA14: Trow	5C 28
Dover Ho. BA1: Bath	1H 15
Dover Pl. BA1: Bath	6H 11
Dovers La. BA1: Bathf	5H 13
Dovers Pk. BA1: Bathf	5H 13
Dowding Rd. BA1: Bath	6A 12
Down Av. BA2: C Down	2H 19
Downavon BA15: Brad A	6G 23
Downfield BS31: Key	2C 6
Downhayes Rd. BA14: Trow	3E 29
Down La. BA2: B'ptn	6E 13
Downs Cl. BA15: Brad A	4E 23
Downside Cl. BA2: B'ptn	6E 13
Downside Rd. BA14: Trow	3F 29
Downside Vw. BA14: Trow	3F 29
Downs Vw. BA15: Brad A	4E 23
Downsway BS39: Paul	5F 37
Down, The BA3: Hay	3A 42
Dragons Hill Cl. BS31: Key	2E 7
Dragons Hill Ct. BS31: Key	2E 7
Dragons Hill Gdns. BS31: Key	2E 7
Drake Av. BA2: C Down	1G 19
Drake Cl. BS31: Salt	5A 8

Name	Ref
Draycott Ct. BA2: Bath	2H 15 (2F 5)
Dring, The BA3: Rads	3A 44
Drungway BA2: Mon C	2D 20
Dryleaze BS31: Key	1D 6
DRYNHAM	**2F 31**
Drynham Drove BA14: Trow	3E 31
Drynham La. BA14: Trow	1E 31
Drynham Pk. BA14: Trow	1E 31
Drynham Rd. BA14: Trow	1E 31
Duchy Cl. BA3: Clan	6E 39
Duchy Rd. BA3: Clan.	6E 39
Dudley Cl. BS31: Key	3D 6
Duke St. BA2: Bath.	3H 15 (5F 5)
BA14: Trow	4E 29
Dumpers La. BS40: Chew M	3E 33
Duncan Gdns. BA1: W'ton	4B 10
Dunford Cl. BA14: Trow	1E 31
Dunkerton Hill BA3: Dunk, Pea J	2B 40
Dunsford Pl. BA2: Bath	3A 16 (4H 5)
Dunster Ho. BA2: C Down	1H 19
Dunster Rd. BS31: Key	3C 6
Durcott La. BA2: Cam	3C 38
Durham Gro. BS31: Key	3C 6
Durley Hill BS31: Key	1C 6
Durley Pk. BA2: Bath	5F 15
DURSLEY	**6F 31**
Dursley Rd. BA14: Hey	6F 31
BA14: Trow	6D 30
Dymboro Av. BA3: Mid N	4D 42
Dymboro Cl. BA3: Mid N	4D 42
Dymboro Gdns. BA3: Mid N	4D 42
Dymboro, The BA3: Mid N	4D 42
Dymott Sq. BA14: Hil	2H 29

E

Name	Ref
Eagle Cotts. BA1: Bathe	2E 13
Eagle Pk. BA1: Bathe	2E 13
Eagle Rd. BA1: Bathe	2E 13
Eastbourne Av. BA1: Bath.	6A 12
Eastbourne Gdns. BA14: Trow	4F 29
Eastbourne Rd. BA14: Trow	4F 29
Eastbourne Vs. BA1: Bath	6A 12
East Cl. BA2: Bath	4B 14
Eastcourt Rd. BS39: Tem C	3A 36
Eastdown Pl. BA3: Clan	6E 39
(off Eastdown Rd.)	
Eastdown Rd. BA3: Clan	6E 39
Eastfield Av. BA1: W'ton	4C 10
East La. BA14: Bro G, Holt	1H 25
SN12: Bro G	1H 25
E. Lea Rd. BA1: Bath	1B 14
East Mead BA3: Mid N	3F 43
Eastover Gro. BA2: Odd D	2D 18
Eastover Rd. BS39: High L	2F 37
EAST TWERTON	**3E 15**
Eastview Rd. BA14: Trow	6B 28
Eastville BA1: Bath	6A 12
East Way BA2: Bath	4B 14
Eastwood BA2: B'ptn	3D 16
Eastwood Cl. BS39: High L	1F 37
Eastwoods BA2: Bathf	4G 13
Ebenezer Ter. BA2: Bath.	6G 5
Eckweek Gdns. BA2: Pea J	3B 40
Eckweek La. BA2: Pea J	3B 40
(not continuous)	
Eckweek Rd. BA2: Pea J	3B 40
Eden Pk. Cl. BA1: Bathe	3F 13
Eden Pk. Dr. BA1: Bathe	3F 13
Eden Ter. BA1: Bath	5A 12
Eden Vs. BA1: Bath	5B 12
(off Dafford's Bldgs.)	
Edgar Bldgs. BA1: Bath	3D 4
Edgeworth Rd. BA2: Bath	1D 18
Edinburgh Rd. BS31: Key	3D 6
Edward St. BA1: Bath	2D 14
BA2: Bath	2A 16 (3G 5)
Egerton Rd. BA2: Bath	5F 15
Elcombe Cl. BA14: Trow	2D 30
Eldon Pl. BA1: Bath	5A 12
Eleanor Cl. BA2: Bath	4A 14
Ellen Ho. BA2: Bath	4B 14
Elliot Pl. BA14: Trow	4B 28
Elliston Dr. BA2: Bath	5C 14
Ellsbridge Cl. BS31: Key	2G 7
Elm Cl. BA14: N Brad	4D 30
BA14: Stav	5E 25
Elm Ct. BS31: Key	3B 6
Elmcroft BA1: Bath	5B 12
Elm Cross Bus. Pk. BA15: Brad A	1F 27
Elm Cross Shop. Cen. BA15: Brad A	1F 27
Elmdale Cl. BA14: Trow	6B 28
Elmdale Rd. BA14: Trow	6B 28
Elmfield BA15: Brad A	4F 23
Elm Gro. BA1: Swain	5B 12
BA2: Bath	5D 14

50 A-Z Bath

Elm Hayes Vw.—Grosvenor Pk.

Entry	Ref
Elm Hayes Vw. BS39: Paul	6G 37
Elmhurst Est. BA1: Bathe	3F 13
Elm Pl. BA2: Bath	5G 15
Elm Rd. BS39: Paul	6G 37
Elms Cross BA15: Brad A	2E 27
Elms Cross Dr. BA15: Brad A	6F 23
Elms Cross Vineyard.	2F 27
Elms, The BA2: Tim	1B 38
BA14: Holt	2F 25
(not continuous)	
BA15: Brad A	3E 23
Elm Ter. BA3: Rads	4G 43
Elm Tree Av. BA3: Rads	4H 43
Elm Vw. BA3: Mid N	3F 43
Empress Menen Gdns. BA1: Bath	1B 14
Enginehouse La. BS31: Q Char.	3A 6
ENGLISHCOMBE	1A 18
Englishcombe La. BA2: Bath	6C 14
Englishcombe Rd. BA2: Eng	1A 18
Englishcombe Way BA2: Bath	6C 14
Entry Hill BA2: Bath, C Down	6G 15
Entry Hill Dr. BA2: Bath	6G 15
Entry Hill Gdns. BA2: Bath	6G 15
Entry Hill Pk. BA2: C Down	1G 19
Entry Ri. BA2: C Down	2G 19
Epsom Rd. BA14: Trow	3F 31
Epsom Sq. BA14: Trow	3F 31
Eveleigh Ho. BA2: Bath	3E 5
(off Grove St.)	
Evelyn Rd. BA1: Bath	1C 14
Evelyn Ter. BA1: Bath	6H 11
Evenlode Way BS31: Key	4F 7
Everleigh Cl. BA14: Trow	2E 31
Excelsior St. BA2: Bath	4H 15 (6F 5)
Excelsior Ter. BA3: Mid N	4F 43
Exmoor Rd. BA2: C Down	1G 19

F

Entry	Ref
Fairacres Cl. BS31: Key	2D 6
Fairfield Av. BA1: Bath	5H 11
FAIRFIELD PARK	5H 11
Fairfield Pk. Rd. BA1: Bath	5G 11
Fairfield Rd. BA1: Bath	6H 11
Fairfield Ter. BA1: Bath	5H 11
BA2: Pea J	4A 40
Fairfield Vw. BA1: Bath	5H 11
Fairhaven Cotts. BA1: Bathe	1F 13
Fairmead Mdws. BA14: S'wck	4A 30
Fairseat Workshops BS40: Chew S	6C 32
Fairways BS31: Salt	5B 8
Fairwood Cl. BA4: Hil	3H 29
Falconer Rd. BA1: W'ton	4B 10
Farleigh Av. BA14: Trow	6B 28
FARLEIGH HUNGERFORD	5B 26
Farleigh Hungerford Castle	5B 26
Farleigh Ri. BA1: Bathf	5H 13
Farleigh Rd. BS31: Key	3C 6
Farleigh Vw. BA1: Bath	6H 11
(off Beacon Rd.)	
BA15: W'wd	2C 26
Farm Cl. BA14: Trow	4C 28
Farm La. BA2: Wel	2H 41
Farrington Flds. BS39: Far G	2A 42
Farrington Flds. Trad. Est. BS39: Far G	2A 42
Farrington Rd. BS39: Far G, Paul	6E 37
Farr's La. BA2: C Down	1A 20
Fashion Research Cen.	2G 15 (2C 4)
Faulkland La. BA2: Ston L	6G 41
BA3: Fox	6G 41
Faulkland Rd. BA2: Bath	4E 15
Faulkland Vw. BA2: Pea J	4A 40
Faverolle Way BA14: Hil	3H 29
Fenton Cl. BS31: Salt	5A 8
Fern Cl. BA3: Mid N	5F 43
Ferndale Rd. BA1: Swain	4B 12
Ferry La. BA2: Bath	3H 15 (5F 5)
Fersfield BA2: Bath	6A 16
Fieldgardens Rd. BS39: Tem C	2B 36
Fieldings Rd. BA2: Bath	3D 14
Fieldins BA15: W'ley	4B 22
Filer Cl. BA2: Pea J	3B 40
Firgrove La. BA2: Pea J	2H 39
Firs Cl. BS31: Key	3B 6
Firs Hill BA14: S'wck	5E 15
First Av. BA2: Bath	5E 15
BA3: Mid N	5G 43
Firs, The BA2: C Down	2A 20
BA2: Lim S	6F 21
Fir Tree Av. BS39: Paul	1D 42
Fitzmaurice Cl. BA15: Brad A	1H 27
Fitzmaurice Pl. BA15: Brad A	6G 23
Five Arches Cl. BA3: Mid N	5G 43
Flat, The BS39: Clut	4A 34
Flatwoods Cres. BA2: Clav D	6E 17
Flatwoods Rd. BA2: Clav D	6E 17
Fleece Cotts. BA14: Trow	6F 29
Fleur-de-Lys Dr. BA14: S'wck	3A 30
Florida Ter. BA3: Mid N	3G 43
Follyfield BA15: Brad A	1G 27
Folly, The BS31: Salt	5C 8
Fonthill Rd. BA1: L'dwn	5F 11
Ford Rd. BA2: Pea J	3A 40
Forefield Pl. BA2: Bath	4H 15
Forefield Ri. BA2: Bath	5H 15
Forefield Ter. BA2: Bath	4H 16
Forester Av. BA2: Bath	1H 15 (1F 5)
Forester Ct. BA2: Bath	1H 15 (1F 5)
Forester La. BA2: Bath	1A 16 (1G 5)
Forester Rd. BA2: Bath	2A 16 (2G 5)
Fore St. BA14: Trow	4E 29
FOREWOODS COMMON	4C 24
Fortescue Rd. BA3: Rads	3B 44
Forum Bldgs. BA1: Bath	6E 5
(off St James's Pde.)	
Fossefield Rd. BA3: Mid N	6F 43
Fosse Gdns. BA2: Odd D	3E 19
Fosse Grn. BA3: Clan	1A 44
Fosse La. BA1: Bathe	4F 13
BA3: Mid N	2G 43
Fosse Way BA3: Mid N	6G 43
Fosse Way Est. BA2: Odd D	2D 18
Fosseway Gdns. BA3: Rads	4H 43
Fosseway Sth. BA3: Mid N	6F 43
Foss Way BA2: Pea J	5G 39
Fossway BA3: Clan	1A 44
Foss Way BA3: Mid N, Rads	6F 39
BA3: Rads	4H 43
Fountain Bldgs. BA1: Bath	2H 15 (3E 5)
Fourth Av. BA3: Mid N	5G 43
Fox & Hounds La. BS31: Key	2E 7
Foxcombe Rd. BA1: Bath	2C 14
FOXCOTE	1H 45
Foxglove Dr. BA14: Trow	1F 29
FOX HILL	1A 20
Fox Hill BA2: C Down	2H 19
FOX HILLS	4C 44
Frampton Ct. BA14: Trow	1B 30
Francis St. BA14: Trow	4D 28
Frankcom Ho. BA2: Bath	1H 5
Frankland Cl. BA1: Bath	6B 10
Frankley Bldgs. BA1: Bath	6A 12
Frankley Ter. BA1: Bath	6A 12
(off Snow Hill)	
Frederick Av. BA2: Pea J	4A 40
Freeview Rd. BA2: Bath	3B 14
French Cl. BA2: Pea J	4B 40
Frenchfield Rd. BA2: Pea J	4B 40
BA3: Mid N	
FRESHFORD	6G 21
Freshford La. BA2: F'frd	6F 21
Freshford Station (Rail)	6H 21
Friary Cl. BA15: W'wd	1B 26
Frome Old Rd. BA3: Rads	3C 44
Frome Rd. BA2: Odd D	1D 18
BA3: Rads, Writ	3B 44
BA14: S'wck, Trow	4A 30
(not continuous)	
BA14: Wing	6F 27
BA15: Brad A	2F 27
Frys Leaze BA1: Bath	5A 12
Fulford Rd. BA14: Trow	3F 29
Fuller Rd. BA1: Bath	5B 12
Fullers Way BA2: Odd D	3E 19
Fulney Rd. BA14: Trow	3G 29
Furlong Cl. BA3: Mid N	6D 42
Furlong Gdns. BA14: Trow	4F 29
Furnleaze BS39: Clut	6A 34

G

Entry	Ref
Gainsborough Gdns. BA1: Bath	1D 14
Gainsborough Ri. BA14: Trow	1B 30
Gainsborough Rd. BS31: Key	2E 7
Garfield Ter. BA1: Bath	5B 12
Garre Ho. BA2: Bath	4A 14
Garrick Rd. BA2: Bath	4A 14
Garstons BA1: Bathf	5H 13
Gaston BA14: Holt	3F 25
Gaston Av. BS31: Key	1E 7
Gay Ct. BA1: Bathe	4D 12
Gay's Hill BA1: Bath	1H 15
Gay St. BA1: Bath	2G 15 (3D 4)
Geldof Dr. BA3: Mid N	4N 43
George's Bldgs. BA1: Bath	1H 15 (1E 5)
George's Pl. BA2: Bath	4G 5
(off Bathwick Hill)	
George's Rd. BA1: Bath	6H 11
George St. BA1: Bath	2G 15 (3D 4)
BA2: Bath	3A 16 (4H 5)
Georgian Garden	2G 15 (3C 4)
Georgian Vw. BA2: Bath	6D 14
Gerrard Bldgs. BA2: Bath	2H 13 (3G 5)
Gibbs Leaze BA14: Hil	4H 29
Giffords, The BA14: Hil	1H 29
Gillingham Ter. BA1: Bath	6A 12
Gipsy La. BA2: Holt	1G 25
Gladstone Pl. BA2: C Down	2B 20
Gladstone Rd. BA2: C Down	1B 20
BA14: Trow	6C 28
Gladstone St. BA3: Mid N	2F 43
Globelands BA3: Rads	4H 43
Glebe Rd. BA2: Bath	5C 14
BA14: Trow	6B 28
Glebe, The BA2: F'frd	6G 21
Glebe Wlk. BS31: Key	3B 6
Glencairn Ct. BA2: Bath	3A 16 (4G 5)
Glen, The BS31: Salt	6C 8
Gloucester Rd. BA1: Bath, Swain	2B 12
BA1: Up Swa	1A 12
BA14: Trow	6C 28
Gloucester St. BA1: Bath	2G 15 (2C 4)
Goldney Cl. BS39: Tem C	2A 36
Goldney Way BS39: Tem C	2A 36
Golf Club La. BS31: Salt	5B 8
Golf Course Rd. BA2: Bath	3B 16
Goodwood Cl. BA14: Trow	3F 31
Goosard La. BS39: High L	3F 37
Gooseberry La. BS31: Key	2E 7
Goose St. BA14: S'wck	5B 30
Gordon Bldgs. BA3: Rads	2C 44
(off Abbey Vw.)	
Gordon Rd. BA2: Bath	4A 16
BA2: Pea J	3B 40
Gores Pk. BS39: High L	1D 36
Governors Ho. BA2: Bath	3E 15
Grace Dr. BA3: Mid N	3E 43
Grand Pde. BA1: Bath	3H 15 (4E 5)
Grange End BA3: Mid N	6F 43
Grange Rd. BS31: Salt	5H 7
Grange Vw. BA15: Brad A	4H 23
Granville Rd. BA1: L'dwn	4F 11
Grasmere BA14: Trow	3F 29
Gravel, The BA14: Holt	2F 25
Gravel Wlk. BA1: Bath	2F 15 (2B 4)
Grays Hill BA2: Ston L	5F 41
Grays Leaze BA14: N Brad	5D 30
GREAT ASHLEY	2D 22
Gt. Bedford St. BA1: Bath	1C 4
Great Parks BA14: Holt	2G 25
Gt. Pulteney St. BA2: Bath	2H 15 (3F 5)
Gt. Stanhope St. BA1: Bath	3F 15 (4B 4)
Greenacres BA1: W'ton	4C 10
BA3: Mid N	4C 42
Greenbank Gdns. BA1: W'ton	6C 10
Green Cl. BA1: Holt	3G 25
BS39: Paul	5G 37
Green Cotts. BA2: C Down	2B 20
Grn. Ditch La. BA3: C'tn	6A 42
Grn. Down Pl. BA2: C Down	2H 19
Greenfield Wlk. BA3: Mid N	2E 43
Greenhill Gdns. BA14: Hil	1H 29
Greenhill Pl. BA3: Mid N	2E 43
Greenhill Rd. BA3: Mid N	2E 43
Greenland Mills BA15: Brad A	5G 23
Greenlands Rd. BA2: Pea J	3A 40
Greenland Vw. BA15: Brad A	5G 23
Green La. BA14: Trow	5F 29
(not continuous)	
BS39: Far G, Hall	6A 36
Green Pk. BA1: Bath	5B 4
Green Pk. Ho. BA1: Bath	5C 4
Green Pk. M. BA1: Bath	3F 15 (5B 4)
Green Pk. Rd. BA1: Bath	3G 15 (4C 4)
Green Pk. Sta. BA1: Bath	3F 15 (4C 4)
GREEN PARLOUR	4F 45
Grn. Parlour Rd. BA3: Writ	4F 45
GREENSBROOK	6B 34
Green St. BA1: Bath	3G 15 (4D 4)
BA2: Shos	6B 40
Green Ter. BA14: Trow	3D 28
Green, The BA2: Odd D	2E 19
Grn. Tree Rd. BA3: Mid N	2F 43
GREENVALE	2B 38
Greenvale Cl. BA2: Tim	2B 38
Greenvale Dr. BA2: Tim	2B 38
Greenvale Rd. BS39: Paul	6F 37
Greenway Cl. BA2: Bath	5G 15
Greenway La. BA2: Bath	5G 15
Greenway Gdns. BA14: Trow	2F 29
Greenway La. BA2: Bath	6G 15
Gregorys Gro. BA2: Odd D	3E 19
Gregory's Tyning BS39: Paul	5G 37
GREYFIELD	1E 37
Greyfield Comn. BS39: High L	1E 37
Greyfield Rd. BS39: High L	1E 37
Greyfield Vw. BS39: Tem C	2B 36
Griffin Ct. BA1: Bath	5C 4
Grosvenor Bri. Rd. BA1: Bath	6B 12
Grosvenor Pk. BA1: Bath	6B 12

A-Z Bath 51

Grosvenor Pl. BA1: Bath 6B 12
Grosvenor Ter. BA1: Bath 5B 12
Grosvenor Vs. BA1: Bath 6A 12
Ground Cnr. BA14: Holt 3E 25
Grove Ct. BA14: Trow 1D 30
Grove Leaze BA15: Brad A 5E 23
Grove St. BA2: Bath 2H 15 (3E 5)
Grove, The BA1: W'ton 6D 10
BS39: Hall 4D 36
Grove Wood Rd. BA3: Hay 5A 44
Gug, The BS39: High L 1E 37
Guinea La. BA1: Bath 2G 15 (2D 4)
Gullen BA2: Shos, Ston L 6D 40
Gullock Tyning BA3: Mid N 4F 43

H

Hackett Pl. BA14: Hil 4H 29
Haden Rd. BA14: Trow 6E 29
Hadley Rd. BA2: C Down 1A 20
Ha Ha, The BA2: Tim 1A 38
Halfway Cl. BA14: Trow 3G 29
HALLATROW 4D 36
Hallatrow Bus. Pk. BS39: Hall 5C 36
Hallatrow Rd. BS39: Hall, Paul 4D 36
Halve, The BA14: Trow 4E 29
HAM 6H 37
Ham Cl. BA14: Holt 3E 25
BS39: Tem C 2B 36
Ham Gdns. BA1: Bath 3H 15 (5E 5)
BA3: Mid N 4F 43
HAM GREEN 3E 25
Ham Gro. BS39: Paul 6G 37
Hamilton Ho. BA1: L'dwn 4E 11
Hamilton Rd. BA1: Bath 5F 11
Hamilton Ter. BA2: Shos 6D 40
Ham La. BS39: Far G 6A 36
BS39: Paul 6G 37
Hammond Way BA14: Trow 1E 29
Hampton Ho. BA1: Bath 6B 12
Hampton Row BA2: Bath 1A 16 (1H 5)
Hampton Vw. BA1: Bath 6A 12
Ham Ter. BA14: Holt 3E 25
Handel Rd. BS31: Key 2C 6
Hanewell Ri. BA14: Hil 5H 29
Hang Hill BA2: Shos, Ston L 5C 40
Hanham La. BS39: Paul 4H 37
Hanna Cl. BA2: Bath 3B 14
Hanny's La. BS40: Chew M 2F 33
Hanover Cl. BA14: Trow 1F 29
Hanover Ct. BA1: Bath 6A 12
BA3: Writ 3D 44
Hanover Pl. *BA1: Bath* *6A 12*
(off London Rd.)
Hanover St. BA1: Bath 6A 12
Hanover Ter. *BA1: Bath* *6A 12*
(off Gillingham Ter.)
Hansford Cl. BA2: Odd D 2F 19
Hansford M. BA2: C Down 2G 19
Hansford Sq. BA2: C Down 2F 19
Hantone Hill BA2: B'ptn 1E 17
Harbutts BA2: B'ptn 6E 13
Harcourt Gdns. BA1: W'ton 5C 10
Harcroft Cl. BS31: Salt 5B 8
Harding Pl. BS31: Key 2G 7
Hardington Dr. BS31: Key 5F 7
Hareknapp BA15: Brad A 5E 23
Harford Sq. BS40: Chew M 2F 33
Harford St. BA14: Trow 4F 29
Hargreaves Rd. BA14: Trow 6F 29
Harington Pl. BA1: Bath 3G 15 (4D 4)
Harley St. BA1: Bath 1G 15 (1C 4)
Harmony Pl. BA14: Trow 6E 29
Hart's La. BS39: Hall 4C 36
Harts Paddock BS39: Paul 2D 42
Haselbury Gro. BS31: Salt 5B 8
Hassage Hill BA2: Wel 3H 41
Hatfield Bldgs. BA2: Bath 4A 16 (6G 5)
Hatfield Rd. BA2: Bath 6F 15
Havelock Ct. *BA14: Trow* *6D 28*
(off Havelock St.)
Havelock St. BA14: Trow 6D 28
Haviland Gro. BA1: W'ton 4B 10
Haviland Pk. BA1: W'ton 5C 10
Havory BA1: Bath 6B 12
Hawarden Ter. BA1: Bath 6A 12
Hawcroft BA14: Holt 2F 25
Hawkeridge Rd. BA14: Hey, Yarn 6F 31
Hawthorn Gro. BA2: C Down 2G 19
BA14: Trow 2D 30
Hawthorn Rd. BA3: Rads 3D 44
Hawthorns BS31: Key 2D 6
Hawthorns La. BS31: Key 2D 6
Hayboro Way BS39: Paul 1C 42
Haycombe Crematorium BA2: Bath 5A 14
Haycombe Dr. BA2: Bath 5B 14
Haycombe La. BA2: Eng 6A 14
Hayden Cl. BA2: Bath 4F 15
HAYDON 5B 44
Haydon Ga. BA3: Hay 5B 44
Haydon Hill BA3: Hay 5B 44
Haydon Ind. Est. BA3: Hay 5B 44
Hayes Cl. BA14: Trow 2F 29
Hayesfield Pk. BA2: Bath 4G 15
HAYES PARK 3D 42
Hayes Pk. Rd. BA3: Mid N 3D 42
Hayes Pl. BA2: Bath 4G 15
Hayes Rd. BA3: Mid N 3D 42
Hayeswood Rd. BA2: Tim 5F 35
Haygarth Ct. BA1: Bath 1D 4
Hay Hill BA1: Bath 2G 15 (2D 4)
Hazel Gro. BA2: Bath 5E 15
BA3: Mid N 5F 43
BA14: Trow 2C 30
Hazel Ter. BA3: Mid N 5F 43
Hazel Way BA2: Odd D 3E 19
Hazleton Gdns. BA2: Clav D 6E 17
Heather Dr. BA2: Odd D 3E 19
Heather Shaw BA14: Trow 5F 29
Heathfield Cl. BA1: W'ton 4B 10
BS31: Key 2B 6
Hebden Rd. BA15: W'wd 2C 26
Heddington Cl. BA14: Trow 2D 30
Hedgemead Ct. BA1: Bath 1E 5
Helens Ct. BA14: Trow 4D 28
Helmdon Rd. BA14: Trow 4B 28
Helps Well Rd. BA14: Hil 6H 29
Henderson Cl. BA14: Trow 6C 28
Henley Vw. BA2: Wel 2H 41
Henrietta Ct. BA2: Bath 1H 15 (1F 5)
Henrietta Gdns. BA2: Bath 2H 15 (2F 5)
Henrietta M. BA2: Bath 2H 15 (3F 5)
Henrietta Pl. BA2: Bath 2H 15 (3E 5)
Henrietta Rd. BA2: Bath 2H 15 (2F 5)
Henrietta St. BA2: Bath 2H 15 (3F 5)
Henrietta Vs. BA2: Bath 2H 15 (2F 5)
Henry St. BA1: Bath 3H 15 (5E 5)
Hensley Gdns. BA2: Bath 5F 15
Hensley Rd. BA2: Bath 5F 15
Herbert Rd. BA2: Bath 4E 15
Heritage Cl. BA2: Pea J 3B 40
Heritage, The BA2: Cam 3E 39
Hermes Cl. BS31: Salt 5A 8
Hermitage Rd. BA1: Bath 6F 11
Hetling Ct. BA1: Bath 3G 15 (5D 4)
Hewitt Cl. BA14: Trow 6F 29
High Acre BS39: Paul 1D 42
High Bannerdown BA1: Bathe 3G 13
Highbury Pl. BA1: Bath 6H 11
Highbury Rd. BS39: Hall 3D 36
Highbury Ter. BA1: Bath 6H 11
Highbury Vs. *BA1: Bath* *6H 11*
(off Highbury Pl.)
Highfield Cl. BA2: Bath 4C 14
Highfield Rd. BA2: Pea J 3A 40
BA15: Brad A 4G 23
BS31: Key 5E 7
Highfields BA3: Rads 3H 43
Highland Rd. BA2: Bath 4C 14
Highland Ter. BA2: Bath 3E 15
HIGH LITTLETON 2F 37
High Mdws. BA3: Mid N 4D 42
High Pk. BS39: Paul 5F 37
High St. BA1: Bath 3H 15 (4E 5)
BA1: Bathe 4E 13
BA1: Bathf 5H 13
BA1: W'ly 1G 11
BA1: W'ton 5B 10
BA2: B'ptn 6E 13
BA2: Bath 3B 14
BA2: F'frd 6G 21
BA2: Tim 1B 38
BA2: Wel 2H 41
BA3: Mid N 4E 43
BS31: Key 1D 6
BS31: Salt 4B 8
BS39: High L 2E 37
BS39: Paul 6G 37
BS40: Chew M 2E 33
High Vw. BA2: Bath 4F 15 (6B 4)
Hilbury Ct. BA14: Trow 4F 29
Hill Av. BA2: C Down 2G 19
Hill Ct. BS39: Paul 5G 37
Hillcrest BA2: Pea J 3A 40
Hillcrest Dr. BA2: Bath 5C 14
Hillcrest Flats BA15: Brad A 4G 23
Hills Cl. BS31: Key 2F 7
HILLSIDE 5C 42
Hillside Av. BA3: Mid N 5C 42
Hillside Cl. BS39: Paul 5H 37
Hillside Cotts. BA2: Mid 5A 20
Hillside Cres. BA3: Mid N 5C 42
Hillside Rd. BA2: Bath 5E 15
BA3: Mid N 5D 42
Hillside Vw. BA2: Pea J 3A 40
BA3: Mid N 3E 43
Hill St. BA14: Hil 1G 29
BA14: Trow 4D 28
Hill, The BA2: F'frd 6H 21
Hillview BA2: Tim 2B 38
BA3: Mid N 6C 42
Hill Vw. Rd. BA1: Bath 5A 12
HILPERTON 2H 29
Hilperton Dr. BA14: Hil 3H 29
HILPERTON MARSH 1G 29
Hilperton Rd. BA14: Trow 4F 29
Hinton Cl. BA2: Bath 3A 14
BS31: Salt 4B 8
Hiscocks Dr. BA2: Bath 5F 15
HOBB'S WALL 5G 35
Hobb's Wall BA2: F'boro 4G 35
Hobhouse Cl. BA15: Brad A 1H 27
Hockley Ct. BA1: W'ton 6E 11
Hodshill BA2: S'ske 5G 19
Hoggington La. BA14: S'wck 4A 30
Holbourne Mus. & Craft Study Cen. 2A 16 (2G 5)
Holbrook La. BA14: Trow 1D 30
Holcombe Cl. BA2: B'ptn 6E 13
Holcombe Grn. BA1: W'ton 5C 10
(not continuous)
Holcombe Gro. BS31: Key 2C 6
Holcombe La. BA2: B'ptn 6E 13
Holcombe Va. BA2: B'ptn 6E 13
Holland Rd. BA1: Bath 6A 12
Hollies La. BA1: Bathe 1E 13
Hollies Shop. Cen., The BA3: Mid N 4E 43
Hollis Way BA14: S'wck 4A 30
Holloway BA2: Bath 4G 15 (6D 4)
Hollowpit La. BA3: Hem 6H 45
Hollow, The BA2: Bath 4C 14
Hollybush Cl. BA15: W'ley 4B 22
Holly Ct. BA3: Mid N 4F 43
Holly Dr. BA2: Odd D 3E 19
Holly Wlk. BA3: Rads 4A 44
BS31: Key 4C 6
Holmoak Rd. BS31: Key 3B 6
HOLT 3F 25
Holt Rd. BA15: Brad A 5H 23
Holyrood Cl. BA14: Trow 2C 30
Homeavon Ho. BS31: Key 2E 7
Home Cl. BA14: Trow 6E 29
Home Farm Cl. BA2: Pea J 4H 39
Homefield BA2: Tim 1C 38
Homefield Cl. BS31: Salt 4B 8
Homefield Rd. BS31: Salt 4C 8
Homelands BA1: Bathe 3E 13
Homelea Pk. E. BA1: Bath 2B 14
Homelea Pk. W. BA1: Bath 2B 14
Home Mill Bldgs. BA14: Trow 5E 29
Home Orchard BS40: Chew S 5B 32
Homestead, The BA14: Trow 6D 28
BS31: Key 5E 7
Honeymans Cl. BA14: Trow 5G 29
Honeysuckle Cl. BA14: Trow 5F 29
Hook BA2: Tim 1D 38
Hook Hill BA2: Tim 1C 38
Hope Ter. BA3: Mid N 4F 43
Hornbeam Wlk. BS31: Key 4B 6
Horsecombe Brow BA2: C Down 2H 19
Horsecombe Gro. BA2: C Down 2H 19
Horsecombe Va. BA2: C Down 2H 19
Horse Rd. BA14: Hil 1F 29
Horseshoe Rd. BA2: Bath 4B 16 (6H 5)
Horseshoe Wlk. BA2: Bath 4A 16 (6H 5)
Horstmann Cl. BA1: Bath 2C 14
Horton Cl. BA15: Brad A 1H 27
Horton Ho. BA2: Bath 1H 15 (1F 5)
Hot Bath St. BA1: Bath 3G 15 (5D 4)
Hot Bath, The 5D 4
Howard Cl. BS31: Salt 4A 8
How Hill BA2: Bath 3B 14
Huddox Hill BA2: Pea J 3B 40
Hungerford Av. BA14: Trow 6B 28
Hungerford Rd. BA1: Bath 2D 14
Hungerford Ter. BA2: Wel 2H 41
Hunstrete Rd. BA2: F'boro 2H 35
Hunters Rest Miniature Railway 4C 34
Huntingdon Pl. BA15: Brad A 4F 23
Huntingdon Ri. BA15: Brad A 3F 23
Huntingdon St. BA15: Brad A 4F 23
Hurn La. BS31: Key 3E 7
Hutton Cl. BS31: Key 5F 7
Hyde Rd. BA14: Trow 3D 28
Hylton Row BA3: Writ 3E 45

I

Idwal Cl. BA2: Pea J 3A 40
Iford Cl. BS31: Salt 4B 8
Iford Hill BA15: Ifrd 3B 26

Iford La. BA2: F'frd . . . 2A 26
BA15: Ifrd . . . 2A 26
Inglesham Cl. BA14: Trow . . . 2E 31
Inman Ho. BA1: Bath . . . 6H 11
Inner Elm Ter. BA3: Rads . . . 4G 43
Innox Footpath BA14: Trow . . . 4D 28
Innox Gro. BA2: Eng . . . 1A 18
Innox La. BA1: Up Swa . . . 2A 12
Innox Mill Cl. BA14: Trow . . . 4C 28
Innox Rd. BA1: Swain, Up Swa . . . 2A 12
BA2: Bath . . . 4C 14
BA14: Trow . . . 4C 28
Inverness Rd. BA2: Bath . . . 3D 14
Isabella Cotts. *BA2: C Down* . . . *2A 20*
(off Rock La.)
Isabella M. BA2: C Down . . . 2A 20
Island, The BA3: Mid N . . . 4E 43
Islington BA14: Trow . . . 4E 29
Islington Gdns. BA14: Trow . . . 4E 29
Ivo Peters Rd. BA2: Bath . . . 3F 15 (5B 4)
Ivy Av. BA2: Bath . . . 5D 14
Ivy Bank Pk. BA2: C Down . . . 1G 19
Ivy Cotts. BA2: S'ske . . . 4G 19
Ivy Gro. BA2: Bath . . . 5D 14
Ivy Pl. BA2: Bath . . . 5D 14
Ivy Ter. BA15: Brad A . . . 4G 23
Ivy Vs. BA2: Bath . . . 5D 14
BA14: Trow . . . 4B 28
Ivy Wlk. BA3: Mid N . . . 5F 43

J

James St. BA14: Trow . . . 3E 29
James St. W. BA1: Bath . . . 3F 15 (4B 4)
Jane Austen Cen. . . . 3D 4
Jasmine Way BA14: Trow . . . 5F 29
(not continuous)
Jena Ct. BS31: Salt . . . 4A 8
Jenkins St. BA14: Trow . . . 3D 28
Jesse Hughes Ct. BA1: Bath . . . 5B 12
Jew's La. BA2: Bath . . . 3D 14
John Rennie Cl. BA15: Brad A . . . 1H 27
John Slessor Ct. BA1: Bath . . . 1G 15 (1D 4)
Johnstone St. BA2: Bath . . . 3H 15 (4F 5)
John St. BA1: Bath . . . 2G 15 (3D 4)
John Wood Bldg. BA1: Bath . . . 5D 4
Jones Hill BA15: Brad A . . . 1E 27
Jubilee Rd. BA3: Rads . . . 4H 43
Jubilee Ter. BS39: Paul . . . 5G 37
Julian Cotts. BA2: Mon C . . . 2D 20
Julian Rd. BA1: Bath . . . 1G 15 (1C 4)
Julier Ho. BA1: Bath . . . 1E 5
Junction Av. BA2: Bath . . . 4F 15
Junction Rd. BA2: Bath . . . 4F 15 (6A 4)
BA15: Brad A . . . 5G 23
Justice Av. BS31: Salt . . . 4B 8

K

Kaynton Mead BA1: Bath . . . 3C 14
Keates Cl. BA14: Trow . . . 4E 29
Keats Rd. BA3: Rads . . . 5F 43
Keel's Hill BA2: Pea J . . . 3A 40
Kelso Pl. BA1: Bath . . . 2E 15
KELSTON . . . 4F 9
Kelston Cl. BS31: Salt . . . 4A 8
Kelston Rd. BA1: Bath . . . 6H 9
BS31: Key . . . 2C 6
Kelston Vw. BA2: Bath . . . 4A 14
BS31: Salt . . . 4A 8
Kenilworth Cl. BS31: Key . . . 3C 6
Kenilworth Ct. *BA1: Bath* . . . *1A 16*
(off Longacre Ho.)
Kennet Gdns. BA15: Brad A . . . 6G 23
Kennet Pk. BA2: B'ptn . . . 6D 12
Kennet Rd. BS31: Key . . . 3F 7
Kennet Way BA14: Trow . . . 2E 29
Kennington Rd. BA1: Bath . . . 2C 14
Kensington Cl. BA14: Trow . . . 3E 29
Kensington Ct. BA1: Bath . . . 6A 12
Kensington Flds. BA14: Trow . . . 6A 28
Kensington Gdns. BA1: Bath . . . 6A 12
Kensington Pl. BA1: Bath . . . 1A 16
Kent La. BA1: Up Swa . . . 1A 12
Kenton Dr. BA14: Trow . . . 4G 29
Kenwood Cl. BA14: Trow . . . 5G 29
Keppel Cl. BS31: Salt . . . 5A 8
Kestrel Pl. BA3: Mid N . . . 5F 43
Kettle La. BA14: W Ash . . . 4H 31
Ketton Cl. BA14: Trow . . . 4B 28
Kew Dr. BA14: Trow . . . 6B 28
Kewstoke Rd. BA2: C Down . . . 1H 19
KEYNSHAM . . . 1D 6
Keynsham By-Pass BS31: Key . . . 1D 6
KEYNSHAM HOSPITAL . . . 3E 7
Keynsham Leisure Cen. . . . 2E 7
Keynsham Rd. BS31: Key . . . 1E 7
Keynsham Station (Rail) . . . 1E 7
Kilkenny La. BA2: Eng, Ing . . . 4A 18
Kilmersdon Rd. BA3: Hay, Kil, Rads . . . 5A 44
Kinber Cl. BA1: W'ton . . . 4B 10
King Alfred Way BA15: W'ley . . . 4A 22
King Edward Rd. BA2: Bath . . . 4F 15
Kingfisher Ct. BA2: Lim S . . . 5H 21
Kingfisher Dr. BA3: Mid N . . . 5F 43
King Georges Rd. BA2: Bath . . . 4D 14
King La. BS39: Clut . . . 4B 34
Kingsdown Rd. BA14: Trow . . . 2D 30
Kingsdown Vw. BA1: Bath . . . 6H 11
Kingsfield BA2: Bath . . . 6D 14
BA15: Brad A . . . 4G 23
Kingsfield Cl. BA15: Brad A . . . 4G 23
Kingsfield Grange Rd. BA15: Brad A . . . 4H 23
Kings Gdns. BA14: Trow . . . 6F 25
Kingsley Pl. BA14: Trow . . . 4B 28
Kingsley Rd. BA3: Rads . . . 4G 43
Kingsmead Ct. BA1: Bath . . . 5C 4
Kingsmead E. BA1: Bath . . . 3G 15 (5C 4)
Kingsmead Ho. BA1: Bath . . . 4C 4
Kingsmead Nth. BA1: Bath . . . 3G 15 (5C 4)
Kingsmead Sq. BA1: Bath . . . 3G 15 (5D 4)
Kingsmead St. BA1: Bath . . . 3G 15 (4D 4)
Kingsmead Ter. BA1: Bath . . . 5D 4
Kingsmead W. BA1: Bath . . . 3G 15 (5C 4)
Kings Oak Mdw. BS39: Clut . . . 1A 36
Kingston Av. BA15: Brad A . . . 6H 23
BS31: Salt . . . 5H 7
Kingston Bldgs. *BA1: Bath* . . . *5E 5*
(off York St.)
Kingston Pde. *BA1: Bath* . . . *5E 5*
(off York St.)
Kingston Rd. BA1: Bath . . . 3H 15 (5E 5)
BA15: Brad A . . . 5G 23
Kingsway BA2: Bath . . . 6D 14
Kingswood Chase BA14: Trow . . . 1A 30
Kingswood Theatre . . . 5F 11
Kingwell Vw. BS39: High L . . . 1F 37
Kipling Av. BA2: Bath . . . 5G 15
Kipling Rd. BA3: Rads . . . 4G 43
Kitcheners Ct. BA14: Trow . . . 4D 28
Kitley Hill BA3: Mid N . . . 1G 43
Knap, The BA14: Hil . . . 2H 29
Knightstone Cl. BA2: Pea J . . . 3H 39
Knightstone Ct. BA14: Trow . . . 5E 29
Knightstone Pl. BA1: W'ton . . . 6C 10
Knobsbury Hill BA3: Rads . . . 6F 45
Knobsbury La. BA3: Writ . . . 4E 45
KNOWLE HILL . . . 6G 33
Kyrle Gdns. BA1: Bathe . . . 4E 13

L

Labbott, The BS31: Key . . . 2D 6
Laburnam Ter. BA1: Bathe . . . 4E 13
Laburnum Cl. BA3: Mid N . . . 5D 42
Laburnum Gro. BA3: Mid N . . . 5D 42
BA14: Trow . . . 1C 30
Laburnum Wlk. BS31: Key . . . 4B 6
Lacock Gdns. BA14: Hil . . . 6H 29
Ladydown BA14: Trow . . . 2E 29
Laggan Gdns. BA1: Bath . . . 6F 11
Lamb Ale Grn. BA14: Trow . . . 1E 31
LAMBERTS MARSH . . . 5A 30
Lambourn Rd. BS31: Key . . . 3F 7
LAMBRIDGE . . . 6B 12
Lambridge Bldgs. BA1: Bath . . . 5A 12
Lambridge Grange BA1: Bath . . . 5B 12
Lambridge M. BA1: Bath . . . 6B 12
Lambridge Pl. BA1: Bath . . . 6B 12
Lambridge St. BA1: Bath . . . 6B 12
Lambrok Cl. BA14: Trow . . . 1A 30
Lambrok Rd. BA14: Trow . . . 1A 30
Lampards Bldgs. BA1: Bath . . . 1G 15 (1D 4)
Landseer Rd. BA2: Bath . . . 3C 14
Langdon Rd. BA2: Bath . . . 5C 14
Langford Rd. BA14: Trow . . . 3D 28
Langford's La. BS39: High L . . . 3E 37
Langley Rd. BA14: Trow . . . 2D 30
Langley's La. BA3: C'tn, Mid N . . . 6A 42
BS39: Paul . . . 6A 42
Langridge La. BA1: L'rdge, L'dwn . . . 1B 10
LANSDOWN . . . 1C 10
Lansdown Cl. BA1: Bath . . . 6F 11
BA14: Trow . . . 6C 28
Lansdown Cres. BA1: Bath . . . 6G 11
BA2: Tim . . . 1C 38
Lansdown Gro. BA1: Bath . . . 1G 15 (1D 4)
Lansdown Hgts. BA1: Bath . . . 5G 11
Lansdown La. BA1: L'dwn, W'ton . . . 5C 10
Lansdown M. BA1: Bath . . . 2G 15 (3D 4)
Lansdown Pk. BA1: L'dwn . . . 4F 11
Lansdown Pl. BS39: High L . . . 2E 37
Lansdown Pl. E. BA1: Bath . . . 1G 15
Lansdown Pl. W. BA1: Bath . . . 6G 11
Lansdown Rd. BA1: Bath . . . 1G 15 (1D 4)
BA1: L'dwn . . . 1C 10
BS31: Salt . . . 4B 8
Lansdown Ter. *BA1: Bath* . . . *1D 4*
(off Lansdown Rd.)
BA1: W'ton . . . 6D 10
Lansdown Vw. BA2: Bath . . . 3D 14
BA2: Tim . . . 1C 38
Larch Ct. BA3: Rads . . . 5H 43
Larch Gro. BA14: Trow . . . 1C 30
Lark Cl. BA3: Mid N . . . 5F 43
Lark Down BA14: Trow . . . 4F 29
LARKHALL . . . 5A 12
Larkhall Bldgs. *BA1: Bath* . . . *5B 12*
(off Larkhall Ter.)
Larkhall Pl. BA1: Bath . . . 5B 12
Larkhall Ter. BA1: Bath . . . 5B 12
Lark Pl. *BA1: Bath* . . . *2E 15*
(off Up. Bristol Rd.)
Larkspur BA14: Trow . . . 4F 29
Late Broads BA15: W'ley . . . 4A 22
Laura Pl. BA2: Bath . . . 2H 15 (3F 5)
Laurel Dr. BS39: Paul . . . 6F 37
Laurel Gro. BA14: Trow . . . 1D 30
Laurels, The BA2: Mid . . . 6B 20
BA15: W'wd . . . 2C 26
Lavender Cl. BA14: Trow . . . 6F 29
Lawson Cl. BS31: Salt . . . 5H 7
Laxton Way BA2: Pea J . . . 4B 40
Lays Dr. BS31: Key . . . 3B 6
Leafield Pl. BA14: Trow . . . 4A 28
Leap Ga. BA14: Hil . . . 4H 29
Leaze, The BA3: Rads . . . 5H 43
Leigh Cl. BA1: Bath . . . 5H 11
Leigh Pk. Rd. BA15: Brad A . . . 3G 23
Leigh Rd. BA14: Holt . . . 1D 24
BA15: B Lgh, Brad A . . . 2F 23
Leighton Rd. BA1: W'ton . . . 4B 10
Leslie Ri. BA15: W'wd . . . 2C 26
Liddington Way BA14: Trow . . . 2E 31
Lilac Ct. BS31: Key . . . 4B 6
Lilac Gro. BA14: Trow . . . 2C 30
Lilac Ter. BA3: Mid N . . . 3G 43
Lilian Ter. BS39: Paul . . . 6G 37
Lillington Cl. BA3: Rads . . . 3D 44
Lillington Rd. BA3: Rads . . . 3D 44
Limeburn Hill BS40: Chew M . . . 2C 32
Lime Ct. BS31: Key . . . 3B 6
Lime Gro. BA2: Bath . . . 3A 16 (5G 5)
Lime Gro. Gdns. BA2: Bath . . . 3A 16 (5G 5)
Limekiln La. BA2: Clav D . . . 5E 17
Lime Kilns Cl. BS31: Key . . . 2E 7
Lime Ter. BA3: Rads . . . 4H 43
LIMPLEY STOKE . . . 5F 21
Limpley Stoke Rd. BA15: W'ley . . . 4H 21
Lincoln Cl. BS31: Key . . . 3B 6
Lincombe Rd. BA3: Rads . . . 5H 43
Lincott Vw. BA2: Pea J . . . 3A 40
Linden Cl. BA3: Rads . . . 5A 44
Linden Cres. BA15: W'wd . . . 2D 26
Linden Gdns. BA1: W'ton . . . 1E 15
Linden Pl. BA14: Trow . . . 4C 28
Lindisfarne Cl. BA15: W'ley . . . 4B 22
Linley Cl. BA2: Bath . . . 4B 14
Linleys, The BA1: Bath . . . 2D 14
Linne Ho. BA2: Bath . . . 4B 14
Linnet Way BA3: Mid N . . . 5F 43
Lippiatt La. BA2: Tim . . . 1B 38
Lister Gro. BA15: W'wd . . . 2C 26
LITTLE ASHLEY . . . 2D 22
Littlebrook BS39: Paul . . . 5G 37
Little Comn. BA14: N Brad . . . 4E 31
Little Hill BA2: Bath . . . 3B 14
Little Parks BA14: Holt . . . 2G 25
LITTLE SOLSBURY . . . 3D 12
Little Solsbury Hill Fort . . . 3C 12
Lit. Stanhope St. BA1: Bath . . . 3F 15 (4B 4)
Little Theatre Cinema . . . 5D 4
LITTLETON . . . 1A 32
Littleton La. BA2: Ston L, Wel . . . 5F 41
BS40: Winf . . . 1A 32
Livingstone Rd. BA2: Bath . . . 4E 15
Livingstone Ter. *BA2: Bath* . . . *6A 4*
(off Junction Rd.)
Lockeridge Cl. BA14: Trow . . . 2E 31
Lockingwell Rd. BS31: Key . . . 2B 6
Locksbrook Ct. BA1: Bath . . . 3C 14
Locksbrook Rd. BA1: Bath . . . 3C 14
Locksbrook Rd. Trad. Est. BA1: Bath . . . 3C 14
Loddon Way BA15: Brad A . . . 6H 23
Lodge Ct. BA14: Trow . . . 5F 29
Lodge Gdns. BA2: Odd D . . . 2E 19
London Rd. BA1: Bath . . . 1H 15 (1E 5)
London Rd. E. BA1: Bathe, Bathf . . . 4E 13

London Rd. W.—Mortimer Cl.

London Rd. W. BA1: Bath, Bathe. 6B 12	Mall, The BA1: Bath. 4H 15 (5E 5)	Melton Rd. BA14: Trow 3D 28
London St. BA1: Bath. 1H 15 (1E 5)	Maltings Ind. Est., The BA1: Bath. 2B 14	Memorial Cotts. BA1: W'ton 6D 10
Long Acre BA1: Bath 1H 15	Maltings Ind. Pk., The BA14: Trow. 4C 28	Mendip Cl. BS31: Key 2C 6
Longacre Ho. BA1: Bath. 1H 15	Maltings, The BA15: Brad A 6G 23	BS39: Paul 1C 42
Long Barnaby BA3: Mid N 3E 43	Malvern Bldgs. BA1: Bath 5H 11	Mendip Gdns. BA2: Odd D 3E 19
Longfellow Av. BA2: Bath 5G 15	Malvern Ter. BA1: Bath. 6H 11	Mendip Way BA3: Rads 2B 44
Longfellow Rd. BA3: Rads 5G 43	Malvern Vs. BA1: Bath 6H 11	Meridian Wlk. BA14: Trow 5B 28
LONGFIELD 6E 29	(off Camden Rd.)	Methuen Cl. BA3: Rads 1H 27
Longfield Rd. BA14: Trow 5E 29	Mandy Mdws. BA3: Mid N 4D 42	Mews, The BA1: Bath. 1B 14
(not continuous)	Manley Cl. BA3: Rads. 4D 28	Mezellion Pl. BA1: Bath. 6A 12
Long Hay Cl. BA2: Bath 4C 14	Manor Cl. BA2: F'frd. 6H 21	(off Camden Rd.)
Longmeadow Rd. BS31: Key 3B 6	BA2: Wel 2H 41	Michaels Mead BA1: W'ton 5C 10
Longthorne Pl. BA2: C Down 1G 19	Mnr. Copse Rd. BA3: Writ. 3E 45	Middle La. BA1: Bath 6A 12
Long Valley Rd. BA2: Bath 4A 14	Manor Ct. BA14: Trow 1B 30	Middle Rd. BA1: Hil, Trow. 3G 29
Longvernal BA3: Mid N 4D 42	(not continuous)	Middle Rank BA15: Brad A 4F 23
Loop Rd. BA1: Bath. 2H 15 (3E 5)	Manor Dr. BA1: Bathf 5H 13	Middle Stoke BA2: Lim S 4H 19
Lorne Rd. BA2: Bath 3E 15 (5A 4)	Manor Gdns. BA2: F'boro 3H 35	**MIDFORD 5A 20**
Lovers La. BS39: Paul 1E 43	Manor Pk. BA1: Bath 1C 14	Midford Hill BA2: Mid. 5B 20
Love's Hill BA2: Tim 2A 38	BA3: Writ 3E 45	Midford La. BA2: Lim S, Mid 5B 20
Love's La. BA2: F'boro 3G 35	Manor Rd. BA1: W'ton. 6D 10	Midford Rd. BA2: C Down, Odd D 2F 19
Loves La. BA14: Wing 6F 27	BA3: Writ 4E 45	BA2: Mid, S'ske 4H 19
Lwr. Alma St. BA14: Trow 5F 29	BA14: Trow 1B 30	Midland Bri. Rd. BA1: Bath. 3F 15
Lower Batch BS40: Chew M 2F 33	BS31: Key, Salt 4E 7	BA2: Bath 3F 15 (5B 4)
Lwr. Borough Walls BA1: Bath 3G 15 (5D 4)	Manor Ter. BA3: Writ 3E 45	Midland Rd. BA1: Bath 3E 15
Lwr. Bristol Rd. BA2: Bath 1A 14 (4A 4)	Manor Vs. BA1: W'ton 6D 10	BA2: Bath 3E 15 (4A 4)
BS39: Clut 6B 34	Mansbrook Ho. BA3: Mid N 4E 43	Midlands Ind. Est. BA14: Holt 2F 25
Lwr. Camden Pl. BA1: Bath 1H 15	Mansel Cl. BS31: Salt 4H 7	Midlands, The BA14: Holt. 3F 25
Lower Ct. BA14: Trow 3E 29	Manton Cl. BA14: Trow 2D 30	Midsomer Ent. Pk. BA3: Mid N. 3G 43
Lwr. E. Hayes BA1: Bath 1A 16	Manvers St. BA1: Bath. 3H 15 (5C 5)	**MIDSOMER NORTON 4F 43**
Lwr. Hedgemead Rd. BA1: Bath. 1H 15 (1E 5)	BA14: Trow 4E 29	Midsummer Bldgs. BA1: Bath 5A 12
Lower Northend BA1: Bathe 2E 13	Maple Dr. BA3: Rads 4A 44	Miles's Bldgs. BA1: Bath 2G 15 (3D 4)
Lwr. Oldfield Pk. BA2: Bath 4E 15 (6A 4)	Maple Gdns. BA2: Bath 5F 15	Miles St. BA2: Bath 4H 15 (6F 5)
LOWER PEASEDOWN 3H 39	Maple Gro. BA2: Bath 5F 15	Milk St. BA1: Bath 3G 15 (5D 4)
Lower Stoke BA2: Lim S 2F 21	BA14: Trow. 1D 30	Millards Ct. BA3: Mid N 2F 43
LOWER STUDLEY 1E 31	Maple Ri. BA3: Rads 3D 44	Millard's Hill BA3: Mid N 2F 43
LOWER SWAINSWICK 5B 12	Maple Wlk. BS31: Key 3C 6	Millbourn Cl. BA15: W'ley 4A 22
LOWER WESTON 2D 14	Marchants Pas. BA1: Bath 4H 15 (6E 5)	Millbrook Ct. BA2: Bath 4H 15
LOWER WESTWOOD	Marden Rd. BS31: Key 3F 7	(off Millbrook Pl.)
Bradford-on-Avon 2D 26	Marden Wlk. BA14: Trow 1E 31	Millbrook Pl. BA2: Bath 4H 15 (6F 5)
Lwr. Westwood BA15: W'wd 3B 26	Margaret's Bldgs. BA1: Bath 2G 15 (2C 4)	Miller Wlk. BA2: B'ptn 6D 12
(Iford Hill)	Margaret's Hill BA1: Bath 1H 15 (1E 5)	Millfield BA3: Mid N. 5D 42
Lower Whitelands BA3: Rads 2D 44	Marina Dr. BA14: Stav, Stav 1E 29	Millhand Vs. BA14: Trow 1F 31
LOWER WRITHLINGTON 2E 45	Marjorie Whimster Ho. BA1: Bath 3C 14	Mill Hill BA2: Wel 2H 41
Lowmead BA14: Trow 4F 29	Market St. BA14: Trow 5E 29	Mill Ho., The BA15: Brad A 5G 23
Loxley Gdns. BA2: Bath 5D 14	BA15: Brad A 4G 23	Millington Dr. BA14: Trow 6B 28
Loxton Dr. BA2: Bath 3C 14	Marlborough Bldgs. BA1: Bath 2F 15 (2B 4)	Mill La. BA2: B'ptn 5E 13
Lucklands Rd. BA1: W'ton 6D 10	Marlborough La. BA1: Bath 2F 15 (3B 4)	BA2: Bath 3C 14
Ludlow Cl. BS31: Key. 2C 6	Marlborough St. BA1: Bath. 1F 15 (1B 4)	BA2: Mon C 3D 20
Ludwells Orchard BS39: Paul 6G 37	Marsden Rd. BA2: Bath 6C 14	BA2: Tim 2B 38
Lulworth Rd. BS31: Key 3D 6	Marshfield Way BA1: Bath 6H 11	BA3: Rads 2D 44
Lyddieth Ct. BA15: W'ley 4B 22	Marsh La. BS39: Clut, Hall 1B 36	BA15: Brad A 5G 23
Lydiard Way BA14: Trow. 2E 31	Marshmead BA14: Hil 1G 29	BA15: Brad A 5B 32
LYE GREEN 1D 36	Marsh Rd. BA14: Trow 6F 25	Millmead Rd. BA2: Bath. 4D 14
Lyme Gdns. BA1: Bath 2C 14	Marston Rd. BA14: Trow. 2C 30	Mill Rd. BA3: Rads 3C 44
Lyme Rd. BA1: Bath 2C 14	Martock Rd. BS31: Key 4F 7	Mill Rd. Ind. Est. BA3: Rads. 2C 44
Lymore Av. BA2: Bath 4D 14	Masons La. BA15: Brad A 4G 23	Mill St. BA14: Trow 5E 29
Lymore Gdns. BA2: Bath 4D 14	Maulton Cl. BA14: Holt. 3E 25	Millward Ter. BS39: Paul 5G 37
Lymore Ter. BA2: Bath 5D 14	Maxcroft La. BA14: Hil 6F 25	Milsom St. BA1: Bath 2G 15 (3D 4)
Lympsham Grn. BA2: Odd D 2E 19	Maybrick Rd. BA2: Bath 4E 15	Milton Av. BA2: Bath 5A 16
Lynbrook La. BA2: Bath 6G 15	Mayfield Rd. BA2: Bath 4E 15	Milton Rd. BA3: Rads 4G 43
LYNCOMBE HILL 5H 15	Mayfields BS31: Key 2D 6	Milward Rd. BS31: Key 1D 6
Lyncombe Hill BA2: Bath 4H 15 (6F 5)	Maynard Ter. BS39: Clut. 6B 34	Minerva Ct. BA2: Bath 2F 5
LYNCOMBE VALE 6H 15	Maypole Cl. BS39: Clut 6A 34	Minerva Gdns. BA2: Bath 4D 14
Lyncombe Va. BA2: Bath 5H 15	May Tree Rd. BA3: Rads. 4A 44	Minsmere Rd. BS31: Key 4F 7
Lyncombe Va. Rd. BA2: Bath 6H 15	May Tree Wlk. BS31: Key. 4B 6	Minster Way BA2: Bath 1B 16
Lyndhurst Bungs. BA15: Brad A 5G 23	Mead Cl. BA2: Bath. 6F 15	Molly Cl. BS39: Tem C 3A 36
Lyndhurst Pl. BA1: Bath. 1H 15	Mead Ct. BA14: N Brad 4E 31	**MONGER 2D 42**
Lyndhurst Rd. BA2: Bath 3D 14	Meade Ho. BA2: Bath. 4B 14	Monger Cotts. BS39: Paul. 2E 43
BA3: Mid N 5F 43	**MEADGATE EAST 1E 39**	Monger La. BA3: Mid N 2D 42
BS31: Key 4E 7	**MEADGATE WEST 1D 38**	BS39: Paul 2D 42
Lyndhurst Ter. BA1: Bath 1H 15	Mead La. BS31: Salt. 3C 8	Monksdale Rd. BA2: Bath 5E 15
Lyneham Way BA14: Trow 5G 29	Meadow Ct. BA1: Bath 2B 14	**MONKTON COMBE 2D 20**
Lynfield Pk. BA1: W'ton 5D 10	Meadow Dr. BA2: Odd D 3E 19	Monmouth Cl. BA1: Bath 4B 4
Lynton Rd. BA3: Mid N 5F 43	Meadowfield BA15: Brad A 5E 23	(off Up. Bristol Rd.)
Lynwood Cl. BA3: Mid N 5E 43	Meadow Gdns. BA1: Bath 6B 10	Monmouth Pl. BA1: Bath 3G 15 (4C 4)
Lynwood Dr. BA14: Trow. 4B 28	Meadow La. BA2: B'ptn 6C 12	Monmouth Rd. BS31: Key 2C 6
Lytes Cary Rd. BS31: Key 5F 7	Meadow Pk. BA1: Bathf 4G 13	Monmouth St. BA1: Bath 3G 15 (4C 4)
Lytton Gdns. BA2: Bath. 5C 14	Meadow Rd. BS39: Paul. 1D 42	Montague Ct. BA2: Hil 4H 29
Lytton Gro. BS31: Key 2F 7	Meadow Vw. Cl. BA1: Bath 1B 14	Montague Rd. BA2: Shos 6C 40
	Meadow Vw. BA3: Rads 4C 44	BS31: Salt 5H 7
	Mead, The BA2: F'boro 3H 35	Montpelier BA1: Bath 2G 15 (2D 4)
	BA2: Tim 1C 38	Montrose Cotts. BA1: W'ton 6D 10
M	BA15: W'ley 4B 22	Moorfields Cl. BA2: Bath 5E 15
	BS39: Clut 6A 34	Moorfields Rd. BA2: Bath 5E 15
	BS39: Paul 6F 37	Moorhen Cl. BA14: Stav 6F 27
Macaulay Bldgs. BA2: Bath 5B 16	Meadway BA14: Trow. 5B 28	Moorland Rd. BA2: Bath 4E 15
McDonogh Ct. BA14: Trow 5F 29	BS39: Tem C 2A 36	**MOORLANDS 5E 15**
Macies, The BA1: W'ton 4C 10	Meare Rd. BA2: C Down 1G 19	**MOORLEDGE 4H 33**
Madam's Paddock BS40: Chew M 2F 33	**MEARNS 1G 37**	Moorledge La. BS40: Chew M 4G 33
Maesbury Rd. BS31: Key 5F 7	Medway Cl. BS31: Key 4F 7	Moorledge Rd. BS40: Chew M 3F 33
Magdalen Av. BA2: Bath 4G 15 (6C 4)	Medway Dr. BS31: Key 4F 7	**MOORSFIELD 6A 34**
Magdalene Rd. BA3: Writ 3E 45	Melcombe Ct. BA2: Bath 5E 15	Morford St. BA1: Bath 1G 15 (2D 4)
Magdalen La. BA14: Wing 6E 27	Melcombe Rd. BA2: Bath 4E 15	Morgan Cl. BS31: Salt 5H 7
Magdalen Rd. BA2: Bath 4G 15 (6C 4)	Melksham Rd. BA14: Holt 2G 25	Morgan Way BA2: Pea J 4B 40
Maggs Hill BA2: Tim 1B 38	Mells La. BA3: Rads 3D 44	Morley Ter. BA1: Bath 3E 15
Magnolia Ri. BA14: Trow 6F 29	Melrose Gro. BA2: Bath 6C 14	BA3: Rads 2C 44
Magnolia Rd. BA3: Rads 4A 44	Melrose Ter. BA1: Bath 5H 11	Morris La. BA1: Bathf 4G 13
Magnon Rd. BA15: Brad A 4E 23		Mortimer Cl. BA1: W'ton 5C 10
Mallow Cl. BA14: Trow. 1E 31		

54 A-Z Bath

Mortimer St. BA14: Trow . . . 6D **28**
Moulton Dr. BA15: Brad A . . . 1G **27**
Mountain Ash BA1: W'ton . . . 6E **11**
Mountain's La. BA2: F'boro . . . 2F **35**
Mountain Wood BA1: Bathf . . . 5H **13**
Mount Beacon BA1: Bath . . . 6H **11**
Mount Beacon Pl. BA1: Bath . . . 6G **11**
Mt. Beacon Row BA1: Bath . . . 6H **11**
Mount Gro. BA2: Bath . . . 6C **14**
Mount Pleasant BA2: Mon C . . . 2C **20**
BA3: Rads . . . 3D **44**
Mt. Pleasant BA15: Brad A . . . 4G **23**
Mount Rd. BA1: Bath . . . 1G **15**
BA2: Bath . . . 5B **14**
Mount, The BA14: Trow . . . 3E **29**
Mount Vw. *BA1: Bath . . . 6H **11***
(off Beacon Rd.)
BA2: Bath . . . 6C **14**
Moyle Pk. BA14: Hil . . . 4H **29**
MURHILL . . . **5H 21**
Murray Rd. BA14: Trow . . . 3E **29**
Mus. of Bath at Work . . . **1G 15 (1D 4)**
Mus. of Costume . . . **2G 15 (2D 4)**
Mus. of East Asian Art . . . **2G 15 (2C 4)**
Mythern Mdw. BA15: Brad A . . . 6H **23**

N

Naishes Av. BA2: Pea J . . . 3B **40**
Naish Ho. BA2: Bath . . . 3B **14**
Napier Rd. BA1: W'ton . . . 4B **10**
Narrow Wine St. *BA14: Trow . . . 5E **29***
(off Red Hart La.)
Nash Cl. BS31: Key . . . 2F **7**
Nasmilco BA14: Stav . . . 5E **25**
Navigator Cl. BA14: Trow . . . 1F **29**
Nelson Bldgs. BA1: Bath . . . 1H **15** (1F **5**)
Nelson Ho. BA1: Bath . . . 2F **15** (3B **4**)
Nelson Pl. E. BA1: Bath . . . 1H **15** (1E **5**)
Nelson Pl. W. BA1: Bath . . . 3F **15** (4B **4**)
Nelson Vs. BA1: Bath . . . 3F **15** (4A **4**)
Nestings, The BA14: Trow . . . 2B **30**
Newark St. BA1: Bath . . . 4H **15** (6E **5**)
New Bond St. BA1: Bath . . . 3G **15** (4D **4**)
New Bond St. Pl. BA1: Bath . . . 4E **5**
NEWBRIDGE . . . **1B 14**
Newbridge Ct. BA1: Bath . . . 2C **14**
Newbridge Gdns. BA1: Bath . . . 1B **14**
Newbridge Hill BA1: Bath . . . 1B **14**
Newbridge Rd. BA1: Bath . . . 1A **14**
BA2: Bath . . . 1A **14**
NEW BUILDINGS . . . **4G 39**
Newhurst Pk. BA14: Hil . . . 3H **29**
New King St. BA1: Bath . . . 3G **15** (4B **4**)
Newlands Rd. BS31: Key . . . 3C **6**
Newleaze BA14: Hil . . . 1G **29**
Newmans La. BA2: Tim . . . 1B **38**
Newmarket Av. BA14: Trow . . . 3F **31**
New Mkt. Row *BA2: Bath . . . 4E **5***
(off Grand Pde.)
New Orchard St. BA1: Bath . . . 3H **15** (5E **5**)
New Pit BS39: Paul . . . 5H **37**
New Rd. BA1: Bathf . . . 5H **13**
BA2: F'frd . . . 6G **21**
BA2: Tim . . . 1F **37**
BA14: Trow . . . 6E **29**
(not continuous)
BA15: Brad A . . . 4G **23**
BS39: High L . . . 1E **37**
New St. BA1: Bath . . . 3G **15** (5D **4**)
New Ter. BA14: Hil, Stav . . . 5E **25**
Newton Mill Camping & Cvn. Pk.
BA2: New L . . . 3A **14**
Newton Rd. BA2: Bath . . . 4A **14**
NEWTOWN
KNOWLE HILL . . . **6H 33**
Newtown BA14: Trow . . . 5D **28**
BA15: Brad A . . . 5F **23**
BS39: Paul . . . 6F **37**
New Tyning Ter. *BA1: Bath . . . 6A **12***
(off Fairfield Rd.)
New Vs. BA2: Bath . . . 5H **15**
Nicholl's Pl. *BA1: Bath . . . 1D **4***
(off Lansdown Rd.)
Nightingale Rd. BA14: Trow . . . 5B **28**
Nightingale Way BA3: Mid N . . . 5F **43**
Nile St. BA1: Bath . . . 3F **15** (4B **4**)
Norfolk Bldgs. BA1: Bath . . . 3F **15** (4B **4**)
Norfolk Cres. BA1: Bath . . . 3F **15** (4B **4**)
Norfolk Gro. BS31: Key . . . 3B **6**
Norman Rd. BS31: Salt . . . 4A **8**
Normans, The BA2: B'ptn . . . 6E **13**
Norris Rd. BA14: Hil . . . 5H **29**
Northampton Bldgs.
BA1: Bath . . . 1G **15** (1C **4**)
Northampton St. BA1: Bath . . . 1G **15** (1C **4**)
Northanger Ct. *BA2: Bath . . . 3F **5***
(off Grove St.)
NORTH BRADLEY . . . **4E 31**
Nth. Chew Ter. BS40: Chew M . . . 2F **33**
Northdown Rd. BA3: Clan . . . 6E **39**
NORTH END
BATHEASTON . . . **2E 13**
CLUTTON . . . **4A 34**
Northend BA3: Mid N . . . 3F **43**
Northend Cotts. BA1: Bathe . . . 2E **13**
NORTHFIELD . . . **3D 44**
Northfield BA3: Rads . . . 2C **44**
BA15: W'ley . . . 4C **22**
Northfields BA1: Bath . . . 6G **11**
Northfields Cl. BA1: Bath . . . 6G **11**
Northgate St. BA1: Bath . . . 3H **15** (4E **5**)
North La. BA2: Clav D . . . 4C **16**
Northleigh BA15: Brad A . . . 2H **23**
Northmead Av. BA3: Mid N . . . 3D **42**
Northmead Cl. BA3: Mid N . . . 3D **42**
North Mdws. BA2: Pea J . . . 3C **40**
Northmead Rd. BA3: Mid N . . . 3D **42**
North Pde. BA1: Bath . . . 3H **15** (5F **5**)
BA2: Bath . . . 3H **15**
North Pde. Bldgs. *BA1: Bath . . . 5E **5***
(off New Orchard St.)
North Pde. Pas. BA1: Bath . . . 3H **15** (5E **5**)
North Pde. Rd. BA2: Bath . . . 3H **15** (5F **5**)
North Rd. BA2: Bath, B'ptn . . . 2B **16** (2H **5**)
BA2: C Down . . . 2A **20**
BA2: Tim . . . 1B **38**
BA3: Mid N . . . 4D **42**
NORTH STOKE . . . **1F 9**
Northumberland Bldgs. BA1: Bath . . . 4D **4**
Northumberland Pl. BA1: Bath . . . 3H **15** (4E **5**)
North Vw. BA2: Pea J . . . 3A **40**
BA3: Rads . . . 3D **44**
North Vw. Cl. BA2: Bath . . . 4C **14**
North Way BA2: Bath . . . 4B **14**
BA3: Mid N . . . 4E **43**
Norton Cl. BS40: Chew M . . . 2F **33**
NORTON HILL . . . **5F 43**
Norton La. BS40: Chew M . . . 2F **33**
Norwood Av. BA2: Clav D . . . 5D **16**
Nunney Cl. BS31: Key . . . 5F **7**
Nursery Cl. BA14: Hil . . . 2H **29**
Nutgrove La. BS40: Chew M . . . 2E **33**

O

Oak Av. BA2: Bath . . . 6D **14**
Oak Dr. BA14: N Brad . . . 4D **30**
Oakfield Cl. BA1: Bath . . . 1E **15**
Oakfield Rd. BS31: Key . . . 4E **7**
Oakford La. BA1: Bathe . . . 1F **13**
Oakhill Rd. BA2: C Down . . . 1G **19**
Oaklands BS39: Paul . . . 1C **42**
Oakley BA2: Clav D . . . 4D **16**
Oak St. BA2: Bath . . . 4G **15** (6C **4**)
Oak Ter. BA3: Rads . . . 4H **43**
Oak Tree Cl. BA14: Trow . . . 4C **28**
Oak Tree Wlk. BS31: Key . . . 3C **6**
Oakwood Gdns. BA2: Clav D . . . 4C **16**
Octagon . . . **2G 15 (3D 4)**
ODD DOWN . . . **2E 19**
Odins Rd. BA2: Odd D . . . 2E **19**
Old Batch, The BA15: Brad A . . . 3E **23**
Old Bond St. BA1: Bath . . . 3G **15** (4D **4**)
Old Bristol Rd. BS31: Key . . . 1B **6**
Old Ct. BA15: Brad A . . . 5H **23**
Old England Way BA2: Pea J . . . 3B **40**
Old Ferry Rd. BA2: Bath . . . 3D **14**
Oldfield La. BA2: Bath . . . 5E **15**
OLDFIELD PARK . . . **4F 15 (6A 4)**
Oldfield Park Station (Rail) . . . **3E 15**
Oldfield Pl. BA2: Bath . . . 4F **15** (6B **4**)
Oldfield Rd. BA2: Bath . . . 4F **15**
Old Forge Way BA2: Pea J . . . 3C **40**
Old Fosse Rd. BA2: Odd D . . . 1D **18**
BA3: Clan . . . 1A **44**
Old Frome Rd. BA2: Odd D . . . 3F **19**
Old King St. BA1: Bath . . . 2G **15** (3D **4**)
Old Midford Rd. BA2: S'ske . . . 4H **19**
Old Millard's Hill BA3: Mid N . . . 2F **43**
OLD MILLS . . . **2B 42**
Old Mills Ind. Est. BS39: Paul . . . 3C **42**
Old Mills La. BS39: Paul . . . 2B **42**
Old Newbridge Hill BA1: Bath . . . 1B **14**
Old Orchard BA1: Bath . . . 2H **15** (2E **5**)
Old Orchard St. BA1: Bath . . . 3H **15** (5E **5**)
Old Pit Rd. BA3: Mid N . . . 5F **43**
Old Pit Ter. BA3: Clan . . . 1A **44**
Old Quarry BA2: Odd D . . . 1E **19**
Old Rd. BA3: Writ . . . 4E **45**
Old Track BA2: Lim S . . . 4E **21**
Old Vicarage Grn. BS31: Key . . . 1D **6**
Old Wells Rd. BA2: Bath . . . 6G **15**
Onega Cen. BA1: Bath . . . 3A **4**
Onega Ter. BA1: Bath . . . 2F **15** (3A **4**)
Oolite Gro. BA2: Odd D . . . 2E **19**
Oolite Rd. BA2: Odd D . . . 2E **19**
Orange Gro. BA1: Bath . . . 3H **15** (4E **5**)
Orchard Av. BA3: Mid N . . . 4D **42**
Orchard Cl. BA14: W Ash . . . 3H **31**
BA15: W'wd . . . 2C **26**
BS31: Key . . . 1B **6**
Orchard Ct. BA14: Trow . . . 6E **29**
Orchard Dr. BA14: S'wck . . . 4A **30**
Orchard Gdns. *BA15: Brad A . . . 5G **23***
(off Up. Regents Pk.)
BS39: Paul . . . 5G **37**
Orchard Rd. BA14: Trow . . . 6E **29**
BS39: Paul . . . 5G **37**
Orchard Ter. BA2: Bath . . . 3C **14**
Orchard, The BA2: C Down . . . 2A **20**
BA2: F'frd . . . 6H **21**
Orchard Va. BA3: Mid N . . . 4C **42**
Orchard Way BA2: Pea J . . . 4B **40**
BA14: N Brad . . . 4D **30**
Oriel Cl. BA14: Hil . . . 2H **29**
Oriel Gdns. BA1: Swain . . . 5B **12**
Oriel Gro. BA2: Bath . . . 5C **14**
Orwell Dr. BS31: Key . . . 3E **7**
Osborne Rd. BA1: Bath . . . 3C **14**
BA14: Trow . . . 2F **29**
Ostlings La. BA1: Bathf . . . 5G **13**
Otago Ter. BA1: Bath . . . 5B **12**
OVAL, THE . . . **5D 14**
Oval, The BA2: Bath . . . 5D **14**
Overdale BA2: Tun . . . 1F **39**
BA3: Clan . . . 6E **39**
Oxford Pl. BA2: C Down . . . 1B **20**
Oxford Row BA1: Bath . . . 2G **15** (2D **4**)
Oxford Ter. BA2: C Down . . . 1B **20**
Oxney Pl. BA2: Pea J . . . 4A **40**

P

Pack Horse La. BA2: S'ske . . . 4G **19**
Paddocks, The BA2: C Down . . . 2A **20**
Paddock Woods BA2: C Down . . . 1C **20**
Padfield Cl. BA2: Bath . . . 4C **14**
PADLEIGH . . . **1B 18**
Padleigh Hill BA2: Bath . . . 1B **18**
Pagans Hill BS40: Chew M . . . 3B **32**
BS40: Chew S . . . 3B **32**
Painters Mead BA14: Hil . . . 3H **29**
Palace Yd. M. BA1: Bath . . . 3G **15** (4C **4**)
Palairet Cl. BA15: Brad A . . . 1G **27**
Palmer Dr. BA15: Brad A . . . 3G **23**
Palmer Rd. BA14: Trow . . . 3E **29**
Parade, The BA2: Clav D . . . 3D **16**
Paragon BA1: Bath . . . 2H **15** (2E **5**)
Park & Ride
Lansdown . . . **2D 10**
Newbridge . . . **1A 14**
Odd Down . . . **3D 18**
Park Av. BA2: Bath . . . 4G **15** (6C **4**)
Park Cl. BA14: N Brad . . . 4E **31**
BS31: Key . . . 2C **6**
BS39: Paul . . . 6F **37**
PARK CORNER . . . **6F 21**
Park Gdns. BA1: Bath . . . 1E **15**
Parkhouse La. BS31: Key . . . 5B **6**
(not continuous)
Parklands BA14: Trow . . . 3D **28**
BS39: High L . . . 1F **37**
Park La. BA1: Bath . . . 1E **15**
Park Mans. BA1: Bath . . . 1F **15**
Park Pl. BA1: Bath . . . 1F **15** (1B **4**)
BA2: C Down . . . 2A **20**
Park Rd. BA1: Bath . . . 2C **14**
BA14: Trow . . . 5E **29**
BS31: Key . . . 2D **6**
BS39: Paul . . . 6F **37**
Park St. BA1: Bath . . . 1F **15** (1B **4**)
BA14: Trow . . . 6D **28**
Park St. M. BA1: Bath . . . 1B **4**
Park, The BS31: Key . . . 1D **6**
Park Vw. BA2: Bath . . . 3E **15** (4A **4**)
Parkway BA2: Cam . . . 1E **39**
Park Way BA3: Mid N . . . 5E **43**
Parry Cl. BA2: Bath . . . 5C **14**
Parsonage La. BA1: Bath . . . 3G **15** (4D **4**)
Parsonage Rd. BA14: Hil . . . 4H **29**
Partis College . . . **1B 14**
Partis Way BA1: Bath . . . 1B **14**
Pastures, The BA15: W'wd . . . 2B **26**
Paulmont Ri. BS39: Tem C . . . 2A **36**
Paulto Hill BS39: Paul . . . 5H **37**
PAULTON . . . **5G 37**
PAULTON HOSPITAL . . . **1D 42**

Paulton La.—Robin Cl.

Paulton La. BA3: Rads 4D 38
Paulton Rd. BA3: Mid N 4D 42
  BS39: Far G 2A 42
Paulton Swimming Pool **6G 37**
Paulwood Rd. BS39: Tem C 2A 36
Pavely Gdns. BA14: Hil 4H 29
Pavilion, The **5G 5**
Paxcroft Way BA14: Trow 5G 29
PEASECROFT ST JOHN **4A 40**
Peasedown St John By-Pass
  BA2: Pea J 5H 39
Pembroke Cl. BA14: Trow 1E 31
Pembroke Ct. BA1: W'ton 6D 10
Pennard Grn. BA2: Bath 3B 14
Penn Gdns. BA1: Bath 1B 14
Penn Hill Rd. BA1: Bath, W'ton 1B 14
Penn Lea Ct. BA1: Bath 1C 14
Penn Lea Rd. BA1: Bath 6B 10
Pennyquick BA2: New L 3A 14
Pennyquick Vw. BA2: Bath 3A 14
Penthouse Hill BA1: Bathe 4E 13
Pepperacre La. BA14: Trow 4G 29
Pepys Cl. BS31: Salt. 5A 8
Pera Pl. BA1: Bath 1H 15
Pera Rd. BA1: Bath 1H 15 (1E 5)
Percy Pl. BA1: Bath 6A 12
Perfect Vw. BA1: Bath 6H 11
Perrin Cl. BS39: Tem C 3A 36
PERRYMEAD **6A 16**
Perrymead BA2: Bath 5A 16
Perrymead Pl. BA2: Bath 5A 16
Peterside BS39: Tem C 4A 36
Peto Garden at Iford Manor, The **2B 26**
Peto Gro. BA15: W'wd 2C 26
Phillis Ct. BA14: Holt 3F 25
Phillis Hill BA3: Mid N 2D 42
  BS39: Paul 1D 42
Phoenix Ho. BA1: Bath 1C 4
Piccadilly Pl. BA1: Bath 6A 12
Pickwick Rd. BA1: Bath 5H 11
Pierrepont Pl. BA1: Bath 3H 15 (5E 5)
Pierrepont St. BA1: Bath 3H 15 (5E 5)
Pilgrims Way BS40: Chew S 5B 32
Pine Ct. BA3: Rads 3C 44
  BS31: Key. 3B 6
  BS40: Chew M 2F 33
Pines Way BA2: Bath 3F 15 (5A 4)
  BA3: Rads 3C 44
Pines Way Ind. Est.
  BA2: Bath 5B 4
Pine Wlk. BA3: Rads 4A 44
  BA14: N Brad 4D 30
Pinewood Av. BA3: Mid N 4D 42
Pinewood Gro. BA3: Mid N. 4D 42
Pinewood Rd. BA3: Mid N 4D 42
Pioneer Av. BA2: C Down 2G 19
PIPEHOUSE **6E 21**
Pipehouse La. BA2: F'frd 6E 21
Piplar Ground BA15: Brad A 1G 27
Pippin Cl. BA2: Pea J 4B 40
Pithay, The BS39: Paul. 5G 37
Pitman Av. BA14: Trow 6C 28
Pitman Cl. BA14: Trow 1C 30
Pitman Ct. BA1: Bath 5B 12
Pitman Ho. BA2: Bath. 6E 15
Pitman M. BA14: Trow 5E 29
Pit Rd. BA3: Mid N 4F 43
Pitt's La. BS40: Chew M 4F 33
Pixash Bus. Cen. BS31: Key. 2G 7
Pixash La. BS31: Key. 2G 7
Pleasant Pl. BA1: Bathf 5H 13
Plovers Ri. BA3: Rads 2C 44
PLUMMER'S HILL **5F 37**
Plumptre Cl. BS39: Paul 6G 37
Plumptre Rd. BS39: Paul 6F 37
Podgers Dr. BA1: W'ton 1D 6
Podium, The
  BA1: Bath. 3H 15 (3E 5)
Poets Cnr. BA3: Rads 5G 43
Polebarn Cir. BA14: Trow 5E 29
Polebarn Gdns. BA14: Trow 4E 29
Polebarn Rd. BA14: Trow 4E 29
Pomeroy La. BA14: Wing 6E 27
Poolbarton BS31: Key 1D 6
Poole Ho. BA2: Bath. 4A 14
Poolemead Rd. BA2: Bath 4A 14
Poor Hill BA2: F'boro 3H 35
Popes Wlk. BA2: Bath 6A 16
Poplar Cl. BA2: Bath. 5E 15
Poplar Rd. BA2: Odd D 3E 19
Poplars, The BA14: Trow 2B 30
Porlock Rd. BA2: C Down. 2H 19
Portland Pl. BA1: Bath. 1G 15 (1C 4)
Portland Rd. *BA1: Bath* *1C 4*
  (off St James's Pk.)
Portland Ter. *BA1: Bath* *1C 4*
  (off Harley St.)
Postal Mus. **3D 4**

Poston Way BA15: W'ley. 4B 22
Potts Cl. BA1: Bathe 3E 13
Poulton Cl. BA15: Brad A. 6G 23
Poulton La. BA15: Brad A. 1G 27
  (not continuous)
Pound Farm Cl. BA14: Hil. 1F 29
Pound La. BA15: Brad A 5F 23
Powlett Ct. BA2: Bath 2A 16 (2G 5)
Powlett Rd. BA2: Bath 1A 16 (1G 5)
Pow's Hill BA3: Clan. 1H 43
Pow's Orchard BA3: Mid N 4E 43
Priddy Cl. BA2: Bath. 4C 14
  (not continuous)
Priest Path BS31: Q Char 4A 6
PRIMROSE HILL **6E 11**
Primrose Hill BA1: W'ton 6E 11
Primrose La. BA3: Mid N 4F 43
Primrose Ter. BA3: Mid N 4F 43
Princes Bldgs. BA1: Bath. 3D 4
  BA2: Bath. 4A 16 (6G 5)
Princess Cl. BS31: Key 3D 6
Princess Gdns. BA14: Hil. 1F 29
Princes St. BA1: Bath. 3G 15 (4D 4)
Prince's St. BA3: Clan. 6E 39
Prior Pk. Bldgs. *BA2: Bath* *4A 16*
  (off Prior Pk. Rd.)
Prior Pk. Cotts. BA2: Bath 4H 15
Prior Pk. Gdns. BA2: Bath 4A 16
Prior Pk. Landscape Garden **6B 16**
Prior Pk. Rd. BA2: Bath 4A 16 (6G 5)
Priors Hill BA2: Tim. 2H 37
Priory Cl. BA2: C Down 1A 20
  BA3: Mid N 4E 43
  BA15: Brad A 4F 23
Priory Pk. BA15: Brad A. 4G 23
Priory Rd. BS31: Key 1D 6
Proby Pl. BA14: Hil. 4H 29
Prospect Bldgs. BA1: Bath 2E 13
Prospect Gdns. BA1: Bathe 2E 13
Prospect Pl. *BA1: Bath*. *6H 11*
  (off Camden Rd.)
  BA1: Bathf 5H 13
  BA1: W'ton 5D 10
  BA2: Bath 4G 15
  BA2: C Down *2A 20*
  (off Combe Rd.)
  BA14: Trow. 4E 29
Prospect Rd. BA2: Bath 5B 16
PROVIDENCE PLACE **4D 42**
Providence Pl.
  BS40: Chew S. 5B 32
Pulteney Av. BA1: Bath 3A 16 (5G 5)
Pulteney Bri. BA2: Bath 3H 15 (4E 5)
Pulteney Ct. BA2: Bath. 6G 5
Pulteney Gdns. BA2: Bath 3A 16 (5G 5)
Pulteney Gro. BA2: Bath 4A 16 (6G 5)
Pulteney M. BA2: Bath. 2H 15 (4F 5)
Pulteney Rd. BA2: Bath 4A 16 (6G 5)
Pulteney Ter. *BA2: Bath* *5G 5*
  (off Pulteney Av.)
Pump La. BA1: Bathf 6G 13
Pump Room .... **3H 15 (4D 4)**
Purlewent Dr. BA1: W'ton. 5D 10

Q

Quantocks BA2: C Down 2H 19
Quarry Cl. BA2: C Down. 2G 19
  BA2: Lim S. 5A 22
Quarry Hay BS40: Chew S 5B 32
Quarrymans Ct. BA2: C Down. 2A 20
Quarry Rd. BA2: Clav D 4C 16
Quarry Rock Gdns. Cvn. Pk.
  BA2: Clav D 5D 16
Quarry Va. BA2: C Down 2A 20
Quarterway La. BA14: Trow 4F 29
Quebec BA2: Bath. 3B 14
QUEEN CHARLTON **4A 6**
Queen Charlton La.
  BS31: Q Char 5A 6
Queens Club Gdns.
  BA14: Trow. 5B 28
Queen's Dr. BA2: C Down. 2H 19
Queens Gdns. BA14: Hil. 1F 29
Queens Pde. BA1: Bath 2G 15 (3C 4)
Queens Pde. Pl.
  BA1: Bath 2G 15 (3C 4)
Queens Pl. BA2: Bath. 4A 16 (6G 5)
Queen Sq. BA1: Bath. 2G 15 (3C 4)
  BS31: Salt 4C 8
Queen Sq. Pl. BA1: Bath 2G 15 (3C 4)
Queen's Rd. BA3: Rads 3D 44
Queens Rd. BA14: Trow 3D 28
  BS31: Key. 3C 6
Queen St. BA1: Bath 3G 15 (4D 4)
Queenwood Av. BA1: Bath 6H 11

Quiet St. BA1: Bath 3G 15 (4D 4)
Quilling Cl. BA14: Trow 6F 29

R

Raby M. BA2: Bath 2A 16 (3G 5)
Raby Pl. BA2: Bath 2A 16 (3G 5)
Raby Vs. BA2: Bath. 2A 16 (3H 5)
Rackfield Pl. BA2: Bath 3C 14
Rackvernal Cl. BA3: Mid N 4F 43
Rackvernal Rd. BA3: Mid N 4F 43
RADFORD **3C 38**
Radford Hill BA2: Tim. 3C 38
  BA3: Rads 4C 38
RADSTOCK **3B 44**
Radstock Mus. **3B 44**
Radstock Rd. BA3: Mid N 3F 43
Rag Hill BA2: Shos. 6B 40
Raglan Cl. *BA1: Bath* *5H 11*
  (off Raglan La.)
Raglan La. BA1: Bath. 5H 11
Raglan St. BA1: Bath 5H 11
Raglan Ter. BA1: Bath 5H 11
Raglan Vs. BA1: Bath. 6H 11
Raglan Wlk. BS31: Key 3C 6
Ragleth Gro. BA14: Trow 3F 29
Railway La. BA2: Wel. 2H 41
Railway Pl. BA1: Bath 4H 15 (6F 5)
Railway Rd. BA1: Bath 4H 15 (6E 5)
Railway St. BA1: Bath 4H 15 (6E 5)
Railway Vw. Pl. BA3: Mid N 3F 43
Raleigh Cl. BS31: Salt 5H 7
Raleigh Ct. BA14: Trow 5E 29
Ralph Allen Dr. BA2: Bath, C Down. 5A 16
Rambler Cl. BA14: Trow. 4B 28
Ramsbury Wlk. BA14: Trow 1E 31
Ramscombe La. BA1: Bathe 1D 12
Rank, The BA14: N Brad. 4C 30
Ravenscroft Gdns. BA14: Trow 4G 29
Rectory Cl. BA2: F'boro 3H 35
Rectory La. BA2: Tim 1B 38
Redfield Gro. BA3: Mid N 4E 43
Redfield Rd. BA3: Mid N 5D 42
Red Hat La. BA14: Trow 5E 29
Red Hill BA2: Cam 3E 39
Redland Pk. BA2: Bath 3A 14
  (not continuous)
Redlands Ter. BA3: Mid N 5D 42
Redlynch La. BS31: Key. 5A 6
RED POST **4H 39**
Red Post Ct. BA2: Pea J 4H 39
Redwood Cl. BA3: Rads 5A 44
Redwoods, The BS31: Key. 1C 6
Regents Fld. BA2: Bath 1C 16
Regents Pl. BA14: Trow 1B 30
  BA15: Brad A. 5G 23
Regina, The BA1: Bath. 2D 4
Reynold's Cl. BS31: Key. 2F 7
Rhode Cl. BS31: Key. 4F 7
Richardson Pl. BA2: C Down 2B 20
Richmond Cl. BA1: Bath. 6G 11
  BA14: Trow. 6B 28
  BS31: Key. 3C 6
Richmond Hgts. BA1: Bath 5G 11
Richmond Hill BA1: Bath 6G 11
Richmond La. BA1: Bath. 6G 11
Richmond Pl. BA1: Bath. 6G 11
Richmond Rd. BA1: Bath 5G 11
Richmond Ter. *BA1: Bath* *6H 11*
  (off Rivers Rd.)
Rickfield BA15: Brad A 5E 23
Ridge Grn. Cl. BA2: Odd D 3E 19
Ridge, The BA15: Brad A 4H 23
Ringswell Gdns. BA1: Bath. 6A 12
Ringwood Rd. BA2: Bath 3D 14
River Pl. BA2: Bath 3C 14
RIVERSIDE **6D 42**
Riverside Cl. BA3: Mid N. 6D 42
Riverside Cotts. BA3: Rads 3C 44
Riverside Ct. BA2: Bath. 3G 15 (6C 4)
Riverside Gdns. BA1: Bath. 5C 4
  BA3: Mid N. 6C 42
Riverside Pl. BA3: Mid N 3F 15 (5B 4)
  BA3: Mid N. 6D 42
Riverside Wlk. BA3: Mid N. 6D 42
Rivers Rd. BA1: Bath 6H 11
  (Camden Rd.)
  BA1: Bath. 1G 15
  (St Stephen's Rd.)
Rivers St. BA1: Bath 2G 15 (2C 4)
Rivers St. M. BA1: Bath. 2G 15 (2C 4)
Rivers St. Pl. BA1: Bath. 2D 4
River Ter. BS31: Key. 2E 7
River Way BA14: Trow 4D 28
Riverway Ind. Pk. BA14: Trow 4D 28
Robin Cl. BA3: Mid N 5F 43

Robins Cinema 4D 4
Rochfort Ct. BA2: Bath 1H 15 (1G 5)
Rochfort Pl. BA2: Bath 1H 15 (1F 5)
Rock Cotts. BA2: C Down 2A 20
Rock Hall Cotts. BA2: C Down 2A 20
Rock Hall La. BA2: C Down 2A 20
Rockhill Est. BS31: Key 3E 7
Rock La. BA2: C Down 2A 20
Rockliffe Av. BA2: Bath 1H 5
Rockliffe Rd. BA2: Bath 1A 16 (1G 5)
Rock Rd. BA3: Mid N 3F 43
BA14: Trow 6C 28
BS31: Key 2D 6
Rodney Ho. BA2: Bath 3B 14
Rodney Rd. BS31: Salt 5B 8
Rodwell Pk. BA14: Trow 3F 29
Rogers Cl. BS39: Clut 6A 34
Roman Baths 3H 15 (5E 5)
Roman Rd. BA2: Eng, Odd D 3D 18
Roman Way BS39: Paul 5E 37
Rondo Theatre, The 6B 12
Rooksbridge Wlk. BA2: Bath 3D 14
Rope Wlk., The BA15: Brad A 5F 23
Roseberry Pl. BA2: Bath 3E 15
Roseberry Rd. BA2: Bath 3D 14
Rose Cotts. BA2: Odd D 3D 18
BA2: S'ske 4G 19
Rosedale Gdns. BA14: Trow 4B 28
Rose Hill BA1: Bath 5A 12
(not continuous)
Rosemary Wlk. *BA15: Brad A 5F 23*
(off Newtown)
Rosemount La. BA2: Bath 5A 16
Rosenberg Ho's. *BA1: Bath 5D 4*
(off Westgate Bldgs.)
Rose Ter. BA2: C Down 1B 20
Rosewarn Cl. BA2: Bath 5B 14
Rosewell Ct. BA1: Bath 3G 15 (4C 4)
Rossett Gdns. BA14: Trow 5B 28
Rossiter Rd. BA2: Bath 4H 15 (6F 5)
Rosslyn Rd. BA1: Bath 2C 14
ROTCOMBE 2F 37
Rotcombe La. BS39: High L 2F 37
Rotcombe Va. BS39: High L 1F 37
ROUND HILL 1B 44
Roundhill Gro. BA2: Bath 6C 14
Roundhill Pk. BA2: Bath 5B 14
Roundmoor Cl. BS31: Salt 4A 8
Roundstone St. BA14: Trow 4E 29
Rowacres BA2: Bath 6C 14
Rowan Ct. BA3: Rads 4H 43
Rowan Wlk. BS31: Key 3B 6
Rowden La. BA15: Brad A 1G 27
(not continuous)
Rowlands Cl. BA1: Bathf 5H 13
Royal Av. BA1: Bath 2F 15 (2B 4)
Royal Cres. BA1: Bath 2F 15 (2B 4)
Royal Crescent, No. 1 2F 15 (2B 4)
ROYAL NATIONAL HOSPITAL FOR RHEUMATIC DISEASES 3G 15 (4D 4)
Royal Photographic Society 3D 4
ROYAL UNITED HOSPITAL 1C 14
Rubens Cl. BS31: Key 2F 7
Rudgeway Rd. BS39: Paul 6G 37
Rudmore Pk. BA1: Bath 2B 14
Ruett La. BS39: Far G 1A 42
Rushey La.
BA15: B Lgh, L Wrax 1A 24
RUSH HILL 1D 18
Rush Hill BA2: Bath 1C 18
Ruskin Rd. BA3: Rads 4G 43
Russell St. BA1: Bath 2G 15 (2D 4)
Russetts, The BA14: Trow 6E 29
Russet Way BA2: Pea J 4B 40
Rutland Cres. BA14: Trow 1D 30
Ryeland Cl. BA14: Trow 6F 29

S

Saffron Ct. BA1: Bath 1H 15
St Aldhelm Rd. BA15: Brad A 6H 23
St Andrews Ter. BA1: Bath 2G 15 (3D 4)
St Annes Av. BS31: Key 1C 6
St Annes Cl. BA14: S'wck 3B 30
St Anne's Ct. BS31: Key 1C 6
St Ann's Pl. BA1: Bath 4C 4
St Ann's Way BA2: Bath 3A 16 (4H 5)
St Anthony's Cl. BA3: Mid N 3E 43
St Augustines Rd. BA14: Trow 5C 28
St Barnabas Cl. BA3: Mid N 2F 43
St Cadoc Ho. BS31: Key 2E 7
St Catherine's Cl. BA2: Bath 3B 16 (4H 5)
St Chad's Av. BA3: Mid N 4E 43
St Chad's Grn. BA3: Mid N 4E 43
St Charles Cl. BA3: Mid N 3E 43
St Christopher's Cl. BA2: Bath 2B 16
St Clement's Cl. BS31: Key 3D 6
St Clement's Rd. BS31: Key 2D 6
(not continuous)
St Dunstans Cl. BS31: Key 1D 6
St Francis Rd. BS31: Key 1B 6
St Georges Bldgs. *BA1: Bath 3A 4*
(off Up. Bristol Rd.)
St George's Hill BA2: B'ptn 1C 16
St Georges Pl. *BA1: Bath 3A 4*
(off Up. Bristol Rd.)
St Georges Rd. BS31: Key 1C 6
St Georges Ter. BA14: Trow 5D 28
St James's Ct. BA14: Trow 4E 29
St James's Pde. BA1: Bath 3G 15 (5D 4)
St James's Pk. BA1: Bath 1G 15 (1C 4)
St James's Pl. BA1: Bath 1G 15 (1C 4)
St James's Sq. BA1: Bath 1F 15 (1B 4)
St James's St. BA1: Bath 1G 15 (1C 4)
St John's Cl. BA2: Pea J 4H 39
St Johns Ct. BA2: Bath 2H 15 (2E 5)
St John's Ct. BS31: Key 1D 6
St John's Cres. BA3: Mid N 3E 43
BA14: Trow 1A 30
St John's Pl. BA1: Bath 3G 15 (4D 4)
St John's Rd. BA1: Bath 2D 14
BA2: Bath 2H 15 (3E 5)
St Johns Rd. BA2: Tim 2B 38
St Julian's Rd. BA2: Shos 1G 45
St Julien's Cl. BS39: Paul 1C 42
St Katherine's Quay BA15: Brad A 6G 23
St Keyna Ct. BS31: Key 2E 7
St Keyna Rd. BS31: Key 2D 6
St Kilda's Rd. BA2: Bath 4E 15
St Ladoc Rd. BS31: Key 2C 6
St Laurence Rd. BA15: Brad A 6H 23
St Luke's Rd. BA2: Bath 6G 15
St Lukes Rd. BA3: Mid N 3D 42
St Margarets Cl. BA14: Trow 1B 30
St Margaret's Cl. BS31: Key 1C 6
St Margaret's Ct. BA15: Brad A 5G 23
St Margaret's Hill BA15: Brad A 5G 23
St Margaret's Pl. BA15: Brad A 5G 23
St Margaret's Steps *BA15: Brad A 5G 23*
(off St Margaret's Hill)
St Margaret's St. BA15: Brad A 5G 23
St Margaret's Vs. BA15: Brad A 5G 23
St Marks Cl. BS31: Key 1D 6
St Marks Gdns. BA2: Bath 4H 15 (6E 5)
St Mark's Grn. BA2: Tim 1B 38
St Mark's Rd. BA2: Bath 4H 15 (6E 5)
BA3: Mid N 3E 43
St Martin's Ct. BA2: Odd D 2F 19
ST MARTIN'S HOSPITAL 2F 19
St Mary's Bldgs. BA2: Bath 4G 15 (6D 4)
St Mary's Cl. BA2: Bath 4H 5
BA2: Tim 1B 38
BA14: Hil 1F 29
St Mary's Gdns. BA14: Hil 1F 29
St Marys Ri. BA3: Writ 3E 45
St Matthews Pl. BA2: Bath 4A 16 (6G 5)
St Michael's Cl. BA14: Hil 2H 29
St Michaels Ct. BA2: Mon C 3D 20
St Michael's Pl. BA1: Bath 3G 15 (5D 4)
St Michael's Rd. BA1: Bath 2E 15
BA2: Bath 4B 14
St Nicholas Cl. BA14: N Brad 4E 31
BA15: W'ley 4A 22
St Nicholas Ct. BA2: B'ptn 6E 13
St Patrick's Ct. BA2: Bath 3A 16 (4H 5)
BS31: Key 2D 6
St Pauls Pl. BA1: Bath 4C 4
St Paul's Pl. BA3: Mid N 3E 43
St Peter's Rd. BA3: Mid N 5G 43
St Peter's Ter. BA2: Bath 3E 15 (5A 4)
St Saviours Rd. BA1: Bath, Swain 6A 12
St Saviour's Ter. BA1: Bath 6A 12
St Saviours Way BA1: Bath 6B 12
St Stephen's Cl. BA1: Bath 6G 11
St Stephen's Ct. BA1: Bath 1G 15
St Stephen's Pl. *BA1: Bath 1G 15*
(off St Stephen's Rd.)
BA14: Trow 5E 29
St Stephen's Rd. BA1: Bath 1G 15 (1D 4)
St Swithin's Pl. BA1: Bath 1H 15 (1E 5)
St Swithin's Yd. BA1: Bath 2E 5
St Thomas' Pas. BA14: Trow 4E 29
St Thomas Rd. BA3: Mid N 3F 43
BA14: Trow 4E 29
St Winifred's Dr. BA2: C Down 1C 20
SALISBURY 1D 42
Salisbury Rd. BA1: Bath 5A 12
BS39: Paul 1D 42
Sally Lunn's House 3H 15 (5E 5)
SALTFORD 4B 8
Saltford Ct. BS31: Salt 4B 8
Salway Cl. BS40: Chew S 4C 32
Sand Cl. BA15: Brad A 4H 23
Sanders Rd. BA14: Trow 3D 28
Sandford Pk. BA14: Trow 6A 28
Sandown Cen. BA14: Trow 3F 31
Sandringham Rd. BA14: Trow 2C 30
Sandy La. BS40: Chew M 2G 33
Sandy Leaze BA15: Brad A 5F 23
Saracen St. BA1: Bath 2H 15 (3E 5)
Saville Row BA1: Bath 2G 15 (2D 4)
Saw Cl. BA1: Bath 3G 15 (4D 4)
Saxon Dr. BA14: Trow 1F 29
Saxon Way BA2: Pea J 3C 40
BA15: W'ley 4C 22
School La. BA1: Bathe 3E 13
BA14: S'wck 4A 30
BA14: Stav 6E 25
BS40: Chew S 5B 32
School La. Cl.
BA14: Stav, Stav 6E 25
Scobell Ri. BS39: High L 1E 37
Scornfield La. BS40: Chew S 6B 32
Scot La. BS40: Chew S 4B 32
Scumbrum La. BS39: High L 6E 35
Second Av. BA2: Bath 5E 15
BA3: Mid N 6G 43
Sedgemoor Rd. BA2: C Down 2G 19
Selbourne Cl. BA1: Bath 1B 14
Selworthy Cl. BS31: Key 2C 6
Selworthy Ho. BA2: C Down 1G 19
Seven Acres La. BA1: Bathe 2E 13
Seven Dials BA1: Bath 3G 15 (4D 4)
Severn Way BS31: Key 3E 7
Seward Ter. BA3: Writ 3E 45
Seymour Ct. BA14: Trow 4D 28
Seymour Rd. BA1: Bath 1H 15
BA14: Trow 4D 28
Shaftesbury Av. BA1: Bath 2D 14
Shaftesbury Ct. BA14: Trow 1B 30
Shaftesbury Rd. BA2: Bath 4E 15 (6A 4)
Shaftesbury Ter. BA3: Rads 2C 44
Shaft Rd. BA2: C Down, Mon C 1C 20
Shails La. BA14: Trow 4D 28
Shails La. Ind. Est. BA14: Trow 4D 28
Shakespeare Av. BA2: Bath 5G 15
Shakespeare Rd. BA3: Rads 4G 43
Shallows, The BS31: Salt 4C 8
Shambles, The BA15: Brad A 4G 23
Sham Castle La. BA2: Bath 2A 16 (3H 5)
Shaws Way BA2: Bath 3A 14
Shearman St. BA14: Trow 6E 29
Sheepcote Barton BA14: Trow 6E 29
Shelley Rd. BA2: Bath 4G 15
BA3: Rads 4G 43
Shepherds Wlk. BA2: C Down 2G 19
(not continuous)
Sheppards Gdns. BA1: W'ton 5C 10
Sherborne Rd. BA14: Trow 4A 28
Sheridan Gdns. BA14: Trow 1A 30
Sheridan Rd. BA2: Bath 4A 14
Sherwood Cl. BS31: Key 2D 6
Sherwood Rd. BS31: Key 2D 6
Shickle Gro. BA2: Odd D 2D 18
Shires Shop. Cen., The BA14: Trow 5D 28
Shires Yd. BA1: Bath 2G 15 (3D 4)
Shockerwick La. BA1: Bathf 3G 13
Shophouse Rd. BA2: Bath 3C 14
Shop La. BA14: Wing 6F 27
Shoreditch BS40: Chew S 6A 32
Shore Pl. BA14: Trow 4A 28
SHOSCOMBE 5C 40
SHOSCOMBE VALE 6C 40
Shrewton Cl. BA14: Trow 1E 31
Shrubbery, The BA1: Bath 1G 15 (1C 4)
Silbury Ri. BS31: Key 5F 7
Silver Birch Gro. BA14: Trow 2C 30
Silver Mdws. BA14: Trow 2B 30
Silver St. BA3: Mid N, Stratt F 6E 43
BA14: Trow 5E 29
BA15: Brad A 5G 23
BS40: Chew M 2F 33
Silver St. La. BA14: Trow 2B 30
Simons Cl. BS39: Paul 6H 37
SINGLE HILL 6E 41
SION HILL 6F 11
Sion Hill BA1: Bath 6F 11
Sion Hill Pl. BA1: Bath 6F 11
Sion Pl. BA2: Bath 3A 16 (4H 5)
Sion Rd. BA1: Bath 6F 11
Sixpence BS39: High L 1F 37
Skinner's Hill BA2: Cam 4E 39
SLADEBROOK 6D 14
Sladebrook Av. BA2: Bath 6D 14
Sladebrook Ct. BA2: Bath 6D 14
Sladebrook Rd. BA2: Bath 5C 14
Slade Cotts. BA2: Mon C 2D 20
Sladesbrook BA15: Brad A 4G 23
Sladesbrook Cl. BA15: Brad A 3G 23
Slipway, The BA14: Stav 1E 29
Slowgrove Cl. BA14: Trow 5G 29
Smallbrook Gdns. BA14: Stav 6E 25

Smallcombe Cl.—Towcester Rd.

Street	Grid
Smallcombe Cl. BA3: Clan	6E 39
Smallcombe Rd. BA3: Clan	6E 39
Smithywell Cl. BA14: Trow	5G 29
Snow Hill BA1: Bath	1H 15
Snow Hill Ho. BA1: Bath	1H 15
Solsbury Ct. BA1: Bathe	3E 13
Solsbury La. BA1: Bath	3D 12
Solsbury Vw. BA2: B'ptn	6E 13
Solsbury Way BA1: Bath	5G 11
(not continuous)	
Somer Av. BA3. Mld N	3D 42
SOMERDALE	**1E 7**
Somerdale Av. BA2: Odd D	1D 18
Somerdale Rd. BS31: Key	1E 7
Somerdale Vw. BA2: Bath	1D 18
Somer Rd. BA3: Mid N.	3D 42
Somerset Folly BA2: Tim	1B 38
Somerset Ho. BA2: Bath	6E 15
Somerset La. BA1: Bath	6F 11
Somerset Pl. BA1: Bath	6F 11
Somerset St. BA1: Bath	4H 15 (6E 5)
Somerset Way BS39: Paul	5G 37
Somervale Rd. BA3: Rads	3H 43
Somerville Cl. BS31: Salt	5B 8
Sorrel Cl. BA14: Trow	2E 31
South Av. BA2: Bath	4E 15
Southbourne Gdns. BA1: Bath	6A 12
Southcot Pl. BA2: Bath	4H 15
SOUTH DOWN	**6C 14**
Southdown Av. BA2: Bath	6C 14
Southdown Rd. BA2: Bath.	5C 14
SOUTHFIELD	**3C 44**
Southfield BA14: S'wck	5A 30
Southfields BA3: Rads	3C 44
Southgate BA1: Bath	4H 15 (5E 5)
Southlands BA1: W'ton	5B 10
(not continuous)	
Southlands Dr. BA2: Tim	2B 38
Sth. Lea Rd. BA1: Bath.	1B 14
Southleigh BA15: Brad A	6F 23
SOUTH LYNCOMBE	**6G 15**
Southover Rd. BS39: High L	2F 37
South Pde. BA2: Bath	3H 15 (5F 5)
BS40: Chew M	2F 33
South Pde. Cotts. BA2: C Down	2B 20
(off Tyning Rd.)	
South Rd. BA2: Tim	2B 38
BA3: Mid N	4E 43
SOUTH STOKE	**4G 19**
Southstoke La. BA2: S'ske	4G 19
Southstoke Rd. BA2: C Down	2G 19
SOUTH TWERTON	**5E 15**
South Vw. BA1: Bath	6H 11
(off Camden Rd.)	
Stirling Way BS31: Key	1E 21
BA2: Clav D	1E 21
BA2: Mon C	2D 20
BA2: Tim	1B 38
BA3: Clan	6E 39
BS39: Paul	5G 37
South Vw. Pl. BA2: Odd D	3D 18
BA3: Mid N	3F 43
South Vw. Rd. BA2: Bath	3E 15
Southview Rd. BA14: Trow	1E 31
Southville Cl. BA15: Brad A	6H 23
Southville Rd. BA15: Brad A.	6H 23
Southville Ter. BA2: Bath	5A 16
South Wansdyke Sports Cen.	**4F 43**
South Way BA14: Trow	6E 29
Southway Rd. BA15: Brad A	1G 27
SOUTHWICK	**4A 30**
Southwick Country Pk.	**2A 30**
Southwick Rd. BA14: N Brad	5D 30
Southwood Rd. BA14: Trow	5G 29
Spa La. BA1: Swain	5B 12
Specklemead BS39: Paul	6F 37
Speedwell Cl. BA14: Trow	1E 31
Spencer Dr. BA3: Mid N	3E 43
Spencers Belle Vue BA1: Bath	1G 15 (1D 4)
Spencers Orchard	
BA15: Brad A	6G 23
Sperring Ct. BA3: Mid N.	5D 42
Spinners Cft. BA14: Trow	6E 29
Spitfire Retail Pk., The	
BA14: Trow	2E 31
Spratts Bri. BS40: Chew M	2E 33
Spring Cres. BA14: Trow	3H 15 (5F 5)
Springfield BA2: Pea J	4A 40
BA15: Brad A	5H 23
(not continuous)	
Springfield Bldgs. BA3: Rads	2C 44
Springfield Bungs. BS39: Paul	3B 42
Springfield Cl. BA2: Bath	4C 14
BA14: Trow	3F 29
Springfield Crest BA3: Rads	2C 44
Springfield Hgts. BA3: Clan	1A 44
Springfield Pk. BA14: Trow	4F 29
Springfield Pl. BA1: Bath	6G 11
BA3: Clan	1A 44

Street	Grid
Spring Gdns. Rd. BA2: Bath	3H 15 (4F 5)
(Argyle St.)	
BA2: Bath	4H 15 (6F 5)
(Ferry La.)	
Spring Ground Rd. BS39: Paul	6G 37
Springhill Cl. BS39: Paul	5E 37
Spring La. BA1: Bath	5A 12
Spring Mdws. BA14: Trow	2B 30
Spring Va. BA1: Bath	5A 12
Spruce Way BA2: Odd D	3F 19
Square, The BA2: Bath	4G 15 (6C 4)
BA2: Tim	1B 38
BA2: Wel	2H 41
BA14: Stav, Stav	5E 25
BS39: Tem C	2A 36
Stable Yd. BA3: Bath	3E 15
Staddlestones BA3: Mid N	6D 42
Stallard Rd. BA14: Trow	5D 28
Stallard St. BA14: Trow	5D 28
Stall St. BA1: Bath	3H 15 (5E 5)
STAMBRIDGE	**4E 13**
Stambrook Pk. BA1: Bathe	2E 13
Stancomb Cl. BA14: Trow	4F 29
Stanhope Pl. BA1: Bath	3F 15 (4B 4)
Stanier Rd. BA1: Bath	3F 15
Stanley Cl. BA14: Trow	3F 15 (4B 4)
Stanley Ct. BA3: Mid N	3F 43
Stanley Rd. W. BA2: Bath	4E 15
Stanley Ter. BA3: Rads	2C 44
Stanley Vs. BA1: Bath	6H 11
(off Camden Rd.)	
Stanton Cl. BA14: Trow.	2E 31
Stanton Rd. BA2: Wel.	2H 41
BS40: Chew M	2F 33
Stanway Cl. BA2: Odd D	2E 19
Staple Gro. BS31: Key	2C 6
Star, The BA14: Holt	3F 25
Station App. BA15: Brad A	5F 23
Station Cl. BA1: Bath	2D 14
Station Rd. BA1: Bath	2D 14
BA2: B'ptn	5E 13
BA2: F'frd	6H 21
BA14: Holt	3F 25
BS31: Key	1D 6
BS39: Clut	6A 34
Station Way BA14: Trow.	5D 28
STAVERTON	**5E 25**
Steam Mills BA3: Mid N.	5D 42
Steel Mills BS31: Key	3E 7
Steway La. BA1: Bathe	2F 13
STIDHAM	**2H 7**
Stidham La. BS31: Key	1G 7
Stillman Cl. BA14: Holt.	3F 25
Stirling Way BS31: Key	3D 6
Stirtingale Av. BA2: Bath	6D 14
Stirtingale Rd. BA2: Bath	6D 14
Stockwood Hill BS31: Key	1B 6
Stockwood La. BS31: Key	1B 6
STOCKWOOD VALE	**1B 6**
Stockwood Va. BS31: Whit	2A 6
Stokehill BA14: Hil.	5H 29
Stoke Mead BA2: Lim S	4E 21
Stoneable Rd. BA3: Rads	2C 44
Stonefield Cl. BA15: Brad A	6H 23
Stonehouse Cl. BA2: C Down	1A 20
Stonehouse La. BA2: C Down.	1A 20
Stone Leigh BS40: Chew M	2F 33
Stoneleigh Ct. BA1: L'dwn	4F 11
STONEY LITTLETON	**5F 41**
Stoney Littleton Long Barrow	4H 41
Stony La. BA2: New L	2A 14
Stourton Pk. BA15: Hil	5H 29
Stratton Rd. BS31: Salt	4A 8
Streamleaze BS40: Chew M	2F 33
Streamside BS40: Chew M	2F 33
Street, The BA2: F'boro	3H 35
BA3: Rads	3B 44
BA4: Holt	3E 25
Stuart Cl. BA14: Trow	1F 29
Stuart Pl. BA2: Bath	3E 15
STUDLEY GREEN	**1B 30**
Studley Ri. BA14: Trow	1E 31
Sulis Mnr. Rd. BA2: Odd D	3D 18
Sulis Sports Club	**1D 20**
Summer Down Wlk. BA14: Trow	2D 30
Summerfield Cotts. BA1: Bath	6A 12
(off Tyning La.)	
Summerfield Rd. BA1: Bath	6H 11
Summerfield Ter. BA1: Bath	6H 11
Summerhayes BS39: Paul	1D 42
Summerhill Rd. BA1: W'ton	6E 11
Summer La. BA2: C Down, Mon C	2A 20
Summerlays Ct. BA2: Bath.	3A 16 (5G 5)
Summerlays Pl. BA2: Bath.	5G 5
Summerleaze BA14: Trow	1B 30
BS31: Key	1D 6
Sunderland St. BA2: Bath.	2H 15 (3F 5)
Sunnybank BA2: Bath.	5A 16

Street	Grid
Sunnymead BA3: Mid N	3D 42
BS31: Key.	4E 7
Sunnymount BA3: Mid N.	3F 43
Sunnyside BA1: S'ske	4G 19
Sunnyside Vw. BA2: Pea J	4A 40
Sunnyvale BA2: Cam	3E 39
Sunridge Cl. BA3: Mid N	5D 42
Sunridge Pk. BA3: Mid N.	5D 42
Sunset Cl. BA2: Pea J.	4A 40
Surrey Pl. BA14: Trow	6D 28
Sussex Pl. BA2: Bath	4H 15 (6F 5)
Sutton St. BA2: Bath	2A 16 (2G 5)
SWAINSWICK	**2B 12**
Swainswick Gdns. BA1: Swain	5B 12
Swainswick La. BA1: Swain	2B 12
Swallow Cl. BA3: Mid N	5F 43
Swallow Dr. BA14: Trow	5C 28
Swallow St. BA1: Bath	3H 15 (5E 5)
Swan Dr. BA14: Stav, Stav	6E 25
SWINEFORD	**1D 8**
Sycamore Gro. BA14: Trow.	1C 30
Sycamore Rd. BA3: Rads	3D 44
Sydenham Bldgs. BA2: Bath	4F 15 (6A 4)
Sydenham Pl. BA2: C Down	2B 20
(off Alexandra Pl.)	
Sydenham Rd. BA2: Bath.	3F 15 (5B 4)
Sydenham Ter. BA2: C Down	2B 20
Sydney Bldgs. BA2: Bath	3A 16 (4H 5)
Sydney M. BA2: Bath	2A 16 (3G 5)
Sydney Pl. BA2: Bath	2A 16 (2G 5)
Sydney Rd. BA2: Bath	2A 16 (3H 5)
Sydney Wharf BA2: Bath	3A 16 (4H 5)
Symes Pk. BA1: W'ton	5B 10

T

Street	Grid
Tadwick La. BA1: Tad, Up Swa	1G 11
Talbot Rd. BA14: Trow	6B 28
Tamar Dr. BS31: Key	3F 7
Tamblyn Cl. BA3: Rads	2C 44
Tamsin Ct. BS31: Key.	2D 6
Tamworth Rd. BS31: Key	3D 6
Tanners Wlk. BA2: Bath	4A 14
Tannery Ind. Est., The BA14: Holt.	2E 25
Taylor's Row BA15: Brad A.	5G 23
Taylors Vw. BA14: Trow	4E 29
Teazle Ground Ct. BA14: Trow	4G 29
Teddington Cl. BA2: Bath	5D 14
Telford Ho. BA2: Bath	6E 15
TEMPLE BRIDGE	**4A 36**
TEMPLE CLOUD	**2A 36**
Temple Ct. BS31: Key.	2D 6
Temple Inn La. BS39: Tem C	2A 36
Temple St. BS31: Key.	2D 6
Ten Acre Cotts. BA2: Ing.	5A 18
Tenantsfield La. BA3: Fox	1H 45
Tenby Rd. BS31: Key	3C 6
Tennis Ct. Av. BS39: Paul	6F 37
Tenniscourt Cotts. BS39: Paul	6F 37
Tennis Ct. Rd. BS39: Paul.	6F 37
Tennyson Cl. BS31: Key	1E 7
Tennyson Rd. BA1: Bath.	2E 15
Terrace Wlk. BA1: Bath.	3H 15 (5E 5)
Teviot Rd. BS31: Key	3F 7
Theatre Royal (Ustinov Studio)	**4D 4**
Thestfield Dr. BA14: Stav	1E 29
The St. BA40: Chew S	5B 32
THICKET MEAD	**3D 42**
Thicket Mead BA3: Mid N.	3D 42
Third Av. BA2: Bath.	4E 15
BA3: Mid N.	6H 43
Thomas St. BA1: Bath	1H 15 (1F 5)
Thornbank Gdns. BA2: Bath	4G 15 (6C 4)
Thornbank Pl. BA2: Bath	6B 4
Tiledown Cl. BS39: Tem C	2B 36
Tilley Cl. BA2: F'boro	3H 35
BS31: Key.	5F 7
Tilley La. BA2: F'boro.	4H 35
Timbers, The BA3: Mid N.	6F 43
Timbrell St. BA14: Trow	4E 29
TIMSBURY	**1B 38**
TIMSBURY BOTTOM	**2H 37**
Timsbury Rd. BS39: High L.	2F 37
Timsbury Village Workshops BA2: Tim.	6H 35
Tintagel Ct. BS31: Key.	3C 6
Titan Barrow BA1: Bathf	
Tithe Barn.	6F 23
Toll Bri. Rd. BA1: Bathe	4D 12
Torridge Rd. BS31: Key.	3F 7
Tory BA15: Brad A.	5F 23
Tory Pl. BA15: Brad A.	5F 23
Tourist Info. Cen.	
Bath	3H 15 (4E 5)
Bradford-on-Avon	5G 23
Trowbridge.	5E 29
Towcester Rd. BA14: Trow	3F 31

58 A-Z Bath

Tower Cl.—Westfield Pk. Sth.

Tower Cl. BA14: Trow 6B 28
TOWNSEND
Chew Stoke 5C 32
TOWNS END
Paulton 6G 37
Towpath Rd. BA14: Trow 1E 29
Trafalgar Rd. BA1: W'ton 6C 10
Treenwood Ind. Est. BA15: Brad A 1G 27
Trenchard Rd. BS31: Salt 4A 8
Trent Gro. BS31: Key 3F 7
Triangle E. BA2: Bath 4E 15
Triangle Nth. BA2: Bath 3E 15
Triangle, The BS39: Paul 5G 37
Triangle Vs. BA2: Bath 4E 15
Triangle W. BA2: Bath 4E 15
Trim Bri. BA1: Bath 3G 15 (4D 4)
Trim St. BA1: Bath 3G 15 (4D 4)
Trinity Cl. BA1: Bath 3G 15 (5C 4)
Trinity Pl. BA1: Bath 3G 15 (4C 4)
Trinity Rd. BA2: C Down 1A 20
Trinity St. BA1: Bath 3G 15 (5D 4)
Trossachs Dr. BA2: Bath 1C 16
TROWBRIDGE 5E 29
TROWBRIDGE COMMUNITY HOSPITAL 4D 28
Trowbridge Ind. Est. BA14: Trow 2E 29
Trowbridge Lodge Res. Est. BA14: Trow 5G 29
Trowbridge Mus. 5D 28
Trowbridge Retail Pk. BA14: Trow 2E 31
Trowbridge Rd. BA14: Hil 3H 29
BA15: Brad A 5G 23
Trowbridge Sports Cen. 1C 30
Trowbridge Station (Rail) 5D 28
Trowle BA14: Trow 2B 28
TROWLE COMMON 3A 28
Tudor Dr. BA14: Trow 1F 29
Tunbridge BS40: Chew M 3F 33
Tunbridge Cl. BS40: Chew M 3F 33
Tunbridge Rd. BS40: Chew M 2F 33
Tunley Hill BA2: Cam 1E 39
TURLEIGH 5C 22
Turner Cl. BS31: Key 2F 7
TWERTON 4D 14
Twerton Farm Cl. BA2: Bath 3C 14
TWERTON HILL 6B 14
Twinhoe La. BA2: Wel 1H 41
TYNING
Bloomfield 1A 38
Northfield 2C 44
Tyning Cl. BA14: Trow 6B 28
Tyning End BA2: Bath 4A 16 (6H 5)
Tyning Hill BA3: Rads 2C 44
Tyning La. BA1: Bath 6A 12
Tyning Pl. BA2: C Down 1B 20
Tyning Rd. BA2: B'ptn 5E 13
BA2: C Down 1B 20
BA2: Pea J 4A 40
BA15: W'ley 4B 22
BS31: Salt 5B 8
Tynings BS39: Clut 6A 34
Tynings Way BA15: W'wd 2C 26
BS39: Clut 6A 34
Tyning Ter. *BA1: Bath* *6A 12*
(off Fairfield Rd.)
Tyning, The BA2: Bath 4A 16 (6H 5)
BA2: F'frd 6G 21

U

Ullswater Dr. BA1: Bath 5H 11
Underhill Av. BA3: Mid N 3D 42
Underhill La. BA3: Mid N 4B 42
Under Knoll BA2: Pea J 2C 40
Underleaf Way BA2: Pea J 4B 40
Union Pas. BA1: Bath 3H 15 (4E 5)
Union St. BA1: Bath 3H 15 (4E 5)
BA14: Trow 4E 29
Unity Ct. BS31: Key 2F 7
Unity Rd. BS31: Key 2F 7
(not continuous)
University of Bath 4D 16
University of Bath Sports Training Village 4E 17
Uphill Dr. BA1: Bath 5A 12
Uplands Cl. BA2: Lim S 4E 21
Uplands Dr. BS31: Salt 5C 8
Uplands Rd. BS31: Salt 5B 8
Up. Bloomfield Rd. BA2: Odd D 3D 18
Up. Borough Walls BA1: Bath 3G 15 (4D 4)
Up. Bristol Rd. BA1: Bath 2D 14
BS39: Clut 1A 36
Up. Broad St. BA14: Trow 4D 28
Up. Broad St. Ct. *BA14: Trow* *4D 28*
(off Manley Cl.)
Upper Bldgs. BA2: S'ske 4G 19
Up. Camden Pl. BA1: Bath 1H 15
Up. Church St. BA1: Bath 2G 15 (2C 4)
Up. E. Hayes BA1: Bath 6A 12
Up. Hedgemead Rd. BA1: Bath 1H 15 (1D 4)
Up. Lambridge St. BA1: Bath 5B 12
Up. Lansdown M. BA1: Bath 6G 11
Upper Mill BA15: Brad A 5H 23
Up. Oldfield Pk. BA2: Bath 4F 15 (6A 4)
UPPER RADFORD 3B 38
Up. Regents Pk. BA15: Brad A 5G 23
UPPER STUDLEY 2B 30
UPPER SWAINSWICK 2A 12
UPPER WESTON 4C 10
UPPER WESTWOOD 1B 26
Upper Westwood BA15: W'wd 2A 26

V

Vale Vw. BA3: Rads 3C 44
Vale Vw. Pl. BA1: Bath 6A 12
Vale Vw. Ter. BA1: Bathe 4E 13
Valley Vw. BS39: Clut 6A 34
Valley Vw. Cl. BA1: Bath 4A 12
Valley Vw. Rd. BA1: Charl 4A 12
BS39: Paul 5G 37
Valley Wlk. BA3: Mid N 3F 43
Van Diemen's La. BA1: L'dwn 5F 11
Vandyck Av. BS31: Key 1E 7
Vane St. BA2: Bath 2A 16 (3G 5)
Vellore La. BA2: Bath 2A 16 (3H 5)
Venus La. BS39: Clut 1A 36
Vernham Gro. BA2: Odd D 2D 18
Vernon Cl. BS31: Salt 4A 8
Vernon Pk. BA2: Bath 3D 14
Vernon Ter. BA2: Bath 3D 14
Vernslade BA1: W'ton 5B 10
Vicarage Gdns. BA2: Pea J 3H 39
Victoria Art Gallery 3H 15 (4E 5)
Victoria Bri. Ct. BA1: Bath 3A 4
Victoria Bri. Rd. BA1: Bath 3F 15 (3A 4)
BA2: Bath 3F 15 (4A 4)
Victoria Bldgs. BA2: Bath 3E 15 (4A 4)
Victoria Cl. BA2: Bath 4D 14
Victoria Gdns. BA1: Bathe 4E 13
BA14: Trow 3F 29
Victoria Ho. BA1: W'ton 1E 15
Victoria Pk. Bus. Cen. BA1: Bath 2E 15
Victoria Pl. *BA1: Bath* *6B 12*
(off St Saviours Rd.)
BA2: C Down 2B 20
BA2: S'ske 4G 19
BS39: Paul 6F 37
Victoria Rd. BA2: Bath 3E 15 (5A 4)
BA14: Trow 2F 29
BS31: Salt 4A 8
Victoria Ter. BA2: Bath 3E 15
BS39: Paul 5G 37
VILLA FIELDS 1A 16
Vine Cott. BS31: Salt 3C 8
Vine Cotts. BA15: Brad A 5F 23
Vineyards BA1: Bath 2H 15 (2E 5)
Vivien Av. BA3: Mid N 3E 43
Vulcan Ho. BA2: Bath 2H 15 (2F 5)

W

Walcot Bldgs. BA1: Bath 1H 15 (1F 5)
Walcot Ct. BA1: Bath 1H 15 (1F 5)
Walcot Ga. BA1: Bath 1H 15 (1E 5)
Walcot Ho. BA1: Bath 1H 15
Walcot Pde. BA1: Bath 1E 5
Walcot St. BA1: Bath 2H 15 (3E 5)
Walcot Ter. BA1: Bath 1H 15 (1F 5)
Waldegrave Rd. BA1: Bath 6F 11
Waldegrave Ter. BA3: Rads 2C 44
Walden Rd. BS31: Key 3F 7
Walk, The BA14: Holt 3E 25
Wallace Rd. BA1: Bath 6A 12
Wallenge Cl. BS39: Paul 5H 37
Wallenge Dr. BS39: Paul 5G 37
Walley La. BS40: Chew M, Chew S 5D 32
Wallycourt Rd. BS40: Chew S 5C 32
Walmesley Chase BA14: Hil 4H 29
Walmsley Ter. *BA1: Bath* *6A 12*
(off Snow Hill)
Walnut Bldgs. BA3: Rads 2C 44
Walnut Cl. BS31: Key 3B 6
Walnut Dr. BA2: Bath 5F 15
Walnut Gro. BA14: Trow 1C 30
Walnut Wlk. BS31: Key 3B 6
Waltining La. BA2: New L 3A 14
Walton Cl. BS31: Key 3C 6
Walwyn Cl. BA2: Bath 3B 14
Wansbeck Rd. BS31: Key 3F 7
Wansdyke Bus. Cen. BA2: Bath 5E 15
Wansdyke Rd. BA2: Odd D 2D 18
Wansdyke Workshops BS31: Key 1F 7
Warbler Cl. BA14: Trow 5C 28
Warburton Cl. BA14: Trow 1B 30
WARLEIGH 4H 17
Warleigh Dr. BA1: Bathe 4F 13
Warleigh La. BA1: Warl 1G 17
(Bathford)
BA1: Warl 1A 22
(Conkwell)
Warminster Rd. BA2: Bath, B'ptn 1B 16 (2H 5)
BA2: C'ton 2F 17
BA2: F'frd 6E 21
BA2: Lim S, Mon C 4E 21
Warwick Gdn. BS39: Clut 6A 34
Warwick Rd. BA1: Bath 2C 14
BS31: Key 3C 6
Warwick Vs. BA2: Bath 4D 14
Washpool La. BA2: Eng 1A 18
Waterford Beck BA14: Trow 1A 30
Waterford Pk. BA3: Rads 5H 43
Waterhouse La. BA2: Lim S 4D 20
Water La. BA3: Mid N 1E 43
Waterloo Bldgs. BA2: Bath 3C 14
(not continuous)
Waterloo Rd. BA3: Rads 3B 44
Watermead Cl. *BA1: Bath* *5C 4*
(off Kingsmead W.)
WATERSIDE 4A 44
Waterside Cres. BA3: Rads 4H 43
Waterside La. BA3: Kil 6B 44
Waterside Rd. BA3: Rads 4H 43
Waterside Way BA3: Rads 4H 43
Waterworks Rd. BA14: Trow 6C 28
Watery La. BA2: Bath 3B 14
BS40: Winf 1A 32
Waveney Rd. BS31: Key 4F 7
Wayfield Gdns. BA1: Bathe 3E 13
Wayford Cl. BS31: Key 4F 7
Weal, The BA1: W'ton 5C 10
Weatherly Av. BA2: Odd D 1E 19
Weavers Dr. BA14: Trow 6E 29
Webbers Ct. BA14: Trow 1B 30
Webbs Mead BS40: Chew S 5B 32
Wedgwood Rd. BA2: Bath 4A 14
Wedmore Pk. BA2: Bath 6B 14
Wedmore Rd. BS31: Salt 3A 8
Weekesley La. BA2: Cam 3C 38
Weirside Mill BA15: Brad A 5H 23
Welland Rd. BS31: Key 3E 7
Wellington Bldgs. BA1: W'ton 5C 10
WELLOW 2H 41
Wellow Brook Mdw. BA3: Mid N 3F 43
Wellow La. BA2: Pea J 4H 39
(not continuous)
Wellow Mead BA2: Pea J 4H 39
Wellow Rd. BA2: Pea J, Wel 4D 40
Wellow Tyning BA2: Pea J 4B 40
Well Path BA15: Brad A 5F 23
Wells Hill BA3: Rads 3B 44
Wells Rd. BA2: Bath 4F 15 (6C 4)
BA3: Mid N 4G 43
BS39: Hall 5C 36
Wells Sq. BA3: Rads 3H 43
Wellsway BA2: Bath, Odd D 3E 19
BS31: Key 2E 7
Wellsway Pk. BA2: Odd D 3E 19
WELTON 3F 43
Welton Gro. BA3: Mid N 2E 43
WELTON HOLLOW 3H 43
Welton Rd. BA3: Rads 3A 44
Welton Va. BA3: Mid N 3F 43
Wesley Av. BA3: Rads 4G 43
Wesley Cl. BA14: S'wck 5A 30
Wesley La. BA14: S'wck 4A 30
Wesley Rd. BA14: Trow 6D 28
W. Ashton Rd. BA14: Trow, W Ash 5F 29
West Av. BA2: Bath 4D 14
W. Bath Riverside Path BA1: Bath 3C 14
Westbourne Av. BS31: Key 2D 6
Westbourne Gdns. BA14: Trow 5C 28
Westbourne Rd. BA14: Trow 5C 28
Westbrook Pk. BA1: W'ton 5B 10
Westbury Rd. BA14: Hey, N Brad, Yarn 4F 31
Westbury Ter. BA2: Dunk 6A 18
Westbury Vw. BA2: Pea J 3C 40
West Cl. BA2: Bath 4B 14
West Cotts. BA2: C Down 2B 20
Westcroft St. BA14: Trow 4D 28
Westerleigh Rd. BA2: C Down 2A 20
WESTFIELD 4G 43
Westfield BA15: Brad A 4E 23
Westfield Cl. BA2: Bath 6F 15
BA14: Trow 1B 30
BS31: Key 2B 6
Westfield Ind. & Trad. Est. BA3: Mid N 6G 43
Westfield La. BS40: Chew M 1D 32
Westfield Pk. BA1: Bath 2B 14
Westfield Pk. Sth. BA1: Bath 2B 14

A-Z Bath 59

Westfield Rd.—Zion Place

Westfield Rd. BA14: Trow 6B 28	Whitewells Rd. BA1: Bath 5H 11	Woodborough La. BA3: Rads 1C 44
Westfield Ter. BA3: Rads 4H 43	Wicker Hill BA14: Trow 4D 28	Woodborough Rd. BA3: Rads 2C 44
Westgate Bldgs. BA1: Bath 3G 15 (4D 4)	Wick Ho. Cl. BS31: Salt 4A 8	Wood Hill Pl. BA2: Clav D 4C 16
Westgate St. BA1: Bath 3G 15 (4D 4)	WICKLANE 2F 39	Woodhouse Gdns. BA14: Hil. 6H 29
Westhall Rd. BA1: Bath 2E 15	Wick La. BA2: Cam 2F 39	Woodhouse Rd. BA2: Clav D 3B 14
WEST HILL GARDENS 4A 44	WIDBROOK 2H 27	Woodland Gro. BA2: Clav D 4D 16
W. Hill Gdns. BA3: Rads 4H 43	Widbrook Mdw. BA14: Trow 5B 28	Woodland Pl. BA2: Clav D 4C 16
W. Hill Rd. BA3: Rads 4H 43	Widbrook Vw. BA15: Brad A 6H 23	Woodlands Dr. BA1: Lim S 5G 21
W. Lea Rd. BA1: Bath. 1B 14	WIDCOMBE 4A 16 (6G 5)	Woodlands Edge BA14: Trow 6G 29
Westmead Cres. BA14: Trow 2C 30	Widcombe Cres. BA2: Bath 4A 16	Woodlands Pk. BA1: Bath 5B 12
Westmead Gdns. BA1: W'ton 5H 10	Widcombe Hill BA2: Bath 4A 16 (6G 5)	Woodmand BA14: Holt 3G 25
Westmoreland Dr. BA2: Bath 3F 15 (5B 4)	Widcombe Manor 5A 16	Woodmarsh Rd. BA14: N Brad 3E 31
Westmoreland Rd. BA2: Bath 4F 15 (6B 4)	Widcombe Pde. BA2: Bath 6F 5	Woodpecker Av. BA3: Mid N 5F 43
Westmoreland Sta. Rd. BA2: Bath 4F 15 (6B 4)	Widcombe Ri. BA2: Bath 4A 16	Woods Hill BA2: Lim S 5F 21
Westmoreland St. BA2: Bath 4F 15 (6B 4)	Widcombe Ter. BA2: Bath 5A 16	Woodside BA3: Mid N 4C 42
WESTON 6C 10	Wilcot Cl. BA14: Trow 1D 30	Woodside Cotts. BA2: Odd D 5C 14
Weston Farm La. BA1: W'ton 5C 10	Wilderness, The BA15: Brad A 4F 23	Wood St. BA1: Bath 3G 15 (4D 4)
Weston La. BA1: W'ton 6D 10	William Herschel Mus. 3G 15 (4C 4)	BA2: Bath 4G 15 (6C 4)
Weston Lock Retail BA2: Bath 3C 14	Williamstowe BA2: C Down 2B 20	Woodview BS39: Paul. 6E 37
WESTON PARK 6D 10	William St. BA2: Bath 2H 15 (3F 5)	WOOLLEY
Weston Pk. BA1: W'ton 6D 10	Willow Cl. BA2: Odd D 3E 19	Bradford-on-Avon 4H 23
Weston Pk. Ct. BA1: W'ton 6E 11	BA3: Rads 3A 44	Upper Swainswick 1G 11
Weston Pk. E. BA1: W'ton 1D 14	Willow Falls, The BA1: Bathe 4D 12	Woolley Cl. BA15: Brad A 4H 23
Weston Pk. W. BA1: W'ton 6D 10	Willow Grn. BA2: Bath 5F 15	Woolley Dr. BA15: Brad A 4H 23
Weston Rd. BA1: Bath, W'ton 1E 15 (1A 4)	Willow Gro. BA14: Trow 2C 30	WOOLLEY GREEN 3H 23
West Rd. BA3: Mid N 2D 42	Willow Va. BA1: N Brad 4D 30	Woolley La. BA1: Charl, W'ly 2G 11
West St. BA14: Trow 5D 28	Willow Wlk. BS31: Key 3C 6	Woolley St. BA15: Brad A 5G 23
West Vw. BA2: S'ske 5G 19	Wilton Dr. BA14: Trow 1E 31	Woolley Ter. BA15: Brad A 4H 23
Westview BS39: Paul 6E 37	Wiltshire Cl. BA14: Trow 2D 30	Woolpack Mdws. BA14: Trow 6F 29
Westview Orchard BA2: F'frd 6G 21	Wiltshire Music Cen. 4E 23	Worcester Bldgs. BA1: Bath 5A 12
West Vw. Rd. BA1: Bathe 4F 13	Wiltshire Way BA1: Bath 5H 11	Worcester Cl. BA2: Pea J 4B 40
BS31: Key 2D 6	Winchester Rd. BA2: Bath 4E 15 (6A 4)	Worcester Ct. BA1: Bath 5A 12
WESTWOOD 2C 26	Winchester Cl. BA14: N Brad 5D 30	(off Worcester Pk.)
Westwood BA2: Clav D 3D 16	Windermere Rd. BA14: Trow 7F 29	Worcester Pk. BA1: Bath 5A 12
Westwood Av. BS39: High L 1E 37	Windrush Cl. BA14: Trow 5A 14	Worcester Pl. BA1: Bath 5A 12
Westwood Mnr. BA15: W'wd 2D 26	Windrush Grn. BS31: Key 3F 7	Worcester Ter. BA1: Bath 6A 12
Westwood Rd. BA14: Trow 2F 27	Windrush Rd. BS31: Key 3F 7	Worcester Vs. BA1: Bath 5A 12
BA15: Brad A 2F 27	Windsor Av. BS31: Key 3D 6	Worlds End La. BS31: Key 2H 7
Westwoods BA1: Bathf 4G 13	Windsor Bri. Rd. BA1: Bath 3E 15	Worsted Cl. BA14: Trow 6F 29
Westwood Vw. BA2: Odd D 2D 18	BA2: Bath 3E 15	Wren Cl. BA14: Trow 5C 28
Weymouth Ct. BA1: Bath 1G 5	Windsor Ct. BA1: Bath 2D 14	WRITHLINGTON 3E 45
Weymouth St. BA1: Bath 1A 16	Windsor Dr. BA14: Trow 2C 30	Writhlington Ct. BA3: Writ 3D 44
Whaddon La. BA14: Hil 2H 29	Windsor Rd. BA14: Trow. 3F 31	Writhlington Indoor Cricket & Tennis Cen. . . . 4D 44
Wheathill Cl. BS31: Key 2B 6	Windsor Ter. BS39: Paul. 6G 37	Wyke Rd. BA14: Trow 2F 29
Wheelers Cl. BA3: Mid N 3H 43	Windsor Vs. BA1: Bath 2D 14	Wynsome St. BA14: S'wck 4A 30
Wheelers Dr. BA3: Mid N 3G 43	Wine St. BA1: Bath 3H 15 (5E 5)	
WHEELER'S HILL 3G 43	BA15: Brad A 4F 23	
Wheelers Rd. BA3: Mid N 3G 43	Wine St. Ter. BA15: Brad A 5F 23	# Y
Whitebrook La. BA2: Pea J 3F 39	Winford Rd. BS40: Chew M 2C 32	
White City BA3: Mid N 2F 43	WINGFIELD 6F 27	YARNBROOK 5G 31
WHITE CROSS 5B 36	Wingfield Rd. BA14: Trow 6B 28	Yarnbrook Rd. BA14: W Ash, Yarn 5G 31
Whitefield Cl. BA1: Bathe 3G 13	Winifred's La. BA1: Bath 6F 11	Yarn Ter. BA14: Trow 6F 29
White Hart Yd. BA14: Trow 5E 29	Winscombe Cl. BS31: Key 1C 6	Yeoman Way BA14: Trow 6D 28
Whitehaven BA1: Bathf 5H 13	WINSLEY 4B 22	Yerbury St. BA14: Trow. 4E 29
Whiteheads La. BA15: Brad A 4G 23	Winsley By-Pass BA15: W'ley 4A 22	Yew Ter. BA2: Clav D 6E 17
WHITE HILL 5D 40	Winsley Hill BA2: Lim S 4F 21	Yomede Pk. BA1: Bath 5A 14
White Hill BA2: Shos 6C 40	Winsley Rd. BA15: Brad A 4D 22	York Bldg. BA1: Bath 2G 15 (3D 4)
Whitehill BA15: Brad A 4G 23	WINTERFIELD 1C 42	York Bldgs. BA14: Trow 4E 29
White Horse Bus. Pk. BA14: Trow 3F 31	Winterfield Pk. BS39: Paul 1C 42	York St. BA1: Bath 3H 15 (5E 5)
White Horse Cl. BA14: Trow 1E 31	Winterfield Rd. BS39: Paul 6G 37	
White Horse Rd. BA15: W'ley 4B 22	Winterslow Rd. BA14: Trow 2C 30	
Whitemore Ct. BA1: Bathe 3F 13	Witham Rd. BS31: Key 4F 7	# Z
WHITE OX MEAD 2D 40	Withies La. BA3: Mid N 6D 42	
White Ox Mead La. BA2: Pea J 1D 40	Withies Pk. BA3: Mid N 6C 42	Zion Hill BA3: C'tn 6A 42
White Row Hill BA14: Trow 2B 30	Withy Cl. BA14: Trow 2F 29	ZION PLACE 6E 35
Whiterow Pk. BA14: Trow. 1B 30	WITHY MILLS 4A 38	
WHITEWAY 4A 14	Witney Cl. BS31: Salt. 4A 8	
Whiteway Av. BA2: Bath 6B 14	Woburn Cl. BA14: Trow 5B 28	
Whiteway Rd. BA2: New L 4A 14	Woodborough Cl. BA14: Trow 2E 31	
WHITE WELLS 5A 12	WOODBOROUGH HILL 1E 45	

Every possible care has been taken to ensure that the information given in this publication is accurate and whilst the publishers would be grateful to learn of any errors, they regret they cannot accept any responsibility for loss thereby caused.

The representation on the maps of a road, track or footpath is no evidence of the existence of a right of way.

The Grid on this map is the National Grid taken from Ordnance Survey mapping with the permission of the Controller of Her Majesty's Stationery Office.

Copyright of Geographers' A-Z Map Co. Ltd.

No reproduction by any method whatsoever of any part of this publication is permitted without the prior consent of the copyright owners.